Eric Frey · Clintons Amerika

Lieber Richard, liebe Maggie,
dieses Buch ist zwei
ganz besonders interessierten
Lesern gewidmet
Eric
2.2.93

Eric Frey

Clintons Amerika

Präsident
einer neuen Generation

Eichborn.

Für Katinka

Die Deutsche Bibliothek – CIP-Einheitsaufnahme

Frey, Eric:
Clintons Amerika : Präsident einer neuen Generation / Eric
Frey. – Frankfurt am Main : Eichborn, 1993
ISBN 3-8218-0430-0

Lektorat: Albert Sellner
Umschlaggestaltung: Rüdiger Morgenweck
Gesamtproduktion: Fuldaer Verlagsanstalt GmbH, 6400 Fulda
ISBN 3-8218-0430-0
Verlagsverzeichnis schickt gern:
Eichborn Verlag, Kaiserstr. 66, D-6000 Frankfurt/Main

Inhalt

Prolog – Die Stunde der Außenseiter

Allentown im September 1991: Auf einer Wahlveranstaltung in dieser Industriestadt im US-Bundesstaat Pennsylvania spricht ein unauffälliger älterer Herr vor einigen hundert Interessierten. Sein Name, Harris Wofford, ist nur wenigen von ihnen ein Begriff. Der 65jährige Universitätsprofessor und ehemalige Berater von Präsident John F. Kennedy bewirbt sich als demokratischer Kandidat um den Senatssitz, der durch den tödlichen Unfall des populären republikanischen Senators John Heinz frei geworden ist. Er hat noch nie für ein öffentliches Amt kandidiert und liegt in den Meinungsumfragen mit mehr als 40 Prozent hinter seinem republikanischen Gegner Richard Thornburgh, dem ehemaligen Gouverneur des Bundesstaates und engen Freund von Präsident George Bush.

Doch die Botschaft Woffords stößt bei den Zuhörern auf Interesse. Sein Gegner Thornburgh war bis vor kurzem Justizminister in der Bush-Regierung und wirbt nun mit seiner langjährigen Erfahrung in den Machtzentren von Washington. Wofford hingegen betont seine Rolle als Außenseiter, der noch nie zum politischen Establishment gehört hat: »Ich bin eine andere Spezies und kein gewöhnlicher Politiker. Aber glaubt mir, der Zeitpunkt ist gekommen, an dem die Menschen in unserem Staat von gewöhnlichen Politikern genug haben.«

Wofford sieht seinen Wahlkampf nicht als eine regionale Frage, sondern als Teil einer landesweiten Bewegung gegen die seit 1981 in Washington regierenden Republikaner. Die Zielscheibe seiner heftigsten Attacken ist nicht Dick Thornburgh, sondern George Bush.

Der Präsident, so Wofford, habe zwar Kuwait von den Truppen Saddam Husseins befreit, für die Sorgen der amerikanischen Bürger interessiere er sich aber nicht. Die republikanische Wirtschaftspolitik begünstige nur die Reichen. Sie schaffe zwar billige Arbeitsplätze in Mexiko, zerstöre aber die gut bezahlten Jobs der Arbeiter von Pennsylvania. Immer mehr arbeitende Menschen könnten sich nicht einmal mehr eine Krankenversicherung leisten, weil die Republikaner eine Reform des Gesundheitswesen ablehnten. »Wenn Verbrecher ein Recht auf einen Anwalt haben, dann sollten Kranke auch ein Recht auf einen Arzt haben«, ruft er kämpferisch in seinen Wahlansprachen.

Woffords Reden fallen auf einen fruchtbaren Boden – nicht nur in den Arbeiterstädten wie Allentown, sondern auch in den wohlhabenden Vororten rund um die Hauptstadt Philadelphia. Die Rezession hat Pennsylvania besonders hart getroffen, und erstmals fürchten auch gut bezahlte Angestellte – die *white collar workers* – um ihre Arbeitsplätze. Schon längere Zeit stellen Meinungsforscher in ihren Umfragen einen ungewöhnlichen Trend fest: Zwar unterstützt noch immer eine Mehrheit George Bush, aber immer mehr Leute glauben, daß das Land »auf einem falschen Weg ist«. Die Meinungsforscher wissen nicht genau, was diese Stimmung zu bedeuten hat. Aber eines ist klar: Der amerikanische Mittelstand – die Durchschnittsfamilien, in denen beide Eltern arbeiten, um sich ein kleines Haus und zwei Autos leisten zu können – ist in zunehmendem Maße unzufrieden und verunsichert.

Wofford ist der erste Politiker, der auf diese Gefühle bewußt eingeht. Er verspricht *change* (Veränderung) und eine völlige Abkehr von der republikanischen Politik. Woche für Woche holt Wofford in den Meinungsumfragen auf. Im November besiegt er schließlich den Favoriten Thornburgh mit 55 Prozent der Stimmen. Es ist der Anfang vom Ende der Bush-Präsidentschaft.

Der Präsident empfindet die Niederlage seines Freundes Thornburgh als ein Alarmsignal. Am Ende des Golfkrieges hatte er noch die Unterstützung von mehr als 90 Prozent der Bevölkerung. Doch jetzt, ein Jahr vor der Wahl, scheint er aus innenpolitischen Gründen plötzlich verwundbar. Wenige Tage später verschiebt Bush eine Reise nach Ostasien und verspricht, innerhalb weniger Wochen ein Sanierungsprogramm für die Wirtschaft vorzustellen.

Auch ein anderer Politiker hat Woffords Wahlkampf genau verfolgt. Bill Clinton, der Gouverneur des kleinen Bundesstaates Arkansas, hat einen Monat davor seine Kandidatur für die Präsidentschaft erklärt. In Woffords Kampagne findet er viele jener Themen wieder, die er selbst seit langem anschneidet. »Wofford hat eine grundsätzliche Änderung der Art gefordert, wie wir Politik betreiben«, meint Al From, einer der engsten politischen Berater Clintons. »Wenn wir Demokraten 1992 die Wahlen gewinnen wollen, müssen wir dasselbe tun.«

Zu diesem Zeitpunkt liegt Clinton in Befragungen von demokratischen Wählern unter der Zehn-Prozent-Marke. Sein US-weiter Bekanntheitsgrad ist statistisch kaum zu erfassen. Unter Insidern aber gilt der 45jährige Politiker aus dem Süden bereits als Geheimtip. In seinen zahlreichen öffentlichen Auftritten präsentiert er sich als »neuer Demokrat«, der nicht nur dem Staat neue Aufgaben übertragen möchte, sondern vom einzelnen Bürger auch Verantwortung einfordert. Für die Demokraten ist das eine ungewohnte, ja beinahe republikanische Sprache. Sie findet Widerhall gerade bei vielen Wählern, die sich in den vergangenen Präsidentenwahlen von der Partei abgewandt haben.

Clinton weiß, daß er eine wirkungsvolle Botschaft hat. Nun sucht er noch eine Strategie, mit der er die Nominierung der Demokraten gewinnen und dann die Herrschaft der Republikaner im Weißen Haus beenden kann. Woffords geschickt geführter Wahlkampf hat ihn beeindruckt. Wenige Tage nach dem Sieg holt er sich die engsten Berater Woffords, James Carville und seinen Partner Paul Begala in das eigene Team.

Ein Jahr später steht William Jefferson Blythe Clinton vor dem *Old State House,* dem alten Regierungssitz in Little Rock, und feiert mit Zehntausenden Anhängern seine Wahl zum 42. Präsidenten der USA. Clinton hat hoch gepokert und gewonnen. Das Senatsrennen von Pennsylvania hat sich als Generalprobe für die Präsidentschaftswahl 1992 erwiesen. Wofford bewies, daß ein völliger Außenseiter gewinnen kann, wenn er nur glaubwürdig genug eine Politik des Wandels vertritt.

Die Wahlen von 1992 brachten den ersten Generationswechsel seit Kennedy. Clinton ist der erste Präsident der nach dem Zweiten Weltkrieg geborenen *Baby-Boom*-Generation. Er bringt nicht nur Inhalte und Programme, sondern auch einen neuen Stil nach Washington. Vom Magazin *Time* zum »Mann des Jahres 1992« gewählt, steht er unter einem Erwartungsdruck wie keiner seiner Vorgänger. Er muß das Land aus der wirtschaftlichen und sozialen Sackgasse herausführen, in die es in den letzten zwanzig Jahren geraten ist. In der Außenpolitik erwarten den Gouverneur aus der Provinz eine ganze Reihe schwieriger Krisenherde, vor allem aber die Herausforderung, Amerikas Rolle in der Welt neu zu definieren.

Besitzt Bill Clinton die Ideen, die persönlichen Fähigkeiten und das Team, um seine Versprechungen zu verwirklichen? Seine Gegner rechnen damit, daß er an den gewaltigen Problemen des Landes, an den mächtigen Interessengruppen und an seinen eigenen Schwächen bald scheitern wird. Doch wenn er sein Programm verwirklicht, kann er die USA als politisch stabile und wirtschaftlich gesunde Großmacht ins nächste Jahrtausend führen. Das ist sein Auftrag, und das ist seine Chance.

Politik im Nachkriegsamerika – Der Kampf um den weißen Mittelstand

Der 30-Jahre-Zyklus

Für George Bush gab es nur eine Erklärung seiner Niederlage – die schlechte Wirtschaftslage, die er nicht beeinflussen konnte. Differenzierte Analysen verwiesen auf das Desinteresse des Präsidenten an innenpolitischen Problemen, auf den Durchmarsch des rechtskonservativen Flügels am republikanischen Parteitag im August und auf einen verunglückten Wahlkampf. Doch war es wirklich nur das Zusammentreffen dieser besonderen Umstände, die zwölf Jahren republikanischer Präsidentschaft ein Ende machten?

Einer, der vom Sieg Clintons nicht überrascht wurde, war der prominente amerikanische Historiker Arthur J. Schlesinger Jr. Aufbauend auf der Arbeit seines Vaters hat Schlesinger eine Zyklentheorie der amerikanischen Politik entwickelt, derzufolge sich in einem regelmäßigen Abstand konservative und progressive Phasen abwechseln.

In der ersten Phase geben konservative Ideen den Ton an. Privatwirtschaft und individuelle Initiative der Bürger gelten als beste Mittel, um die Probleme der Gesellschaft zu lösen. Im Einklang mit dem Zeitgeist verfolgen die Menschen in erster Linie eigene Interessen und materialistische Ziele.

In der zweiten Phase rutscht das Land wieder nach links. Die Amerikaner besinnen sich wieder ihrer gemeinschaftlichen Ideale und wenden sich an den Staat um Hilfe bei der Lösung sozialer und wirtschaftlicher Probleme. Plötzlich stehen wieder Verantwortung der Gesellschaft gegenüber den Schwächeren und soziales Engagement im Vordergrund.

Laut Schlesinger dauert ein voller Zyklus dieser Art rund 30 Jahre. Keine strengen historischen Gesetzmäßigkeiten sind hier am Werk, sondern nur »natürliche« Schwingungen in der Stimmung der Bevölkerung, die sich auch in der Politik niederschlagen.

Das 20. Jahrhundert begann mit der »progressiven Ära« unter dem republikanischen Präsidenten Theodore Roosevelt. Die Macht der Unternehmenskartelle wurde eingeschränkt, und es wurden Arbeitsgesetze zum Schutz von Frauen und Kindern beschlossen. Die konservativen zwanziger Jahre waren dann die Glanzzeit des Laisser-Faire-Kapitalismus, die jedoch in der Weltwirtschaftskrise abrupt zu Ende ging. Ab 1933 reformierte Roosevelts Neffe, der Demokrat Franklin D. Roosevelt, die Gesellschaft mit seinem *New Deal* und schuf mit der Einführung einer Sozialversicherung, von Arbeitsprogrammen und öffentlichen Projekten die Grundlagen des modernen Wohlfahrtsstaates.

In den fünfziger Jahren wandte sich die Bevölkerung unter dem republikanischen Präsidenten Dwight Eisenhower wieder stärker den konservativen Werten zu. Familie und das private Glück standen im Vordergrund, und Amerika ließ die großen Konzerne unbehelligt den allgemeinen Wohlstand mehren. »Was gut für General Motors ist, ist gut für das Land« – dieser Ausspruch des GM-Vorsitzenden Charles Erwin Wilson wurde zum Leitsatz dieses Jahrzehnts.

30 Jahre nach dem *New Deal* kam der nächste Schub an sozialem Aktivismus – so wie es Schlesingers Vater bereits vorhergesagt hatte. Die Wahl von John F. Kennedy zum Präsidenten 1960 brachte eine neue Generation ins Weiße Haus, die den gesellschaftlichen Stillstand der Eisenhower-Zeit überwinden wollte. Besonders unter Kennedys Nachfolger Lyndon B. Johnson beschleunigte sich die Umgestaltung der USA. Johnson setzte die überfällige Gleichberechtigung für Schwarze durch und nahm mit ehrgeizigen Sozialprogrammen den Kampf gegen die Armut auf.

Der Geist des sozialen Engagements überlebte sogar während der Präsidentschaft Richard Nixons, doch unter Jimmy Carter ging in den späten siebziger Jahren endgültig der Schwung verloren. Immer mehr Menschen zweifelten am Sinn staatlicher Programme und entschieden sich für den erzkonservativen Ronald Reagan, der 1981 in seiner Antrittsrede verkündete: »Die Regierung löst kein Problem. Die Regierung selbst ist das Problem.«

Nach Reagans triumphalem Wahlsieg über den Demokraten Walter Mondale 1984 schienen sich die USA endgültig den Ideen der Konservativen verschrieben zu haben. Doch bereits zwei Jahre später stellte der linksliberale Schlesinger in seinem Essay *The Cycles in American History* folgende Prognose: »Kurz vor oder nach dem Jahr 1990 dürfte es zu einer scharfen Wende in der nationalen Stimmung und der allgemeinen Ausrichtung kommen. In den neunziger Jahren wird eine Generation von Männern und Frauen an die Macht kommen, die in der Kennedy-Ära erstmals mit Politik in Berührung kamen.«

Die Wahl Clintons schien Schlesinger zu bestätigen. »Hinter dem 30-Jahre-Zyklus steckt kein besonderes Geheimnis«, erklärte er nachher. »30 Jahre sind eine Generation. John F. Kennedy und Robert Kennedy waren die Kinder von Franklin D. Roosevelt. Bill Clinton und Al Gore sind Kennedys Kinder.«

Der neue Präsident, der die flüchtige Begegnung mit John F. Kennedy als größten Moment seiner Jugend bezeichnete, hätte an dieser Beschreibung wohl wenig zu bemängeln. Selbst wenn historische Gesetze nur im beschränkten Ausmaß die Wirklichkeit beschreiben, dürften die neunziger Jahre unter Clinton und Gore – wie schon die dreißiger und die sechziger Jahre – zu einer Zeit der gesellschaftlichen Umwälzungen werden.

In den späten achtziger Jahren setzte sich bei Akademikern und Journalisten aus dem linksliberalen Lager eine neue Interpretation der jüngeren amerikanischen Politik durch. Sie standen unter dem Eindruck der Niederlage des demokratischen Präsidentschaftskandidaten Michael Dukakis gegen George Bush – die fünfte eines Demokraten in sechs Wahlen. Das Problem für die Demokraten sei demnach nicht ein vorübergehendes zyklisches Phänomen, sondern eine grundlegende Änderung im Wahlverhalten der weißen Mittelschicht. Viele Industriearbeiter und kleine Angestellte hätten sich seit Mitte der sechziger Jahre von den Demokraten abgewandt, weil sie ihre wirtschaftlichen und gesellschaftlichen Interessen nicht mehr durch sie vertreten sahen. Dieser »Mittelstand« schließt mehr als die Hälfte der Wählerschaft ein und entscheidet deshalb jede Wahl.

Zwei Bücher von bekannten *Washington-Post*-Journalisten präsentierten 1991 ähnliche Thesen – *Why Americans Hate Politics* von E. J. Dionne Jr. und *Chain Reaction* von Thomas Byrne Edsall. Ihre Schlußfolgerungen erhielten viel Aufmerksamkeit: Wenn die Demokraten sich nicht schnell ändern, werden sie auch in den neunziger Jahren die Präsidentschaft nicht gewinnen können. Bill Clinton stützte sich in vieler Hinsicht auf diese Erkenntnisse, als er seine Wahlstrategie für 1992 entwickelte.

Das liberale Programm

Diese Analysen des Wählerverhaltens beginnen mit den dreißiger Jahren, als Franklin D. Roosevelt eine Wählerkoalition schuf, die erstmals alle unteren Einkommensschichten vereinte – verarmte Landwirte, Industriearbeiter, die Nachkommen von katholischen Einwanderern aus Irland, Italien und Osteuropa, protestantische Weiße aus dem Süden und auch Schwarze aus den Städten im Norden der USA. Alle diese Gruppen stimmten für Roosevelt, weil er durch die Sozialprogramme des *New Deal* ihre wirtschaftlichen Interessen vertrat und sie gegenüber den Reichen und den großen Konzernen durchsetzte.

Der Wirtschaftsboom nach dem Zweiten Weltkrieg gab vielen dieser Menschen einen ersten Geschmack von Wohlstand. Mit dem »GI Bill« finanzierte der Staat das Universitätsstudium für Millionen von Kriegsveteranen. Die Männer der Kriegsgeneration fanden in den großen Konzernen Arbeit, bezogen mit ihren Familien kleine Einfamilienhäuser am Rande der Städte und leisteten sich ihr erstes Auto. Sie waren Anhänger des Sozialstaates, der ihnen finanzielle Sicherheit gab. In ihrer gesellschaftlich-kulturellen Einstellung blieben sie jedoch konservativ und unterstützten in der Außenpolitik den konsequenten Antikommunismus, den Präsident Harry S. Truman und sein Außenminister Dean Acheson begründeten. Diese Meinungen wurden von der großen Mehrheit der Amerikaner und beiden großen Parteien in den zwei Jahrzehnten nach dem Zweiten Weltkrieg geteilt. Sie bildeten das *vital center*, wie Schlesinger 1949 diesen breiten politischen Konsens nannte, der erst in den sechziger Jahren auseinanderbrach.

Auch die gemäßigten Republikaner, die in den vierziger Jahren die rechtskonservativen Gegner jedes weltpolitischen Engagements in der Partei beiseite gedrängt hatten, waren Teil des *vital center*. Präsident Dwight D. Eisenhower setzte in vielen Bereichen die Politik seines demokratischen Vorgängers Truman fort. Er baute den Wohlfahrtsstaat aus, machte der rabiaten Kommunistenjagd von Senator Joe McCarthy im Lande ein Ende und zeigte in der Außenpolitik die gleiche Härte gegenüber der Sowjetunion wie Truman. Die Mehrzahl der Wähler stimmte zwar für den populären Republikaner Eisenhower. Dennoch fühlten sich die meisten dem Erbe Roosevelts verpflichtet und bezeichneten sich deshalb als Demokraten.

Eisenhower setzte sich auch verstärkt für die Aufhebung der Rassentrennung im Süden ein. Die Republikaner waren immerhin die Partei Abraham Lincolns und fühlten sich noch ein wenig als Interessenvertretung der Schwarzen, die 12 Prozent der amerikanischen Bevölkerung ausmachen. Jene weißen Südstaatler, die auf der Beibehaltung der politischen und gesellschaftlichen Diskriminierung bestanden, hatten seit dem Ende des amerikanischen Bürgerkrieges nie anders als demokratisch gewählt. Der von Eisenhower zum Vorsitzenden des Obersten Gerichtshofes ernannte Republikaner Earl Warren wurde zum energischen Vorkämpfer für eine humane Justiz und schwarze Bürgerrechte. Sein Erbe prägt die amerikanische Rechtsprechung bis heute.

Die Eisenhower-Jahre waren die Glanzzeit des wertkonservativen neuen Mittelstands. Die Männer arbeiteten und brachten jedes Jahr etwas mehr Lohn nach Hause. Die Frauen, die während des Zweiten Weltkrieges arbeiten mußten, um die eingerückten Männer zu ersetzen, zogen sich wieder in die häusliche Welt zurück. Die populären Fernsehshows dieser Zeit wie »Leave it to Beaver« und »I love Lucy« spiegeln diese Ideale von Familie, Tradition und Moral wider.

Doch die sechziger Jahren brachten tiefgreifende Änderungen, die den politischen Konsens zerstörten. Das waren in erster Linie demographische Trends, die Bürgerrechtsbewegung und das Erwachen der Jugend.

Durch die Mechanisierung der Landwirtschaft verloren Millionen von Schwarzen ihre Arbeitsplätze auf den Baumwollplantagen des Südens. Sie wanderten in die Städte des Nordens, wo sie mit der städtischen Bevölkerung – meist katholischen und jüdischen Nachkommen von Einwanderern aus Europa – zusammenstießen. Auch *hispanics* aus Puerto Rico und anderen lateinamerikanischen Staaten zogen verstärkt in die Städte.

Die neuen Bewohner brachten eine Verschlechterung der Lebensbedingungen – Arbeitslosigkeit, Kriminalität und einen Qualitätsverlust der Schulen. Viele Weiße zogen daher in die Vororte – die *suburbs* – ab, wo sie ihren Lebensstil und ihren wachsenden Wohlstand zu bewahren versuchten. In der demokratischen Wählerkoalition traten nun die ersten Spannungen zwischen Weißen und Schwarzen auf.

Der nächste Konflikt war Folge der rasch wachsenden Bürgerrechtsbewegung, die unter der Führung des charismatischen Südstaaten-Pastors Martin Luther King Jr. mit immer stärkerem Nachdruck die Aufhebung der Rassentrennung in den Südstaaten forderte. Die rassistische weiße Mehrheit wehrte sich dagegen und griff dabei auch zu Gewalt. Die Bilder von weißen Polizisten, die in Städten wie Birmingham und Montgomery im US-Staat Alabama friedlich demonstrierende Schwarze zusammenschlugen, erschütterten die Öffentlichkeit im Rest der USA. Außerhalb der Südstaaten war die Demokratische Partei nicht mehr bereit, die unmenschliche Rassentrennung zu akzeptieren.

In den Jahren nach Kennedys Ermordung im November 1963 brach das *vital center* schließlich auseinander. Die Demokraten rutschten nach links, die Republikaner nach rechts, und es begann ein erbitterter Kampf über die Grundwerte der amerikanischen Gesellschaft.

Kennedys Nachfolger Lyndon B. Johnson verwirklichte die rechtliche Gleichstellung der Schwarzen durch den »Civil Rights Act« von 1964 und den »Voting Rights Act« von 1965. Er begann auch, mit Hilfe einer massiven Ausweitung der Sozialprogramme die Armut zu bekämpfen. Nach Meinung seiner Berater war es nicht genug, rechtliche Diskriminierung abzuschaffen, wenn die Menschen nach Jahrhunderten der Benachteiligung weiterhin wirtschaftlich massiv im Hintertreffen sind.

So entstand die *Great Society* – ein gewaltiges Wohlfahrtsprogramm, das mit Geld für alleinstehende Mütter, mit der Finanzierung von Sozialwohnungen und Starthilfen für arme Kinder allen Amerikanern die gleichen Aufstiegschancen bieten sollte. Das Sicherheitsnetz wurde auch für Mitglieder des Mittelstands durch die Kranken- und Altersversicherung enger geknüpft. Damit gelang es der Johnson-Regierung, die Armut unter den Pensionisten praktisch zu eliminieren. Für andere Bevölkerungsgruppen war der Erfolg nicht so eindeutig.

Liberalismus wandelte sich in diesen Jahren von einem Programm der gemäßigten Mitte zu einer Ideologie der raschen gesellschaftlichen Veränderung. Ein amerikanischer Liberaler ist heute am ehesten mit einem europäischen Sozialdemokraten vergleichbar und hat mit einem konservativen Wirtschaftsliberalen nichts gemein.

Johnsons ehrgeiziges Programm wurde anfangs von der großen Mehrheit der Amerikaner unterstützt. Das Ende der offenen Rassentrennung war zum allgemein akzeptierten Ziel geworden, und es herrschte breites Einverständnis über den Ausbau des Sozialstaates. So erzielte Johnson im November 1964 einen Erdrutschsieg über seinen konservativen republikanischen Gegner Barry Goldwater, der gegen die Bürgerrechtsgesetze und für die radikale Eliminierung der staatlichen Sozialprogramme eintrat.

Die demokratische Wählerallianz schien am Höhepunkt ihrer Macht. Doch rückblickend gesehen setzte im Wahljahr 1964 die große Wende in der amerikanischen Nachkriegsgeschichte ein. Der Triumph des Liberalismus weckte Gegenkräfte und eine konservative Reaktion, die in den folgenden zwei Jahrzehnten die Politik bestimmten.

Die konservative Reaktion

Die neue konservative Bewegung hatte in den fünfziger Jahren in dem von William F. Buckley Jr. herausgegebenen Magazin *National Review* ein angesehenes Sprachrohr erhalten. 1964 gelang es ihr, die Macht in der republikanischen Partei zu ergreifen: Der rechte Goldwater-Flügel setzte sich gegen die gemäßigten Rockefeller-Republikaner durch. Obwohl Goldwater in den Präsidentenwahlen im gleichen Jahr unterging, gewann das konservative Programm mit seiner Ablehnung von Staat und Steuern in den folgenden Jahren an Einfluß und wurde in den siebziger Jahren schließlich zur Doktrin der Republikaner.

Goldwater verlor zwar in fast allen Teilen der USA, doch im Süden gelang ihm dank seines Widerstands gegen die Bürgerrechtsgesetze ein Durchbruch. Erstmals seit dem amerikanischen Bürgerkrieg stimmten fünf Südstaaten – Alabama, Mississippi, Louisiana, South Carolina und Georgia – für einen republikanischen Kandidaten. Goldwater konnte besonders die weiße untere Mittelschicht ansprechen, die sich selbst in einer gefährdeten Position infolge der Gleichstellung der Schwarzen sah.

Auch in anderen Kreisen mobilisierte Goldwater neue Anhänger. Ein bekannter Schauspieler und ehemaliger Demokrat konnte sich in Kalifornien mit einer leidenschaftlichen Wahlkampfrede für Goldwater politisch profilieren. Ronald Reagan wurde zwei Jahre später als Republikaner zum Gouverneur von Kalifornien gewählt und galt ab diesem Zeitpunkt als der namhafteste Vertreter der neuen Rechten.

Auch die demokratische Partei veränderte in den späten sechziger Jahren ihr Gesicht. Die *Baby-Boom*-Generation, die nach dem zweiten Weltkrieg geboren wurde, begann sich politisch zu engagieren. Sie war die zahlenmäßig stärkste und die erste, die in ungebrochenem Wohlstand aufwuchs. Junge Leute wie Bill Clinton kamen mit der Politik erstmals durch ihren Widerstand gegen den Vietnam-Krieg in Berührung. Inspiriert von Kennedys Idealismus und der moralischen Authorität Martin Luther Kings forderten Millionen von Menschen eine tiefgreifende Umgestaltung. Sie sagten Rassismus, wirtschaftlicher Ungleichheit und gesellschaftlichen Zwängen den Kampf an.

Auch die Rolle der Frauen änderte sich in diesen Jahren. Die Wirtschaft – und besonders der schnell wachsende Dienstleistungssektor – brauchte Arbeitskräfte und zog so Millionen von Frauen in den Arbeitsmarkt. Gleichzeitig besuchten immer mehr Töchter aus Mittelstandsfamilien die Universitäten und waren nicht mehr bereit, sich dem traditionellen Frauenbild der fünfziger Jahre anzupassen. Auch sie forderten gleiche Rechte.

Die Bürgerrechtsbewegung wurde nach 1964 zunehmend radikaler. Die Beseitigung politischer und rechtlicher Diskriminierung weckte bei der schwarzen Bevölkerung Erwartungen eines wirtschaftlichen Aufstiegs, die aber nicht erfüllt wurden. In allen großen Städten kam es Ende der sechziger Jahre zu Rassenunruhen, in denen Schwarze ihrer Frustration über die schlechten Lebensbedingungen und den hartnäckigen Rassismus Luft machten.

Angesichts des wachsenden Drucks von der Straße setzten die Demokraten im Kongreß und insbesondere die liberalen Juristen im Obersten Gerichtshof die Initiativen zur Gleichstellung der Schwarzen fort. Mit massiven staatlichen Eingriffen sollten die Reste der Diskriminierung und die Folgen der früheren Benachteiligung aufgehoben werden. Doch damit stießen sie erstmals auf den massiven Widerstand der weißen Bevölkerungsgruppen, die durch solche Maßnahmen benachteiligt wurden.

Der größte Konflikt entbrannte um das sogenannte *Busing*. Auch nach der Öffnung der öffentlichen Schulen für alle Rassen blieb in den meisten Anstalten die Rassentrennung erhalten. Denn Schulkinder gingen in ihren eigenen Wohnvierteln zur Schule, und diese waren meist nach Rassen getrennt. Die Bundesgerichte ordneten daher an, daß man weiße Kinder mit Bussen in vornehmlich schwarze Schulen und schwarze Kinder in weiße Schulen bringt.

Diese Zwangsmaßnahmen, die die Rassentrennung in den Schulen auch in der Praxis aufheben sollten, waren selbst bei Schwarzen umstritten. Für Millionen von Weißen wurden sie zum verhaßten Symbol einer Politik, die abstrakte gesellschaftliche Ziele vor die Interessen der einzelnen Bürger stellte.

Die Gerichte gingen noch einen Schritt weiter und verordneten auch die Integration von Wohnvierteln. In den Universitäten, im öffentlichen Dienst und in Unternehmen, die staatliche Aufträge erhielten, mußten Minderheiten bei der Aufnahme und Anstellung bevorzugt werden. Diese *Affirmative Action* war als Förderung von Schwarzen und anderen benachteiligten Gruppen gedacht. Viele Weiße sahen dies aber als eine neue Form der Diskriminierung, die nun gegen sie selbst gerichtet war.

Auch der Ausbau des Sozialstaates schien in erster Linie Minderheiten zugute zu kommen: Die Steuern der arbeitenden Weißen schienen zu immer größeren Anteilen in die städtischen Slums zu fließen, wo arbeitslose Schwarze von der Fürsorge lebten. Die gesellschaftlichen Phänomene in diesen Ghettos bestätigten die weißen Vorurteile. Gerade unter den armen Schwarzen stieg die Zahl der unehelichen Geburten rasch an, und immer mehr alleinstehende Mütter lebten ausschließlich von der Sozialhilfe.

Die wachsende Kriminalität berührte auch das Leben des Bürgertums. Die Straßen in den armen Stadtvierteln waren am Abend nicht mehr sicher, und selbst in den wohlhabenderen Gebieten mußten die Menschen sich immer mehr vor Überfällen und Einbrüchen fürchten. Justizreformen schienen die Interessen krimineller Schwarzer gegenüber denen des rechtschaffenen – und großteils weißen – Bürgertums zu fördern.

Andere Entwicklungen gefährdeten die traditionelle Ordnung der bürgerlichen Familie. Die Demonstrationen gegen den Vietnam-Krieg in den Universitäten schienen die patriotischen Grundwerte Amerikas in Frage zu stellen. Die Jugendrevolte richtete sich nicht nur gegen die US-Politik in Südostasien. Sie wurde zu einem Aufstand der neuen Generation und einer kulturellen Revolution, die mit *sex, drugs & Rock'n'Roll* die Gesellschaft verändern sollte.

In der öffentlichen Meinung wurden all diese beunruhigenden Phänomene mit den Demokraten verknüpft. Das prägende Ereignis am demokratischen Parteitag 1968 in Chicago war nicht die Nominierung von Vizepräsident Hubert Humphrey zum Präsidentschaftskandidaten, sondern waren die massiven Anti-Vietnam-Proteste auf der Straße vor dem Konferenzentrum, die von der Polizei brutal niedergeschlagen wurden. Journalisten und Intellektuelle waren von der Brutalität der Polizei schockiert. Für Millionen von Amerikanern waren es die Proteste selbst, die angst machten.

Bei den Wahlen im November 1968 gelang es Richard Nixon, diese Ängste und Ressentiments des weißen Mittelstands in einen Wahlsieg gegen Hubert

Humphrey zu verwandeln. Die Strategie, die Nixon damals entwickelte, wurde zum Grundstein der republikanischen Erfolge in den nächsten zwei Jahrzehnten. Auch Bush stützte sich im Kampf gegen Michael Dukakis und Bill Clinton auf Nixons Vorbild.

Nixon polemisierte im Wahlkampf gegen »Acid, Amnesty and Abortion« (LSD, Amnestie für Wehrdienstverweigerer und Abtreibung) und gewann damit auch traditionell demokratische Wählerschichten. In dieser Polemik wurden die Demokraten in Washington zur arroganten neuen Elite, die nicht mehr die Interessen der kleinen Leute vertrat. Bei den Wahlen stimmten viele Südstaaten-Demokraten für George Wallace, den Gouverneur von Alabama, der als unabhängiger Kandidat mit einem offen rassistischen Programm antrat und damit 13 Prozent der Stimmen erhielt. Nixon gewann neben den republikanischen Stammwählern viele Stimmen von *blue collar workers*, Industriearbeitern, die vier Jahre zuvor noch demokratisch gewählt hatten. Die Republikaner waren auf dem Weg zur amerikanischen Mehrheitspartei.

Auch unter Nixons Präsidentschaft wurden große Teile des liberalen Programms seiner demokratischen Vorgänger weiter verwirklicht. Unter dem Druck des demokratischen Kongresses und mächtiger liberaler Interessenverbände baute er Sozialprogramme aus und schuf die Grundlagen für eine moderne Umweltpolitik. Auch seine Außenpolitik war überraschend gemäßigt. Mit der Annäherung an China und mit der Entspannungspolitik gegenüber der Sowjetunion brachte der einstige »Kommunistenfresser« Nixon eine Wende im Kalten Krieg.

Dennoch war Nixon kein Liberaler. In gesellschaftlichen und kulturellen Fragen setzte er die populistische, oft hetzerische Rhetorik des Wahlkampfes fort, die sich gegen Anti-Vietnam-Demonstranten, Feministinnen, Fürsorgeempfänger, Kriminelle und Drogensüchtige richtete. Nixon selbst nannte diese Taktik »positive Polarisierung« – die Mobilisierung einer konservativen Mehrheit gegen eine linke Minderheit.

Nixon ließ sich dabei ironischerweise von den beiden Demokraten Richard Scammon und Ben Wattenberg inspirieren, die in ihrem Buch *The Real Majority* eine Wahlstrategie für ihre Partei entwickelt hatten: Die Demokraten sollten demnach gesellschaftlich-kulturelle Fragen möglichst neutralisieren und mit Wirtschaftsthemen ihren Wahlkampf führen. Nur wenn sie auf diese Weise all jene ansprechen, die »weder jung noch arm noch schwarz« sind, könnten sie gewinnen. Der ausschlaggebende Wähler für Scammon und Wattenberg war »die 47jährige weiße Hausfrau aus Dayton«, einer typischen kleinen Industriestadt im US-Bundesstaat Ohio. Während die Demokraten in den folgenden Jahren diesen Rat ignorierten, setzte Nixon alles daran, die Stimme der Hausfrau aus Dayton für die Republikaner zu sichern.

Die Demokraten spielten ihm dabei immer stärker in die Hände. Neue Satzungen entmachteten die alten Partei-Bosse und förderten statt dessen linke Interessenverbände. Der Parteitag 1972 wurde von der Friedensbewegung, der Frauenbewegung und Bürgerrechtsgruppen beherrscht, die am Parteitag 1968 ausgeschlossen gewesen waren. Ihr Kandidat war Senator George McGovern aus South Dakota, und dieser setzte sich nun gegen die Vertreter des alten Liberalismus wie Humphrey durch.

Der amerikanischen Durchschnittsfamilie waren McGovern und seine Anhänger fremd. Erfolgreich warb Nixon um diese »stille Mehrheit«. Da Wallace diesmal nicht kandidierte, gewann er auch dessen rassistisch eingestellte Anhänger im Süden, die früher immer demokratisch gestimmt hatten. Nixon besiegte McGovern mit einer Rekordmarke von 62 Prozent. Die Demokraten waren damit zur Minderheitspartei geschrumpft.

Die für den Wahlkampf so erfolgreiche Polarisierung wurde Nixon schließlich zum Verhängnis. Von Beschimpfungen seiner politischen Gegner als Vaterlandsverräter war es nur ein kleiner Schritt, die angeblichen und wirklichen Feinde tatsächlich verfolgen zu lassen. Mit dem Einbruch in das demokratische Wahlkampfbüro im Washingtoner Watergate-Hotel im Juni 1972 begann das unerfreuliche Ende der Nixon-Präsidentschaft. Im August 1974 trat Nixon als erster Präsident der US-Geschichte zurück.

Sein Nachfolger, Vizepräsident Gerald Ford, war als Vertreter des gemäßigten Flügels der Republikaner das Gegenstück zu Nixon – tolerant in gesellschaftlichen Fragen, aber konservativ in der Wirtschaftspolitik. Doch diese Fraktion war Mitte der siebziger Jahre in der eigenen Partei kaum noch mehrheitsfähig. In den Vorwahlen wurde Ford von Ronald Reagan massiv bedrängt. Er entschied zwar die Nominierung für sich, verlor jedoch im November 1976 ganz knapp gegen Jimmy Carter. Fords Niederlage war zwar eine Folge des Watergate-Skandals, aber sie bedeutete letztlich das Aus für die gemäßigten Republikaner seines Schlages. Nun waren die rechtskonservativen Erben Barry Goldwaters am Zug.

Carter und die Krise der Demokraten

Der Watergate-Skandal bot den Demokraten die einmalige Chance, die Niederlage von 1972 wettzumachen und das Weiße Haus zurückzugewinnen. Bereits die Kongreßwahlen im November 1974 – die ersten nach Nixons Rücktritt – brachten große Gewinne gegen die Republikaner. Rund ein Dutzend prominenter Politiker bewarb sich 1976 um die demokratische Nominierung, die der unbekannte Südstaatler Jimmy Carter gegen alle Vertreter des Partei-Establishments gewann.

Der Exgouverneur von Georgia war aus zwei Gründen attraktiv: Nach Watergate entsprach dieser Außenseiter der Skepsis gegenüber der politischen Elite und der Sehnsucht nach einem aufrichtigen Kandidaten. Und Carters moralischer Konservativismus sprach auch jene Demokraten an, die sich nach der Kandidatur McGoverns einen gemäßigten Repräsentanten wünschten.

Carter forderte ausgeglichene Budgets und den Abbau der Bürokratie, lehnte Abtreibungen auf Staatskosten ab und war mit keiner linken Interessengruppe verknüpft. Er beherrschte auch die populistische Sprache der Südstaaten-Politiker und konnte damit die wirtschaftlichen Sorgen der kleinen Leute zum Wahlkampfthema machen. Mit seiner offen zur Schau getragenen Religiosität gelang es ihm, konservative Mittelstandswähler zurückzugewinnen. Bei gebildeten Liberalen stieß seine religiöse Diktion aber auf Ablehnung. Viele von ihnen stimmten für Ford.

Die Nominierung Carters war der erste Versuch der Demokraten, einen neuen politischen Mittelweg einzuschlagen, der eine progressive Wirtschaftspolitik mit gesellschaftlichem Konservativismus verbindet. Auf diese Weise wollten sie Scammons und Wattenbergs »Hausfrau aus Dayton« wieder gewinnen. Doch der Versuch ging schief. Mit seiner auf Ausgleich bedachten Politik verlor Carter als Präsident Verbündete auf der linken wie auf der rechten Seite. Die Extreme auf beiden Seiten waren stärker als das Zentrum.

Carter trug nicht zuletzt selbst Schuld an diesem Scheitern. Anstatt konsequent einen pragmatischen Kurs zu verfolgen, schwankte er ständig zwischen Extremen. In der Außenpolitik konnte er sich zwischen der Entspannungspolitik von Außenminister Cyrus Vance und der harten antisowjetischen Haltung seines Sicherheitsberaters Zbigniew Brzezinski nicht entscheiden. Während die »Falken« in der US-Politik über die mangelnde Unterstützung für Amerikas rechtsgerichtete Verbündete in der Dritten Welt klagten, wurden die »Tauben« durch die Aufrüstung nach der sowjetischen Invasion in Afghanistan enttäuscht.

In der Wirtschaftspolitik schwankte Carter zwischen keynesianischen Programmen zur Konjunkturbelebung und strikter Inflationsbekämpfung. Einmal befürwortete er eine Ausweitung von Sozialleistungen, dann aber setzte er wieder neue Steuern durch, die gerade die Ärmeren am härtesten trafen. Sein Energieprogramm, das wichtigste innenpolitische Vorhaben seiner Amtszeit, verband Sparmaßnahmen und höhere Energieabgaben mit neuen Produktionsanreizen für die inländische Ölindustrie. Die Gesetzesvorlagen waren theoretisch durchdacht, aber nahmen wenig Rücksicht auf die politischen Kräfte.

Sie wurden von links und von rechts angegriffen und starben deshalb im Kongreß einen schnellen Tod.

Carter wurde freilich auch von besonderem Pech verfolgt. Die zweite Ölkrise trieb 1979 und 1980 Benzinpreise und Inflation in die Höhe. Die Geiselnahme in der US-Botschaft von Teheran ließ die USA hilflos erscheinen, und die riskante Rettungsaktion im Frühjahr 1980 scheiterte in der iranischen Wüste, als mehrere der eingesetzten Hubschrauber mit technischen Schäden ausfielen und dann während eines Sandsturmes kollidierten. Das Wahljahr brachte eine kurze, aber schmerzhafte Rezession, und der monetaristische Kurs unter dem neuen Notenbankpräsidenten Paul Volcker, der Reagan einige Jahre später zum Sieg über die Inflation verhalf, trieb die Zinsen in Carters letztem Amtsjahr auf erschreckende 20 Prozent.

In all diesen Krisen erweckte Carter den Eindruck, daß er von ihnen beherrscht wurde, sie aber nicht beherrschen konnte. Seine persönliche Integrität, die ihm vier Jahre zuvor zum Wahlsieg verholfen hatte, war weiterhin unumstritten. Eine Befreiung der US-Geiseln hätte ihm die Wiederwahl wahrscheinlich sichern können. Doch die täglichen Fernsehberichte über die erniedrigende Geiselhaft bestätigten den Amerikanern, daß Carter als Führer seines Landes versagt hatte.

Carters vernichtende Wahlniederlage im Jahre 1980 war in erster Linie eine Entscheidung über seinen Amtsführungsstil, nicht über sein Programm. Aber sie spiegelte auch einen allgemeinen Trend in der US-Politik wider. Die konservative Wende, die Schlesingers Theorie für Mitte der siebziger Jahre vorausgesagt hatte, war eingetroffen. Der Watergate-Skandal hatte den Rechtsruck allerdings unterbrochen und die liberalen Kräfte glauben lassen, daß das republikanische Programm damit endgültig diskreditiert sei. Daher verweigerten sie im Kongreß dem gemäßigten Präsidenten die Zusammenarbeit und sammelten sich später hinter der erfolglosen Kandidatur Ted Kennedys.

Die kulturelle und rassische Polarisierung der weißen Mittelklasse wurde durch wirtschaftliche Trends in den siebziger Jahren verstärkt. Der Rückgang der Durchschnittseinkommen nach 1973 und der Zusammenbruch ganzer traditioneller Industriezweige führten zu einem immer härteren Wettbewerb um Arbeitsplätze und gesellschaftlichen Aufstieg. Millionen von Ehefrauen waren nun gezwungen, eine Arbeit zu suchen, damit ihre Familie den erreichten Lebensstandard bewahren konnte. Besonders unter den schlecht ausgebildeten Arbeitskräften – den armen Weißen und der Mehrheit der Schwarzen – nahmen Verteilungskampf und Sozialneid zu.

Dazu kam eine wachsende Steuerlast. Das Zusammenspiel von Inflation und progressivem Einkommensteuersystem schob Millionen von Arbeiter- und Mittelstandsfamilien in höhere Steuerklassen, der Anstieg der Immobilienpreise in vielen Teilen des Landes ließ die Grundsteuern in die Höhe klettern. 1978 kam es in Kalifornien zur ersten Steuerrevolte. In einer Volksabstimmung wurde die »Proposition 13«, die Vermögens- und Grundsteuern drastisch senkte, mit großer Mehrheit angenommen. Das kalifornische Beispiel machte im ganzen Land Schule.

Für viele Wähler wurde in den siebziger Jahren der Staat, von dem sie sich einst so viel erhofft hatten, zu einer Bedrohung ihres Lebensstils. In ihren Augen waren die Demokraten zu einer Partei der Minderheiten, Fürsorgeempfänger und linker Interessenverbände geworden. Vor die Wahl gestellt, ob sie ihre Interessen lieber im Verbund mit diesen Randgruppen oder mit der finanziellen Oberschicht vertreten sahen, entschieden sich Millionen von Amerikanern der unteren und mittleren Einkommensschichten erstmals seit 1933 für eine Allianz mit den Reichen.

Mit Hilfe dieser neuen Wählerkoalition gelang Ronald Reagan 1980 ein Erdrutschsieg über Jimmy Carter. Der gemäßigte Republikaner John Anderson, der als unabhängiger Kandidat auftrat, nahm Carter viele liberale Stimmen weg. Doch ausschlaggebend für Reagans Erfolg war ein einmaliger Rechtsrutsch im Wählerverhalten. Erstmals seit Jahrzehnten gewannen die Republikaner bei diesen Wahlen die Mehrheit im Senat. Durch ein Bündnis mit einer Gruppe konservativer Demokraten aus dem Süden konnten sie auch das Repräsentantenhaus, die zweite Kammer des Kongresses, beherrschen.

Reagans Programm von weniger Staat, niedrigeren Steuern und höheren Rüstungsausgaben glich den erfolglosen Ideen Barry Goldwaters vom Wahljahr 1964. Doch in der Zwischenzeit hatte sich die Stimmung im Land verändert. Der konservative Trend, der zur selben Zeit Margaret Thatcher in Großbritannien und Helmut Kohl in der Bundesrepublik an die Macht brachte, läutete auch in den USA das Ende der liberalen Ära ein.

Die Reagan-Koalition

Es war eine vielfältige Koalition, die Reagan 1980 ins Weiße Haus trug und ihm acht Jahre lang die Treue hielt. Auf der intellektuellen Seite verband sie Konservative der Goldwater-Schule mit den Neokonservativen – ehemaligen Liberalen, denen die demokratische Partei zuwenig antikommunistisch und zu kritisch gegenüber Israel wurde.

Sie bestand aus Wirtschaftskonservativen, die ein ausgeglichenes Budget und eine Bekämpfung der Inflation forderten; sogenannten »Reagan-Demokraten« – meist Industriearbeiter, die zwar weniger Steuern, aber keine Kürzung der

Sozialprogramme für den Mittelstand wollten, und die neue Schule der *Supply Sider*, die ausschließlich mit dem Wundermittel Steuersenkung Investitionen ankurbeln und so die Produktivität erhöhen wollten. Reagan erhielt auch Unterstützung von den wachsenden religiösen Bewegungen wie der von Jerry Falwell geführten »Moral Majority«.

Reagans größte politische Leistung war es wahrscheinlich, diese inhomogene Koalition acht Jahre lang zusammenzuhalten Er schaffte dieses Kunststück durch sein Charisma und seinen Optimismus, der Konservativismus als dynamische und moderne Bewegung erscheinen ließ. Als Klebstoff wirkten auch der konsequente Antikommunismus, den Reagan vertrat, und sein Versprechen, Steuern zu senken. Damit konnte er wertkonservative Arbeiterfamilien und weltoffene Freiberufler, Verfechter eines strammen Individualismus und religiöse Moralapostel hinter seinem Banner vereinen.

Das erste Jahr der Reagan-Ära markierte den Höhepunkt der konservativen Welle. Es war der Gegenpol zu 1965, als Johnson in aller Eile sein linksliberales Programm verwirklichte. Mit der Unterstützung des Senats, der konservativen Demokraten im Repräsentantenhaus und weiter Teile der Bevölkerung gestaltete Reagan die USA nach seinen Plänen um. Er kürzte die Sozialausgaben, senkte die Einkommen- und Kapitalertragsteuer und nahm das größte Aufrüstungsprogramm in Friedenszeiten in Angriff. Antikartellgesetze und Umweltauflagen wurden zurückgenommen, Finanzmärkte und einige Industriebranchen ebenfalls dereguliert. Gleichzeitig begann die Reagan-Regierung, die Bürgerrechtsgesetzgebung von zwei Jahrzehnten zu demontieren. Die konservativen Ideologen lehnten die gezielte Förderung von früher benachteiligten Gruppen zur Durchsetzung der Gleichberechtigung ab. In ihren Augen bestand nur dann Chancengleichheit, wenn jeder einzelne unabhängig von Hautfarbe und Herkunft gleich behandelt wird. Besonders in seiner zweiten Amtszeit konnte Reagan durch die Bestellung ausgesprochen konservativer Verfassungsrichter diese Ideen in die Praxis umsetzen.

Die wirtschaftlichen und sozialen Konsequenzen der *Reagonomics* genannten neuen Wirtschaftspolitik waren enorm. Von 1977 bis 1989 verdoppelte sich das Einkommen nach Abzug aller Steuern des reichsten 1 Prozent der US-Bevölkerung, während das Einkommen der mittleren 20 Prozent um 5 Prozent und das der ärmsten 20 Prozent gar um 10 Prozent zurückging.

Zu dieser wachsenden Einkommensschere haben auch wirtschaftliche Veränderungen beigetragen, die von der Politik weitgehend unbeeinflußt blieben. Aber Reagans massiver Abbau des Sozialstaates und seine Änderungen im Steuersystem, die die Reichen zu Lasten der Ärmeren bevorzugten, verschärften die Ungleichheit. Während die neue schwarze Mittelschicht relativ gut davonkam, sank die *underclass*, die großteils aus Schwarzen und *hispanics* mit spanischer Muttersprache bestand, in immer tiefere Armut. Obdachlose gehörten nunmehr zum Straßenbild in fast jeder amerikanischen Stadt.

Doch Reagans konservative Revolution blieb eine halbe Sache. Besonders in der Wirtschaftspolitik verwirklichte er nur die eine – populäre – Hälfte seines Programmes. Zwar setzte er im ersten Jahr eine drastische Steuersenkung durch. Doch die meisten Ausgabenkürzungen, die notwendig gewesen wären, um das Budgetdefizit nicht zu vergrößern, nahm er erst gar nicht in Angriff. Die teuren Mittelklasse-Programme wie die Alters- und Krankenversicherungen Social Security und Medicare blieben von den Einsparungen ausgenommen.

Diese Vorgangsweise war das Resultat einer einleuchtenden politischen Rechnung. In Reagans Wählerkoalition gab es zu viele Menschen, die die Leistungen dieser Programme als ihr angestammtes Recht in Anspruch nahmen und solche Kürzungen nicht akzeptiert hätten. Der Politiker Reagan, der die Koalition zusammenhalten wollte, siegte hier über den Ideologen Reagan. Der Preis dieser Schönwetterpolitik war aber das gewaltige Budgetdefizit, das die amerikanische Wirtschaft seit Anfang der achtziger Jahre belastet.

Nach dem rasanten Tempo des ersten Jahres geriet das konservative Programm auch in anderen Bereichen ins Stocken. Die schwere Rezession in den Jahren 1981/1982 kostete den Präsidenten viel Unterstützung in der Bevölkerung. In den folgenden Jahren mußte Reagan immer wieder Steuern erhöhen, um das Defizit halbwegs in den Griff zu bekommen. Pläne für einen weiteren Sozialabbau wurden vom Kongreß regelmäßig blockiert – auch vom Senat, obwohl dort die Republikaner bis zum Jahr 1986 in der Mehrheit waren.

Die Reagan-Revolution wurde auch Opfer des eigenen Erfolges. Die Bekämpfung der Inflation, die Steuersenkungen und das Aufrüstungsprogramm hatte die Mehrzahl der Reagan-Wähler befriedigt. Sie sahen nun keinen Grund für weitere Veränderungen. So wie der amerikanische Mittelstand in den sechziger Jahren den liberalen Aktivisten die Gefolgschaft verweigert hatte, blockierten sie nun die konservativen Ideologen.

Reagan paßte sich diesen Umständen an. Er fand den gleichen Weg wie Nixon, dennoch den rechten Flügel der Republikaner bei der Stange zu halten. Anstelle konservativer Politik bot er nur mehr konservative Polemik. Er wetterte gegen »Sozialschmarotzer«, gegen das Recht auf Abtreibung und gegen die Sowjetunion als das »Reich des Bösen«. Die politische Praxis hatte aber mit seinen öffentlichen Reden wenig gemein.

Der antikommunistischen Rhetorik zum Trotz betrieb Reagan eine vorsichtige Außenpolitik. Auch damit folgte er dem Auftrag seiner Wähler. Diese befürworteten sein Rüstungsprogramm, besonders wenn es Arbeitsplätze schuf. Für eine militaristische Außenpolitik waren sie aber nicht zu haben. Reagan vermied daher größere Militäreinsätze und wandelte sich nach dem Amtsantritt Michail Gorbatschows in Moskau vom Kalten Krieger zum Vorkämpfer für Entspannung und Abrüstung.

Das Steckenpferd der Reagan-Leute waren die linken Bewegungen in Mittelamerika, besonders der Kampf gegen das sandinistische Nicaragua. In dieser Region, dem traditionellen »Hinterhof« der USA, ließen sie sich weder vom Kongreß noch von der öffentlichen Meinung stoppen, die beide ein militärisches Eingreifen, aber auch Waffenlieferungen an die antisandinistischen Contras ablehnten. Die Reagan-Regierung begann, die Gesetze, die im Weg standen, in einer Geheimpolitik zu umgehen. Die Folge war die Iran-Contra-Affäre, die das Ende der Reagan-Präsidentschaft schwer belastete.

In den meisten gesellschaftspolitischen Fragen verwirklichte Reagan wenig von dem, was er versprach. Zwar gab er den religiösen Konservativen verbale Unterstützung in Fragen wie Schulgebete und Abtreibungsverbot, aber er setzte kein politisches Kapital ein, um diese Änderungen durchzusetzen. Die typischen Vertreter der Reagan-Jahre waren nicht fanatische Prediger, sondern die erfolgreichen *Yuppie*-Aktienhändler und die lebenslustige Hollywood-Schickeria, die Ronald und Nancy mit nach Washington brachten.

All diese Gegensätze blieben verdeckt, als Reagan im November 1984 den Demokraten Mondale – auch dank des starken Konjunkturaufschwungs, der Ende 1982 eingesetzt hatte – mit einem Vorsprung von fast 20 Prozent besiegte. Die Republikaner führten einen meisterhaften Wahlkampf, in dem sie die Aufbruchstimmung der Reagan-Jahre mit der wirtschaftlichen und psychologischen Misere unter Carter verglichen.

Die Krise der Demokraten erreichte in dieser Wahl ihren Höhepunkt. Mondale war der Kandidat des Partei-Establishments und der Gewerkschaften, doch gerade in den Arbeiterbezirken wie Macomb County außerhalb von Detroit liefen die Wähler in Scharen zu den Republikanern über. Für sie waren die Republikaner die Partei des wirtschaftlichen Aufstiegs, die Demokraten aber noch stärker als früher die Vertreter der schwarzen Ghettos, die ihre Sicherheit bedrohten. Die Demokraten hatten damit ihre früheren Kernwähler an die Republikaner verloren.

Trotz des Erfolges an den Wahlurnen war Reagan in seiner zweiten Amtszeit politisch lahmgelegt. 1986 eroberten die Demokraten den Senat zurück und konnten damit fast alle Initiativen des Präsidenten blockieren. Seine Regierung litt unter den Aufdeckungen des Iran-Contra-Skandals. Einige Republikaner erkannten bereits, daß sich ihre Partei nur durch eine neuerliche politische Polarisierung in den Wahlen von 1988 an der Macht halten könne. »Wenn die Wähler die Wahl zwischen einem netten Republikaner und einem netten Demokraten haben, dann verlieren wir«, sagte der erzkonservative Abgeordnete Newt Gingrich.

Der damalige Vizepräsident George Bush befolgte diesen Rat, als er sich zwei Jahre später um die Präsidentschaft bewarb. Er gewann die republikanische Nominierung mit Hilfe seiner zahlreichen Verbündeten innerhalb der Partei. Aber Bush hatte kein klares Programm. Als Sohn einer alteingesessenen reichen Familie aus dem Nordosten war er von Instinkt und Herkunft her ein gemäßigter Republikaner. Doch schon bei seinen ersten politischen Gehversuchen in den sechziger Jahren in Texas lernte er, sich durch eine ideologische Rhetorik die Unterstützung der Rechtskonservativen zu sichern.

Im Kampf um die republikanische Nominierung im Jahre 1980 hatte er als damaliger Gegner Reagans dessen Wirtschaftspläne noch als *voodoo economics* abgetan. Als Vizepräsident paßte Bush sich dann doch rasch dem konservativen Dogma an und setzte alles daran, den herrschenden rechten Parteiflügel von seiner Loyalität zu überzeugen.

Anfang 1988 waren die Aussichten für die Demokraten die besten seit zwölf Jahren. Im Kongreß hatten sie eine solide Mehrheit in beiden Kammern. In politischen und wirtschaftlichen Fragen schienen sie wieder die öffentliche Meinung zurückgewonnen zu haben.

Das Wirtschaftswunder von 1984 hatte einer differenzierteren Entwicklung Platz gemacht, in der starkes Wachstum in den Küstengebieten im Osten wie im Westen einer Krise in den Industriezonen des Mittleren Westens gegenüberstand. Der republikanische Boom gleiche einem »Schweizer Käse«, spöttelten demokratische Politiker. Sie hofften nun, durch Betonung der schlechten Wirtschaftslage die republikanische Wählerkoalition brechen zu können. Die These von Scammon und Wattenberg, daß Republikaner zwar mit gesellschaftlich-kulturellen Themen Wahlen gewinnen können, die Demokraten aber mit Wirtschaftsthemen, sollte zwanzig Jahre später wieder einer Prüfung unterzogen werden.

Seit der Niederlage Mondales hatte sich die Suche nach neuen politischen Konzepten beschleunigt, mit der die Partei ihre stark geschrumpfte Wählerbasis erweitern könnte. Ein Weg dahin war bereits von Senator Gary Hart aus Colorado gezeigt worden, der 1984 Mondale fast die Nominierung durch die Demokraten weggeschnappt hätte. Hart war ein Veteran des McGovern-Wahlkampfes, doch er verband den sozialen Liberalismus der demokratischen Linken mit wirtschaftlichem Pragmatismus. Lange Zeit galt er als Favorit für die demokratische Nominierung für 1988.

Einen anderen Versuch, die politische Mitte zurückzugewinnen, machte eine Gruppe von gemäßigten Gouverneuren, Senatoren und Kongreßabgeordneten aus den Südstaaten. Pragmatische Politiker wie die Senatoren Sam

Nunn aus Georgia, Al Gore aus Tennessee, Charles Robb aus Virginia und Gouverneur Bill Clinton aus Arkansas gründeten nach der Niederlage Mondales den DLC (Democratic Leadership Council – Demokratischer Führungsrat). Sie vertraten eine harte Außen- und Verteidigungspolitik, aber in Wirtschaftsfragen einen pragmatischen Kurs. Geleitet vom Intellektuellen Al From wollte diese Gruppe die Partei aus der linken Ecke herausführen und ein auch für den weißen Mittelstand attraktives Programm entwickeln.

Die Männer des DLC waren das Produkt der tiefgreifenden Veränderungen im Süden der USA. Die Aufhebung der Rassentrennung und nicht zuletzt die Verbreitung von Klimaanlagen hatten die wirtschaftlich und sozial rückständigen Südstaaten zu einer attraktiven Wohn- und Arbeitsregion gemacht. Der Zustrom von Zuwanderern aus dem Norden und ein stetiges Wirtschaftswachstum in Technologiebranchen und innovativen Dienstleistungen halfen, die Gesellschaft zu öffnen und die einst so reaktionäre politische Kultur grundlegend zu verändern.

Während die meisten republikanischen Politiker in den Südstaaten weiterhin auf rassistische Emotionen setzten, versuchten die Demokraten des »neuen Südens« Bürgerrechte und soziales Engagement mit einer konservativen Wirtschaftsphilosophie und der Besinnung auf traditionelle Werte zu verbinden. Mit der Unterstützung des aufgeklärten weißen Bürgertums und des aufstrebenden schwarzen Mittelstands gewannen sie immer häufiger regionale Wahlen.

Das unmittelbare Ziel des DLC war die Nominierung eines gemäßigten Präsidentschaftskandidaten aus dem Süden. Das Instrument dafür war die Zusammenlegung der meisten Vorwahlen in den Südstaaten am Anfang des Wahlkampfes, am sogenannten »Super Tuesday«, der einem Kandidaten aus der Region einen nur schwer einholbaren Vorsprung geben sollte. Aber erst 1992 ging diese Rechnung auf.

Hart mußte bereits im Mai 1987 aus dem Rennen ausscheiden, nachdem er auf Berichte über eine außereheliche Affäre in den Augen der amerikanischen Öffentlichkeit hochmütig und selbstgerecht reagiert hatte. Dieser Vorfall diente Clinton im Wahlkampf 1992 als warnendes Beispiel, als er selbst durch eine Frauengeschichte in Bedrängnis kam.

Die dominierende Persönlichkeit in den Vorwahlen war der charismatische schwarze Bürgerrechtler Jesse Jackson, der mit seiner radikalen Sprache jedoch viele Weiße abschreckte und durch antisemitische Bemerkungen und seine Unterstützung für die Palästinenser besonders für jüdische Gruppen zum Feindbild wurde. Nominiert wurde schließlich Gouverneur Michael Dukakis aus Massachusetts – ein Technokrat, der an effiziente Regierungsarbeit und Partnerschaft mit der Wirtschaft glaubte, nicht an gesellschaftliche

Visionen. »Es geht«, sagte er in seiner Rede vor dem Parteitag der Demokraten, »nicht um Ideologie, sondern um Kompetenz.«

In seiner nüchternen Geradlinigkeit stand Dukakis dem gemäßigten Flügel der Republikaner sicher näher als seinem Parteifreund Jackson. Trotz seiner urban-intellektuellen Art konnte Dukakis auch Teile der Arbeiterschaft ansprechen und verschiedene Strömungen der Partei hinter sich vereinen. Wie die Nominierung Jimmy Carters 12 Jahre zuvor war Dukakis' Nominierung ein Versuch, die politische Mitte zu besetzen und sich so die Unterstützung der weißen Mittelschicht zu sichern.

Im Frühjahr und Sommer 1988 baute Dukakis seinen Vorsprung gegenüber Bush aus und führte nach dem demokratischen Parteitag im Juli mit 17 Prozentpunkten. Bushs Wahlkampfstrategen James Baker und Lee Atwater waren besorgt. Reagans Persönlichkeit hatte die Bruchstellen der republikanischen Wählerkoalition bis dahin überbrückt. Nun wurden sie offensichtlich.

Bush selbst war in einer Zwickmühle. Er durfte Reagan und dessen Politik nicht zu sehr kritisieren, um nicht die Unterstützung der konservativen Republikaner zu verlieren, aber er mußte sich dennoch ein wenig distanzieren, um sein Image als *wimp* (Schwächling) abzuschütteln. In Bereichen wie Bildung, Umwelt und Gesundheit, die unter Reagan vernachlässigt wurden, forderten viele Menschen wieder mehr staatliche Leistungen. Aber Bush konnte nichts anbieten, was Geld gekostet hätte. Sowohl Steuererhöhungen als auch eine Ausweitung des Budgetdefizits hätten ihm einen wichtigen Teil seiner fragilen Wählerkoalition entfremdet.

Deshalb versuchte Bush vorerst, in einem verbalen Seiltanz verschiedene Botschaften an verschiedene Wählergruppen zu senden. Er zeigte sich einmal konservativ und einmal moderat, einmal provinziell-religiös und dann wieder weltoffen. Er betonte auch ein stärkeres persönliches Engagement im Bildungs- und Umweltbereich, ohne jedoch irgendwelche konkreten Ausgabenprogramme zu versprechen.

Doch Baker und Atwater wußten, daß Bush auf eine nette Art nicht gewinnen konnte. Sie entwarfen daher einen brutalen Negativ-Wahlkampf gegen Dukakis, wie ihn das Land noch nie gesehen hatte. Bush und Baker nahmen Nixons alte Polarisierungs- und Angsttaktik und entwickelten sie weiter. Sie wurde zu einer Waffe, mit der die Reputation des Gegners völlig zerstört werden sollte. Jene Themen, die seit den sechziger Jahren die Bevölkerung politisch gespalten hatten, wurden dabei von ihnen eingesetzt: die Angst vor der Zunahme der Verbrechen, rassistische Vorurteile und ein selbstgerechter Patriotismus.

Aus der langen Dukakis-Regierungszeit in Massachusetts wurden Episoden aufgewärmt, mit denen Bush die Wähler überzeugen wollte, daß der Gouverneur ein gewöhnlicher Linker sei. So stempelte der Patrizier Bush den Selfmademan Dukakis als Vertreter einer arroganten Elite ab.

Dukakis hatte aus Verfassungsgründen gegen ein Gesetz Veto eingelegt, das alle Schulkinder verpflichtet hätte, den Eid auf die amerikanische Fahne (*the pledge of allegiance)* abzulegen. Bush erklärte das zum Beweis für den mangelnden Patriotismus seinen Gegners. Um den Kontrast zu sich selbst zu unterstreichen, besuchte er medienwirksam eine Flaggenfabrik.

Noch effizienter war das Spiel mit dem Rassismus. Das Werkzeug dazu wurde der schwarzen Mörder Willie Horton. Er war während eines Gefängnisurlaubes in Massachusetts geflohen und hatte dann in Maryland eine weiße Frau vergewaltigt. Der Fall sollte nun die Wähler glauben machen, daß Dukakis die schwarzen Verbrecher mehr am Herzen liegen als ihre weißen Opfer. Denn warum sonst hätte man Willie Horton Gefängnisurlaub gegeben? Dukakis' Mitgliedschaft in der liberalen American Civil Liberties Union (ACLU), die auch für die Rechte von Angeklagten und Gefangenen eintritt, unterstrich dieses Argument.

»Ich verstehe nicht, wie man Mörder, die noch viele Jahre zu sitzen hätten, vorzeitig entlassen kann, damit sie vergewaltigen und rauben können, während man es Lehrern nicht erlaubt, mit den Kindern den Eid auf die Fahne abzulegen«, verkündete Bush Tag für Tag in seinen Wahlauftritten. Es war eine Sprache, die vier Jahre später auch Bill Clinton zu hören bekam.

Der Kulturkampf der sechziger Jahre flammte in diesem Wahlkampf wieder auf. Dukakis, der weder an populistische Slogans noch an die Kraft von Symbolen glaubte, ignorierte anfangs diese Attacken. Später, als er in den Umfragen bereits weit abgeschlagen war, konnte er sich dagegen nicht mehr wehren. Denn er war nicht fähig, seine pragmatische Gesinnung mit verständlichen politischen Inhalten und emotionellen Botschaften zu füllen. Seine Argumente und Programme gingen in einem dilettantisch geführten Wahlkampf unter.

Erst in der letzten Phase des Wahlkampfes begann Dukakis zurückzuschlagen. Er bezeichnete sich als Freund der einfachen Leute und attackierte Bush als Vertreter der reichen Oberschicht. Der neue Ton kam für einen Wahlsieg jedoch viel zu spät. Bush wurde mit 54 Prozent der Stimmen zum Präsidenten gewählt. Zwar gelang es Dukakis, einen Teil der »Reagan-Demokraten« in der Arbeiterschaft zurückzugewinnen, die Mehrheit des Mittelstands aber stimmte wieder für die Republikaner.

Bush und die Politik des Status Quo

1988 war für die Republikaner, was 1976 für die Demokraten gewesen war. Sie hielten ihren Sieg für den Beweis, daß das Land weiterhin die konservative Politik unterstützte. In Wirklichkeit wehte der Wind längst aus der anderen Richtung, ohne daß sie es merkten.

Die Bush-Dukakis-Schlacht wird wohl als einer der zynischsten und inhaltslosesten Wahlkämpfe aller Zeiten in die amerikanischen Geschichtsbücher eingehen. Mit den Gespenstern aus den sechziger und siebziger Jahren haben die Republikaner noch einmal gesiegt. Mit aller Kraft hat Bush noch einmal das Land polarisiert und einen schwachen Demokraten als Feind der politisch-ethischen Wertvorstellungen Amerikas dargestellt.

Dabei hat ihm die Tatsache geholfen, daß sich die Amerikaner zwar der wachsenden wirtschaftlichen Probleme bewußt waren, die Mehrheit aber mit ihrer persönlichen Lage relativ zufrieden war. Deshalb wurden im Wahlkampf die wirklich brennenden Themen – wie der drohende Konkurs von Hunderten Sparkassen (*savings & loans*) – kaum gestreift. Von der konservativen Ideologie war nichts übriggeblieben außer einem Kulturkampf mit rassistischen Anklängen. Damit kann man zwar zur Not gewinnen, damit kann man aber nicht regieren.

Der demokratisch dominierte Kongreß zeigt nur wenig Bereitschaft, mit Bush zusammenzuarbeiten, und dieser bringt auch keine Pläne mit ins Amt, die er verwirklicht sehen will. Seine einzige klare Aussage im Wahlkampf ist das feste Versprechen, Steuern nicht zu erhöhen. »Read my lips: No new taxes«, hat er am Parteitag erklärt. Das raubt ihm jeden finanziellen Spielraum für neue innenpolitische Programme.

Bush kommt diese aufgezwungene Passivität gerade recht, denn im Gegensatz zu Reagan ist er ein überzeugter Anhänger des Status quo. Er glaubt nicht wirklich an die Möglichkeit, durch Regierungsarbeit etwas zu verbessern. Sein Wohnungsbauminister Jack Kemp und die Berater von Vizepräsident Dan Quayle schlagen immer wieder progressiv-konservative Ideen vor – wie die Einrichtung von steuerbegünstigten Unternehmenszonen in den städtischen Slums, um neue Arbeitsplätze dort zu schaffen. Bush ignoriert sie alle.

Sein größtes Anliegen ist es, keine Fakten zu schaffen, die eine Wählergruppe hätte verärgern können, und seine Hauptbeschäftigung besteht darin, Vetos gegen die vom Kongreß beschlossenen Gesetze einzulegen. Seine Politik wird von Meinungsumfragen bestimmt, und das einzige Ziel, das politische Beobachter ausmachen können, ist die Wiederwahl im Jahre 1992.

Die Erhaltung des Status quo entspricht auch den Interessen jener Schicht, der sich Bush am meisten verbunden fühlte: der wohlhabenden Republikaner in Wirtschaft und Finanz. Die einzige wirtschaftliche Maßnahme, die Bush wirklich interessiert, ist die Senkung der Kapitalertragssteuer – ein Geschenk an die Reichsten des Landes. Die republikanische Umverteilung von unten nach oben, die Reagans Persönlichkeit und Eloquenz so geschickt verdeckt hat, wird unter Bush nur allzu offensichtlich.

Doch auch die Passivität im Weißen Haus kann den Zerfall der alten Reagan-Koalition nicht aufhalten. Das Budgetdefizit wächst weiter und droht außer Kontrolle zu geraten. Nach monatelangem Ringen um ein seriöses Budgetabkommen gibt Bush im Sommer 1990 schließlich nach und akzeptiert entgegen seinem Wahlkampfversprechen neue Steuern. Im konservativen Lager löst er damit Empörung aus.

Auch Reagan hat während seiner Amtszeit die Steuern erhöht, aber er konnte es den Wählern als taktischen Rückzug im Sinne einer längerfristigen Strategie verkaufen. Bush, der keine längerfristigen Ziele kennt, versucht das erst gar nicht. Konservative Wähler fühlen sich verraten, und viele schwören, Bush nie wieder ihre Stimme zu geben. Als sich der Präsident später dafür entschuldigt, verstärkt er noch den Eindruck, ein Mann zu sein, der nicht zu seinem Wort steht.

Bush ist kein Mann der Programme – aber er will als geachteter Kapitän das Staatsschiff steuern. Am ehesten ist das in der Außenpolitik möglich, wo ihm seine vielen persönlichen Kontakte von besonderem Vorteil sind. Und das Glück ist ihm hier hold. Der Kommunismus bricht zusammen, und der Kalte Krieg kommt damit zu einem Ende. Die irakische Invasion von Kuwait bietet Bush die Chance, seine diplomatischen Fähigkeiten einzusetzen und einen wichtigen Sieg für die USA zu erringen.

Der Golfkrieg scheint zudem auch die gegen die Republikaner und Bush laufenden politischen Trends gebrochen zu haben. Im Frühjahr 1991 hat ein unglaublich populärer Bush guten Grund zu glauben, daß seine Wiederwahl gesichert sei.

Auch demographische Trends sprechen dafür, daß die Republikaner weitere vier Jahre das Weiße Haus besetzen. Erstmals lebt mehr als die Hälfte der Amerikaner in den *suburbs*, den grünen Gemeinden rund um die Großstädte, wo die Republikaner traditionell eine Mehrheit hielten. Dort sollten sich die nächsten Wahlen entscheiden.

Doch auch in den *suburbs* ist das Alltagsleben schwieriger geworden. Die Rezession seit Sommer 1990 bedroht nicht nur die *blue collar workers* in den Fabriken, sondern auch die so sicher scheinenden Arbeitsplätze der Anwälte, Manager und Börsenmakler. Die Realeinkommen sind in den Jahren der Bush-Präsidentschaft um mehr als 4 Prozent gesunken. Familien, die sich zum gehobenen Mittelstand zählen, wissen plötzlich nicht mehr, wie sie die Hypothek auf ihr Haus, die Studiengebühren für ihre Kinder und die Raten für ihr Auto bezahlen sollen.

Allein die Reichsten der Gesellschaft haben von der Politik Reagans und Bushs eindeutig profitiert. Der weiße Mittelstand ist plötzlich nicht mehr davon überzeugt, daß er mit dieser Oberschicht im selben Boot sitze. Zwar fühlen diese Wähler auch wenig Solidarität mit den Armen, aber sie ärgern sich über den Zerfall der Infrastruktur – der Straßen, Brücken und Verkehrssysteme – und beobachten die wachsenden sozialen Spannungen mit Besorgnis. Die Rassenunruhen, die im Mai 1992 in Los Angeles ausbrechen, werden vielfach als Symptom für eine gefährliche Fehlentwicklung in der US-Gesellschaft angesehen.

Fast täglich gibt es neue Hiobsbotschaften über die Probleme der amerikanischen Wirtschaft, die während Reagans Scheinblüte nur übertüncht worden waren: die Überschuldung der Unternehmen und der privaten Haushalte, die wachsenden Einkommensunterschiede, die schwindende internationale Wettbewerbsfähigkeit vieler Industriebranchen, das zerfallende Schulsystem, die explodierenden Gesundheitskosten und das Budgetdefizit, das keine Ankurbelung der Konjunktur zuläßt und gleichzeitig Investitionen behindert.

Während Bush darauf beharrt, daß der Aufschwung bereits im Anmarsch sei, ist der Eindruck der Bevölkerung ein ganz anderer. Man hatte verstanden, daß die Wirtschaft in einer längerfristigen Krise steckte, und wartete vergebens auf Hilfe – oder zumindest ein Zeichen des Verständnisses – aus dem Weißen Haus.

Auch im gesellschaftspolitischen Bereich sind die Demokraten plötzlich im Vorteil. Obwohl die Mehrheit der Bevölkerung für die Fristenlösung eintritt, hat das explosive Thema Abtreibung 20 Jahre lang hauptsächlich die Gegner mobilisiert. Doch Anfang der neunziger Jahre stellen die konservativen Juristen, die Reagan und Bush nach und nach in den Obersten Gerichtshof schicken konnten, das Recht auf Abtreibung immer stärker in Frage. Nun gehen die Befürworter zu Hunderttausenden auf die Straße und machen ihr Wahlverhalten von der Einstellung der Kandidaten in der Abtreibungsfrage abhängig. Die Hausfrau aus Dayton, von der Scammon und Wattenberg zwanzig Jahre davor geschrieben haben, ist längst nicht mehr nur Hausfrau und pocht auf ihre hart erkämpften Rechte. Selbst Republikanerinnen stimmen häufig für demokratische Kandidaten, wenn deren republikanische Gegner die Fristenlösung ablehnen.

Die Vorherrschaft der kompromißlosen Ideologen ist auch in der akademischen Welt zu Ende gegangen. In den *think tanks* in Washington und an führenden Universitäten füllen Sozialwissenschafter ganze Bücher mit Ideen, wie der Staat mit marktwirtschaftlichen und unbürokratischen Methoden gesellschaftliche Probleme lösen könnte. Mit einem Paradigmenwechsel wollen die Theoretiker der neuen Mitte die Kluft zwischen linken und rechten Extrempositionen überwinden und – wie der Publizist David Osborne es formulierte – den »Staat neu erfinden«.

Im sozialen Bereich wollen diese Experten »Hilfe zur Selbsthilfe« fördern. Nicht durch Fürsorge, sondern durch die Schaffung von Arbeitsplätzen soll der Staat die Armut bekämpfen. Anstatt Mitglieder von Minderheiten ohne Rücksicht auf ihr Einkommen zu fördern, sollen staatliche Programme den wirtschaftlich Schwachen ohne Rücksicht auf Hautfarbe helfen – und besonders der wachsenden Zahl von Amerikanern, die trotz regelmäßiger Arbeit nicht aus der Armut herausfinden. Eine Reform des öffentlichen Schulsystems soll das katastrophale Bildungsniveau heben und nicht zuletzt den Kindern in den Slums wieder eine ordentliche Ausbildung bieten. Die Bewohner von Sozialwohnungen sollen mehr Kontrolle über die Verwaltung ihrer Wohnblocks erhalten und so selbst für die Eindämmung von Kriminalität und Drogenmißbrauch sorgen können.

Auch in republikanischen Kreisen wurden Programme dieser Art als Form der *empowerment* (Ermächtigung) befürwortet. Hilfe für Menschen, die sich mit eigener Kraft aus der Armut herausarbeiten wollen, paßt gut ins Weltbild konservativer Amerikaner. Das Progressive Policy Institute, der *think tank* des gemäßigten Democratic Leadership Council, veranstaltet gemeinsame Konferenzen mit der konservativen Heritage Foundation. In Detailfragen gibt es zwar Meinungsverschiedenheiten, aber die Ansätze zur Lösung sozialer Probleme sind oft ähnlich.

In einer ungewöhnlichen Allianz treffen sich hier weiße Demokraten aus den Südstaaten sowohl mit progressiven Republikanern wie Jack Kemp als auch mit den Propheten eines neuen schwarzen Selbstbewußtseins, das Afro-Amerikaner von der Bevormundung durch die Weißen befreien sollte. Es ist symbolträchtig, daß zwei Wochen nach Clintons Wahl Spike Lees filmisches Epos über Malcolm X, den militanten Bürgerrechtler und Vorkämpfer für *black pride*, in den amerikanischen Kinos anläuft.

Für demokratische Reformer wie Al From vom DLC sind die traditionellen Rezepte sowohl der Liberalen als auch der Konservativen gescheitert. Die amerikanische Nation ist in Gefahr, durch die wachsende Kluft zwischen Arm und Reich, zwischen Weiß und Schwarz und zwischen Links und Rechts zerrissen zu werden. Nur eine neue Art der Politik kann einen Weg aus dieser Sackgasse weisen. Der Kandidat, den From für diese Aufgabe im Sinn hat, heißt Bill Clinton.

Clintons Biographie – »Eines Tages wird Bill Präsident sein«

Alle paar Jahre tauchen in den USA Menschen aus dem anonymen Schatten in das öffentliche Scheinwerferlicht und erheben den Anspruch, dieses Land regieren zu können. Durch Charisma, Talent und Glück kann es einem von ihnen gelingen, im richtigen Moment den Hoffnungen und Wünschen der Amerikaner eine Sprache zu geben. Monate später wird er vielleicht zum Präsidenten gewählt und zieht als Staatschef des mächtigsten Landes der Welt ins Weiße Haus ein.

Journalisten und Biographen versuchen inzwischen, Einzelheiten aus dem Leben dieses Menschen auszugraben und seine Geschichte zu erzählen – woher er kommt, wie er aufwuchs, was ihn geprägt hat, was ihn antreibt, was ihn freut und was er haßt. Mit biographischen Berichten und psychologischen Portraits versuchen die US-Medien auf diese Art, die Wissenslücken zu schließen, die in anderen Ländern erst gar nicht bestehen. Denn dort haben angehende Staats- und Regierungschefs bereits jahrelang hohe politische Ämter bekleidet und sind der Öffentlichkeit wohl bekannt.

Nur selten waren die Medien so beschäftigt wie im Laufe des Jahres 1992, als sich Bill Clinton auf der politischen Bühne des Landes nach vorne drängte – zuerst als aussichtsreicher Bewerber um die demokratische Nominierung, dann als Hoffnungsträger der Demokraten und schließlich als nächster Präsident. Clinton war nicht so unbekannt wie Jimmy Carter sechzehn Jahre zuvor. Insider und Interessierte kannten ihn als erfolgreichen und wortgewandten Gouverneur.

Aber im Vergleich zu Bush, der vor seiner Wahl zwanzig Jahre hindurch wichtige Positionen in der US-Verwaltung innehatte, und Reagan, der als Gouverneur des größten Bundesstaates und führender Konservativer ebenfalls schon lange im politischen Rampenlicht stand, war Bill Clinton ein Jahr vor den Präsidentenwahlen kein Name, mit dem sehr viele Amerikaner etwas verbinden konnten.

Doch das änderte sich bald. Bekannt wurde er zuerst durch die Erzählungen einer Gennifer Flowers, die behauptete, zwölf Jahre hindurch seine Geliebte gewesen zu sein. Am Höhepunkt des Wahlkampfes begann Clinton dann, seine Lebensgeschichte bewußt einzusetzen. Seine bescheidene Herkunft und schwierige Kindheit wurden zu Waffen im Kampf gegen George Bush, den Sohn aus privilegiertem Haus. Dabei versuchte das Clinton-Team, aus seiner Biographie eine Art politischen Mythos zu schaffen.

Aber auch fernab jeder Wahlstrategie besteht zu Recht Interesse an Clintons Biographie. Sie kann ein Schlüssel dafür sein, um den späteren Präsidenten zu verstehen. Denn dieser hat sich 30 Jahre lang auf den Einzug ins Weiße Haus vorbereitet und seine berufliche Laufbahn in vieler Hinsicht danach ausgerichtet. Die Erlebnisse seiner Jugend haben seine politische Persönlichkeit mitgeprägt und liefern auch heute noch Motive für sein politisches Programm.

Jugend in Arkansas

Bill Clinton wuchs in einem Spannungsfeld von kleinstädtischer Idylle und familiären Problemen auf. Geboren als William Jefferson Blythe IV. am 19. August 1946 in der Kleinstadt Hope im Südwesten von Arkansas, mußte Bill in seinen ersten Lebensjahren auf Eltern verzichten. Sein Vater, ein Handelsreisender, starb durch einen Autounfall drei Monate vor der Geburt seines Sohnes. Er befand sich auf der Rückfahrt von Chicago, als ein Reifen platzte und er die Kontrolle über sein Auto verlor. Er wurde aus dem Auto geschleudert und ertrank ohnmächtig in einem Graben, der nur wenige Zentimeter hoch mit Regenwasser gefüllt war.

Seine Mutter Virginia übersiedelte für mehrere Jahre nach New Orleans, um eine Ausbildung als Krankenschwester für Anästhesie abzuschließen. Sie ließ den Sohn bei ihren Eltern in Hope zurück. Verwandte und Freunde kümmerten sich um die aufgeweckte Halbwaise. Der Großvater besaß einen Gemüseladen in einem Schwarzenviertel und lehrte seinen Enkel Toleranz gegenüber Menschen mit anderer Hautfarbe.

Als Bill vier Jahre alt war, heiratete seine tüchtige und lebenslustige Mutter den Autoverkäufer Roger Clinton. Doch statt in ein stabiles Zuhause trat der Bub in eine familiäre Hölle ein. Am Tag ein gutmütiger Mensch, verwandelte sich Roger Clinton am Abend in einen gewalttätigen Alkoholiker. In betrunkenem Zustand ergriff er einmal im Streit ein Gewehr und schoß in die Zimmerdecke. Er wurde von der Polizei abgeführt und verbrachte die Nacht im Gefängnis.

Im kleinen Hope war Roger durch solche Vorfälle bald diskreditiert. So zog er mit seiner Familie nach drei Jahren Ehe in das größere Hot Springs, wo sein Bruder einen florierenden Autovertrieb für Buicks hatte. Hot Springs war eine ungewöhnliche Stadt im bibelfrommen Arkansas – ein Vergnügungs- und Kurort mit Casinos, Pferderennen und einer wohlhabenden Klientel aus dem Norden, die prominente Politiker und bekannte Gangster wie vor Zeiten schon Al Capone einschloß.

Bills Eltern genossen das lockere Gesellschaftsleben in Hot Springs. Virginia frequentierte die Pferderennbahnen und frönte ihrer Wettleidenschaft, die bis heute anhält. Roger trank regelmäßig und schlug seine Frau, seinen Stiefsohn und später seinen eigenen Sohn Roger Jr. Im größeren Hot Springs blieb die häusliche Gewalt verborgen. Die damaligen Nachbarn, Freunde und Lehrer erzählen heute, daß sie von den Problemen in der Familie nichts wußten.

Schließlich wurde Bill zu alt und zu stark, um sich die Mißhandlungen weiter gefallen zu lassen. Als er vierzehn war, stellte er sich eines Abends vor seinen betrunkenen Stiefvater, der gerade mit seiner Frau und Roger Jr. einen Streit hatte, und schrie ihn an: »Du wirst die beiden nie wieder schlagen. Wenn Du es versuchst, mußt Du erst mit mir fertigwerden.« Die Gewalt im Hause Clinton nahm nach dieser Episode ab.

Bill war seine ganze Jugend hindurch bemüht, die familiären Wunden durch eigenes gutes Verhalten zu heilen. Als die Ehe der Eltern am Auseinanderbrechen war, nahm der 15jährige Bill den Nachnamen seines Stiefvaters an – als Symbol des Familienzusammenhalts.

Jahre später fuhr der Student Bill Clinton noch jedes Wochenende aus Washington in das 400 Kilometer entfernte Durham (North Carolina), wo sein Stiefvater in einem Spital im Sterben lag. Dort versöhnte er sich in emotionalen Gesprächen mit dem Mann, mit dem er so viele Konflikte auszutragen hatte. Clinton berichtete der *New York Times* über diese Zeit: »Es war wunderschön. Ich glaube, er wußte, daß ich nur deshalb zu ihm komme, weil ich ihn liebe. Es gab nichts mehr, um das wir kämpfen mußten, nichts mehr, wovon ich davonlaufen mußte. Es war eine wunderbare Zeit in meinem Leben, und ich glaube auch in seinem.«

Kinder aus Alkoholiker-Familien reagieren auf ihr Schicksal nach Meinung vieler Psychologen, indem sie besonders früh oder nie erwachsen werden. Bill Clinton ging den ersten Weg, entwickelte bereits als Schüler viel Verantwortungsgefühl und suchte ständig die Liebe und Zustimmung von allen rund um ihn. »Ich war bereits 40 Jahre alt, als ich 16 wurde«, erzählte Clinton in einem Interview. »Mein Wunsch, jeden zufriedenzustellen, kommt teilweise aus einem Gefühl in meiner Kindheit, daß ich dafür verantwortlich war, die Dinge zu Hause zusammenzuhalten und den Frieden zu bewahren.«

Von Anfang an versuchte Clinton, der Beste zu sein. Er war der erste in der Klasse, begeisterte und ärgerte seine Lehrer mit seinen ständigen Wortmeldungen. In praktisch jede der in amerikanischen Schulen so wichtigen Freizeitaktivitäten war er involviert. Er kandidierte für unzählige schulpolitische Ämter, spielte Saxophon in der Schul-Band und träumte von einer Karriere als Musiker. »Bill war ein Typ, der zu jedem neuen Schüler hinging und sagte: ›Hallo, ich heiße Bill Clinton, und ich kandidiere für irgendein Amt‹ was immer es auch sei«, erzählt Glenda Cooper, eine seiner Schulkolleginnen aus Hot Springs. »Wir dachten dabei, eines Tages wird Bill wohl Präsident sein.«

Clinton setzte alles daran, von seinen Mitschülern gemocht zu werden. Dank seiner Hilfsbereitschaft und seiner natürlichen Freundlichkeit hatte er es bald auf »hundert engste Freunde« gebracht. Er nahm seinen Halbbruder unter seine Fittiche und gab ihm etwas Halt, den dieser von seinem Vater nicht erhielt.

Die Eigenschaften, die Clinton in diesen Jahren entwickelte, prägen den Präsidenten laut Freunden und Mitarbeitern noch heute: sein Ehrgeiz, seine Sehnsucht, bei allen beliebt zu sein, und sein ständiges Streben nach Ausgleich und Kompromissen. Sie gelten als das Geheimnis seines politischen Erfolges, aber auch als Grund, warum so viele Menschen an seinem Charakter zweifeln. Damals bereits entstand sein Image des »Slick Willie«, des aalglatten Typs, der es jedem recht machen möchte und der selbst keine festen Ansichten vertritt. Der Name wurde ihm 20 Jahre später von Paul Greenberg, einem prominenten Journalisten in Arkansas, gegeben und blieb auch im Wahlkampf 1992 an ihm haften.

Von der moralisch etwas zwielichtigen Seite seiner Heimatstadt war der Schuljunge damals abgeschirmt. Sein Leben in Hot Springs entsprach noch der traditionellen Moral der Eisenhower-Zeit. Er sang im Kirchenchor, half in seiner Freizeit bei Wohltätigkeitsgruppen und war Patriot im Sinne der Kleinstadt, für die der Dienst am Vaterland und öffentliche Ämter noch etwas Erstrebenswertes waren. 1956 kauften sich die Clintons ihr erstes Fernsehgerät, und Bill verfolgte stundenlang die Übertragungen der demokratischen und republikanischen Parteitage in diesem Wahljahr. Mit seiner Mutter, die zu jedem Thema eine Meinung hatte, diskutierte er über Politik. Wie für viele junge Menschen wurde für Clinton in den sechziger Jahren John F. Kennedy zum Idol.

Im Juli 1963 hatte Clinton die Chance, seinen Helden für einen kurzen Augenblick zu treffen. Der 16jährige wurde ausgewählt, um als jugendlicher Botschafter im »Boy-Nation«-Programm seinen Staat in Washington zu vertreten. Clinton aß mit dem angesehenen Senator von Arkansas, William Fulbright, zu Mittag, und bei einem Empfang im Rosengarten des Weißen Hauses durften er und Dutzende andere Jugendliche Kennedy die Hand schütteln. Ein Filmausschnitt, in dem der flüchtige Händedruck zu sehen ist, wurde von Clintons Mitarbeitern aus Archiven in Washington ausgegraben und während des Wahlkampfes in der Zeitlupe unzählige Male gezeigt. Damals, so die Clinton-Mythologie, habe Kennedy den Stab an den Vertreter der nächsten Generation weitergereicht.

»Als er aus Washington zurückkam, hatte er ein Foto von Jack Kennedy und sich in der Hand und dieses Strahlen in seinem Gesicht. Damals wußte ich bereits, daß Politik sein Schicksal sein wird«, erzählte Clintons Mutter, die heute Virginia Kelley heißt. Die einzige Universität, an der Clinton im letzten Schuljahr um Aufnahme ansuchte, war Georgetown – eine von Jesuiten geleitete Institution in Washington mit dem besten internationalen Studienprogramm in den USA. Clinton wurde aufgenommen, erhielt ein Stipendium, und tauschte so 1964 das rückständige Arkansas gegen die weltoffene Universität an der amerikanischen Ostküste aus.

Die Probleme seiner Jugend sollten nicht darüber hinwegtäuschen, daß Clinton ein typisches Mitglied der besonders privilegierten Nachkriegsgeneration war. Für ihn wurde der amerikanische Traum wahr, daß ein Junge aus der Provinz in die größten Universitäten der Welt gehen könne, wenn er genügend Intelligenz und Ehrgeiz bewies. Im Amerika, das Clinton als Präsident nun übernimmt, ist ein Aufstieg wie seiner für Kinder aus dem Mittelstand viel schwieriger geworden.

Studienjahre

Es war eine andere Welt – komplexer, vielfältiger und, mit einem unübersetzbaren englischen Ausdruck, *sophisticated*. Doch auch hier behielt er den naiven Idealismus des Buben vom Land, der die Möglichkeiten der großen Stadt wie ein Schwamm aufsaugt. Während die meisten seiner Kollegen sich in die Cocktailparties der Washingtoner Gesellschaft stürzten, verbrachte Clinton seine Zeit mit Lernen, der Mitarbeit bei sozialen Hilfsdiensten und in der damals nicht sehr angesehenen Studentenpolitik. Auch hier wurde er rasch als der *politico* der Universität bekannt, der auf der Suche nach Stimmen jedem Studenten die Hand schüttelte und sich dauernd um Ämter in der Studentenvertretung bewarb.

Die Geschichten, die Studienkollegen über ihre Begegnungen mit Clinton in diesen Jahren erzählen, klingen alle fast gleich. Zu jedem war er freundlich und warb mit einer schon fast aufdringlichen Art um die Freundschaft seiner

Gesprächspartner. Er zog dabei alle Register seines Charmes, erzählte lustige Anekdoten, spielte auf seinem Saxophon und hörte sich ihre Probleme an – so lange, bis er endlich die Skepsis gebrochen hatte, die solcher Liebenswürdigkeit oft entgegengebracht wird. Auf diese Weise fand er auch Kontakt zu Schwarzen, die Weißen aus dem noch immer rassistischen Süden meist ablehnend gegenüberstanden.

Clinton betrieb dieses Spiel mit so viel Offenheit und Charme, daß man zwar über ihn lächelte, ihn aber trotzdem mochte. In Georgetown begann er so, seinen großen Kreis von Freunden und Vertrauten aufzubauen, die auch heute als FOBs (»Friends of Bill«) in Washington den Ton angeben. In Georgetown lernte er auch Bruce Lindsey, der im Wahlkampf 1992 eine Schlüsselrolle spielte, und Roger Altman – heute der Vize-Finanzminister in seiner Regierung – kennen.

Politik stand bald im Mittelpunkt von Clintons Leben. Um sich Geld dazu zu verdienen, arbeitete er im Büro Senator Fulbrights, der als Vorsitzender des außenpolitischen Ausschusses einer der führenden Gegner des Vietnam-Krieges war. Als Clinton bei Fulbright anklopfte, hatte dieser zwei schlecht bezahlte Halbtagsjobs offen. Clinton nahm beide.

Der Student aus Arkansas war alles andere als ein Hippie. Selbst im eher konservativen Georgetown pflegte er einen auffallend bürgerlichen Lebensstil. Aber als Mitarbeiter des liberalen Fulbright wurde er zu einem Zeitpunkt ein Gegner des Vietnam-Krieges, als die Mehrheit der Amerikaner und auch viele seiner Freunde ihn noch befürworteten.

Auch mit der anderen großen Frage dieser Zeit, der Rassendiskriminierung, kam er in Berührung. Im April 1968 kam es nach der Ermordung Martin Luther Kings zum Aufstand in vielen schwarzen Wohnvierteln, so auch in Washington. Die Begegnung mit der Gewalt rief in Clinton wieder all seine Versöhnungsinstinkte wach. Mit dem Auto brachte er, begleitet von seiner Freundin, Decken und Lebensmittel in die brennenden Ghettos und rezitierte dabei die wohl berühmteste Rede des ermordeten Bürgerrechtlers: »I have a dream«. Mit dieser Rede hatte King im Sommer 1963 die USA aufgewühlt. Clinton hatte sie in der Schule auswendig gelernt.

Im letzten Jahr in Georgetown suchte Clinton um das Rhodes-Stipendium für die britische Oxford-Universität an. Mit Hilfe einer Empfehlung des Senators Fulbright, selbst ein ehemaliger Rhodes-Stipendiat, erhielt Clinton das begehrte Stipendium und damit eine der großen Auszeichnungen, die im akademischen Bereich vergeben wurde. Die zwei Jahre in Großbritannien waren eine weitere entscheidende Phase für die Entwicklung des ehrgeizigen Studenten. Viele seiner damaligen Studienkollegen zählen heute zu seinem engsten Freundes- und Beraterkreis. Dazu gehören der Harvard-Professor Robert

Reich, heute sein Arbeitsminister, der Unternehmensberater Ira Magaziner und Strobe Talbott, außenpolitischer Redakteur vom Magazin *Time*.

Nächtelang wurde über Politik diskutiert und hauptsächlich über Vietnam. Der Wehrdienst im Dschungel von Südostasien hing wie ein Schwert über dem Kopf jedes jungen Amerikaners. Clinton und seine Freunde wurden in der Anti-Vietnam-Bewegung aktiv. Sie organisierten Friedensseminare und demonstrierten vor der US-Botschaft in London.

Aber trotz dieser Betätigung und trotz längerer Haare und Bart war Clinton von der Gegenkultur der späten sechziger Jahre weit entfernt. Als er 1992 im Wahlkampf erklärte, in Oxford an Marihuana-Zigaretten kurz gezogen, nicht aber inhaliert zu haben, löste das in den US-Medien schallendes Gelächter aus. Doch seine Antwort paßte voll in das Bild, das seine Freunde damals von Clinton hatten. Er wollte die Grenzen des Systems nicht überschreiten.

Clinton hatte für das erste Jahr Oxford einen Wehrdienstaufschub erhalten. Doch als er im Sommer 1969 nach Hot Springs zurückkehrte, wußte er, daß er den Einberufungsbefehl nicht mehr lange hinauszögern konnte. Die Nixon-Administration hatte neue Regeln für den Wehrdienst eingeführt, die undurchschaubar kompliziert waren und ständig wechselten. Clinton entschloß sich, ein wenig auf Zeit zu spielen. Um einer sofortigen Einberufung zu entgehen, suchte er um Aufnahme in das Reserve-Offizier-Ausbildungsprogramm (ROTC) an. Er hatte damit auch Erfolg und erhielt so automatisch einen Aufschub für die Einberufung. Aber während seine amerikanischen Studienkollegen aus Oxford für ihr weiteres Studium nach Yale und an andere amerikanische Elite-Universitäten zurückkehren konnten, hätte Clinton die nächsten Jahre an der University of Arkansas in Fayetteville verbringen müssen, um dort neben dem Studium zum Reserveoffizier ausgebildet zu werden.

Clinton war über diese Entscheidung nicht glücklich. Nach eigenen Erzählungen empfand er moralische Skrupel, daß er sich dem Wehrdienst in Vietnam entziehen könnte, während andere junge Männer aus Arkansas in diesen Krieg mußten. ROTC erschien ihm immer mehr als persönlich unglückliche und auch unehrliche Lösung für sein Problem.

Clinton kehrte im Herbst nach Oxford zurück und stellte sich nach einigen Wochen telefonisch der Wehrdienstkommission in Hot Springs zur Verfügung. Zu diesem Zeitpunkt hatte die Nixon-Regierung eine Lotterie eingerichtet, die darüber entschied, ob ein Wehrpflichtiger einrücken mußte oder zurückgestellt wurde. Clinton hatte Glück: Er erhielt am 1. Dezember eine hohe Lotterienummer, die eine Einberufung praktisch ausschloß. Zwei Tage später schrieb er einen Brief an seinen ROTC-Führungsoffizier, Oberst Eugene Holmes.

Dieser Brief sollte 23 Jahre später im Wahlkampf einiges Aufsehen erregen. In ihm gab er offiziell seine ROTC-Verpflichtung auf, beschrieb seinen leidenschaftlichen Widerstand gegen den Vietnam-Krieg und das Militär im allgemeinen und gab kund, daß er sich doch dem Wehrdienst gestellt hat, »um meine politische Lebensfähigkeit innerhalb des Systems zu erhalten«. Von der Lotterienummer, von der er damals bereits gewußt haben könnte, erwähnte er nichts.

Die Veröffentlichung dieses Briefes hätte im Februar 1992 Clintons Kandidatur fast zu Fall gebracht. Bis zum letzten Tag des Wahlkampfes wurde er von Bush wegen der Wehrdienstgeschichte angegriffen. Auch nach Hunderten von Recherchen, Berichten und Diskussionen über Clintons damalige Handlungsweise sind die Fakten noch immer nicht ganz klar. Die entscheidende Frage dabei ist, ob sich Clinton je wirklich der Gefahr einer Einberufung nach Vietnam ausgesetzt hat oder ob er an der Lotterie nur teilnahm, weil er annahm, daß er durch seine ROTC-Verpflichtung geschützt war.

Wenn alles nur ein geplantes Manöver eines intelligenten Studenten war, dann ist auch der Brief an Oberst Holmes, in dem Clinton voller Emotion seine Gewissensbisse und moralischen Probleme beschreibt, zutiefst unehrlich. Dann ist vielleicht Bill Clinton auch heute nicht der Mensch, als der er sich gibt. Zugunsten Clintons spricht, daß die Wehrdienstregeln zu diesem Zeitpunkt zu kompliziert waren, als daß man sie ohne großes Risiko hätte manipulieren können. Auch ist der Brief ein sehr persönliches, ja fast intimes Dokument. Er paßt schon aus diesen stilistischen Gründen nicht in eine machiavellistische Strategie, staatsbürgerlichen Pflichten zu entgehen.

Der interessante Aspekt des Briefes ist das frühe Bekenntnis, daß er eine politische Karriere verfolgen will und bereit ist, fast alle Entscheidungen diesem Ziel unterzuordnen. »Jahrelang habe ich mich auf ein politisches Leben vorbereitet, geprägt von praktischer politischer Fähigkeit und einem Engagement für raschen sozialen Fortschritt«, schrieb der damals erst 23jährige. Was Anhänger als Zeichen einer bewundernswerten Reife sehen, wird von Kritikern als Beweis für Clintons unbändigen Ehrgeiz betrachtet, der schon damals sein Leben beherrschte.

Ohne Zwischenaufenthalt in Vietnam konnte Clinton also seine Muster-Laufbahn fortsetzen. Er erhielt ein Stipendium für das Rechts-Studium an der bekannten Yale University, das er 1970 begann. Daneben machte er Gelegenheitsjobs und unterstützte jene demokratischen Politiker, die gegen den Vietnam-Krieg eintraten.

Hillary

Im ersten Jahr in Yale lernte er seine Studienkollegin Hillary Rodham kennen. Clinton schaute sie in der Universitätsbibliothek längere Zeit an, bis sie zu ihm hinging und sich selbst vorstellte. »Schau, wenn du mich schon die ganze Zeit anstarrst und ich zurück starre, dann sollten wir uns zumindest kennenlernen«, sagte sie zum verdutzten Clinton, dem im ersten Moment sein eigener Name nicht einfiel.

Von diesem Tag an waren die beiden mit kurzen Unterbrechungen ein Paar. Es war in mancher Hinsicht eine ungewöhnliche Beziehung. Die beiden respektierten und bewunderten einander und bildeten eine tiefe persönliche, intellektuelle und später auch politische Partnerschaft. Noch heute ergänzen sie sich auf eine fast perfekte Weise: Er entwickelt kreative Ideen und kann sie anderen verkaufen; sie hat das bessere Urteilsvermögen und erkennt sofort eine Schwäche in einem Argument. Sie vertrauen einander alles an und fällen auch heute erst eine endgültige Entscheidung, wenn der andere zugestimmt hat.

In emotioneller Hinsicht gingen sie in den zwei Jahrzehnten durch Höhen und Tiefen. Clinton war schon auf der Universität mit seiner offenen Art bei Frauen besonders erfolgreich. Hillary, intellektuell die überragende Studentin in Yale, zeigte an Äußerlichkeiten überhaupt kein Interesse und entsprach – besonders mit ihren dicken Brillen – kaum den Schönheitsidealen. »Ich heirate keine Schönheitskönigin«, antwortete Clinton seiner Mutter, als sie ihm riet, mit hübscheren und unkomplizierteren Mädchen als Hillary auszugehen. Erst Anfang der achtziger Jahre begann sie ihr Aussehen zu verändern, und im Wahljahr 1992 wurde Hillary für die amerikanischen Medien zum Modell der erfolgreichen, attraktiven und modernen Karrierefrau.

Hillary stammt aus einem konservativen Haus in Park Ridge, einem weißen bürgerlichen Vorort von Chicago. In ihrer Schulzeit war die Vorzugsschülerin eine überzeugte Republikanerin und half 1964 im Wahlkampf Barry Goldwaters. Doch in ihrem letzten Schuljahr rutschte sie nach links. Dieser politische Wandel setzte sich fort, als sie an der renommierten Frauen-Universität in Wellesley studierte. Bei der Abschlußfeier in Wellesley ein Jahr später war Hillary Rodham die erste Studentin, die als Präsidentin der Studentenvertretung eine Rede halten durfte. Sie machte damit landesweit Schlagzeilen. In Yale begann sie sich mit Kinderrecht zu beschäftigen und blieb diesem Thema in ihrer beruflichen Karriere treu.

Im Herbst 1972 gingen Bill und Hillary gemeinsam nach Texas, um für George McGovern Wahlkampf zu betreiben. Es war ein hoffnungsloses Unterfangen, und so sehr Clinton an die Anti-Vietnam-Botschaft seines Kandidaten glaubte, wurde er von der irrationalen und alternativen Seite der McGovern-Bewegung enttäuscht. In Texas lernten die beiden die etwas ältere Betsey Wright kennen, die fast ein Jahrzehnt hindurch Clintons Stabschefin im Gouverneursamt war und auch heute noch als eine seiner engsten Vertrauten gilt.

Nach der Promotion von der juridischen Fakultät in Yale trennten sich 1973 die Wege der beiden. Clinton war entschlossen, nach Arkansas zurückzukehren, um dort in die Politik zu gehen. Ihn reizten weder die Angebote der großen New Yorker Anwaltsfirmen noch die Arbeitsmöglichkeiten für junge liberale Juristen in Washington. Motiviert wurde er von seinem persönlichen Ehrgeiz – er wußte, daß er in Arkansas die besten Chancen für einen schnellen politischen Aufstieg hatte – und dem idealistischen Wunsch, seinem rückständigen Heimatstaat auf die Beine zu helfen. Clinton erhielt trotz seiner Jugend sofort einen Lehrauftrag an der juridischen Fakultät der University of Arkansas in Fayetteville, wo er sich Jahre zuvor in das ROTC-Programm eingeschrieben hatte.

Hillary blieb an der Ostküste, arbeitete einige Monate für den »Children Defense Fund« – einer Lobby-Gruppe für Kinderrechte – in Boston und erhielt dann das ehrenvolle Angebot, als Mitarbeiterin des Justizausschusses im Repräsentantenhaus das Absetzungsverfahren gegen Nixon wegen der Watergate-Affäre mitvorzubereiten. Während sie in Washington im Mittelpunkt der politischen Ereignisse stand, reiste sie immer wieder zu ihrem Freund nach Arkansas.

Doch als Nixon im August 1974 überraschend zurücktrat, kam ihre Arbeit zu einem vorzeitigen Ende. Nun war der Moment gekommen, in dem sich Hillary zwischen einer Karriere an der Ostküste und einem Leben mit Bill Clinton in Arkansas entscheiden mußte. Wenige Tage nach Nixons Rücktritt meldete sich Hillary bei der Jurafakultät der Universität von Arkansas und erhielt sofort einen Lehrauftrag für Kriminologie. Ihre Freundin Susan Ehrmann bot ihr an, sie mit all ihrem Gepäck, 20 Bücherkisten und einem Fahrrad nach Fayetteville zu chauffieren. Die Fahrt dauerte fast drei Tage, und die ganze Zeit hindurch versuchte Ehrmann, Hillary diesen Schritt wieder auszureden. Doch diese war entschlossen, das Leben mit Bill in Arkansas auszuprobieren. Als sie in Fayetteville ankam, war Clinton gerade mitten in seinem ersten Wahlkampf für ein politisches Amt.

Politischer Aufstieg

Arkansas ist ein Grenzgebiet des alten Südens und bis heute einer der ärmsten Staaten der USA. Das Durchschnittseinkommen der 2,4 Millionen Einwohner liegt fast ein Viertel unter dem US-Durchschnitt, und in sozialen und wirtschaftlichen Statistiken findet man Arkansas in vielen Kategorien meist an vorletzter Stelle. »Gott sei Dank gibt es Mississippi«, ist ein gängiger Spruch über den Staat, der rangmäßig noch hinter Arkansas liegt. Die Armut der Schwarzen am Ufer des Mississippi-Flusses erinnert auch heute mehr an ein Entwicklungsland als an die größte Industriemacht der Welt.

Bis in die dreißiger Jahre war der Staat kaum industrialisiert. Im Mississippi-Delta arbeiteten bettelarme schwarze Pächter und verloren durch die Automatisierung der Landwirtschaft allmählich ihre Arbeit. Im Norden und Westen lebten auf ihren kleinen Gütern eigenwillige protestantische weiße Farmer, die von sich behaupteten, auch den Rest der USA überleben zu können.

Die ersten größeren Industrien siedelten sich in den fünfziger und sechziger Jahren an, allen voran Holz- und Papierproduzenten, die im bewaldeten Nordwesten von Arkansas rücksichtslos rodeten. Die Bevölkerung blieb arm und verband mangelndes Selbstbewußtsein mit tiefem Mißtrauen gegenüber der Außenwelt.

1957 widersetzte sich Gouverneur Orval Faubus der Anordnung aus Washington, die öffentlichen Schulen zu integrieren. Präsident Eisenhower setzte die Nationalgarde ein, um neuen schwarzen Schülern den Zugang zur Central High School in Little Rock zu ermöglichen und brachte damit Arkansas erstmals in die Schlagzeilen. Mit seiner Starrköpfigkeit – er schloß die Schulen in Little Rock für ein Jahr, um die Rassenintegration zu verhindern – wurde der Gouverneur zum Helden der großteils weißen Bevölkerung, die ihn noch viermal wiederwählte.

Der Schulkonflikt warf den Staat um viele Jahre zurück und machte ihn zum Symbol des rassistischen Südens. Bis zur Kandidatur Bill Clintons blieb er das einzige Ereignis, das die meisten Amerikaner mit dem Namen Arkansas verbanden. Heute ist »Central High« eine Musterschule mit einem 70prozentigen Anteil an schwarzen Schülern.

Das Mißtrauen gegenüber jeder Art einer starken Regierung gab Arkansas eine Verfassung, die im Vergleich zu anderen US-Staaten die Rechte des Gouverneurs gegenüber der Legislative stark einschränkt. Seit dem amerikanischen Bürgerkrieg beherrscht die demokratische Partei die lokale Politik, doch im Grunde haben Parteien nicht viel zu sagen. Wahlen werden durch die Persönlichkeit, durch »Klientilismus« und den alten Brauch des Händeschüttelns entschieden.

Überraschenderweise hat die konservative Bevölkerung immer wieder auch ausgesprochen liberale Politiker in die Arena geschickt – Männer wie Senator Fulbright oder in den siebziger und achtziger Jahren die Senatoren Dale Bumpers und David Pryor. Nur in der bewaldeten Nordwestecke mit den Ozark-Bergen, wo Fremdenverkehr und die Leichtindustrie einen gewissen

Wohlstand gebracht haben, dominieren traditionell die Republikaner. Dort liegt auch Fayetteville, wo 1974 der 28jährige Clinton einen republikanischen Kongreßabgeordneten herausforderte.

Es schien ein aussichtsloser Kampf zu sein. Der populäre Abgeordnete John Paul Hammerschmidt hatte seit seiner ersten Wahl im Jahre 1966 noch jedes Rennen klar für sich entschieden. Aber Clinton erkannte Hammerschmidts Schwäche – seine enge Bindung an Richard Nixon. Mit der Unterstützung von Freunden an der Universität – und mit Hillarys Hilfe – stellte Clinton ein Wahlkampfteam auf, siegte klar in den demokratischen Vorwahlen und begann, den Kongreßbezirk unermüdlich zu bereisen und Hammerschmidt wegen Watergate zu attackieren. »Es war der beste Wahlkampf, den ich je geführt habe«, erzählte Clinton 18 Jahre später.

Während der Amtsinhaber die meiste Zeit in Washington blieb, beeindruckte Clinton mit eloquenten Reden und seiner unermüdlichen Art, Wähler anzusprechen und sie zu überzeugen. Was Clinton schon in Schule und Universität geübt hatte, brachte er jetzt mit Erfolg in die politische Arena. Hammerschmidt kehrte schließlich nach Arkansas zurück und begann, Clintons Widerstand gegen den Vietnam-Krieg und seine Vermeidung des Wehrdienstes zu kritisieren. Doch die Wähler interessierten sich damals nur beschränkt für dieses Thema.

Der Wahlkampf des jungen Rechtsprofessors sorgte für Aufsehen im ganzen Staat, und noch mehr dann das Wahlergebnis: Hammerschmidt gewann zwar, aber nur knapp mit 51,5 Prozent – das schlechteste Ergebnis bis zu seinem Ausscheiden aus der Politik im Jahre 1992. Der tüchtige Verlierer war damit in Arkansas zu einer bekannten Persönlichkeit geworden.

Hillary fand am Leben in der abgeschiedenen Provinz immer mehr Gefallen. Nach einer Reise holte Clinton sie einmal vom Flughafen ab, fuhr an einem Haus vorbei, das ihr zuvor aufgefallen war, und erzählte ihr, daß er es gerade gekauft habe. »Jetzt mußt du mich auch heiraten«, fügte er lächelnd hinzu. Bis dahin hatten die beiden getrennte Wohnungen gehalten, um in ihrer konservativen Umgebung den Anstand zu wahren.

Zum Schrecken ihrer Mutter besaß Hillary noch am Vorabend der Trauung kein Hochzeitskleid. In Panik nahm die Mutter sie in das einzige noch offene Geschäft, wo die Braut das erstbeste Kleid von der Stange nahm. Als Zeichen ihrer Unabhängigkeit behielt sie auch nach der Hochzeit im Oktober 1975 ihren Mädchennamen Rodham. Im konservativen Arkansas war das ein ungewöhnlicher Schritt.

1976 kandidierte Clinton für das Amt des Generalstaatsanwaltes von Arkansas und gewann die Wahl mit großem Vorsprung. Er zog mit Hillary nach Little Rock. Sie trat dort in die renommierte Anwaltskanzlei Rose Law Firm ein und setzte ihre Arbeit in Kinderrechtsfragen fort. Clinton führte in den folgenden zwei Jahren seinen Dauer-Wahlkampf weiter, baute seine politische Organisation aus und wurde im November 1978 mit 63 Prozent der Stimmen zum Gouverneur von Arkansas gewählt. Er war 32 Jahre alt, der jüngste Gouverneur der USA, und galt bei Insidern bereits als große Hoffnung in der gesamten demokratischen Partei.

Das Gouverneursamt in Arkansas ist ein Posten mit wenig Macht in einem Staat mit schlechten Aussichten. Doch wie ein Wirbelwind wehte Clinton herein und begann seine linksliberalen Ideen rasch in die Tat umzusetzen. Er nahm dabei nicht allzu viel Rücksicht auf das politische Umfeld. Clinton forderte die mächtigen Papier- und Versorgungsunternehmen des Staates mit strikten Umweltauflagen heraus. Da Steuererhöhungen im Kongreß von Arkansas blockiert wurden, belegte er die Ummeldung von Gebrauchtwagen mit einer höheren Gebühr, um auf diese Weise Gelder für den Straßenbau aufzubringen. Und er steigerte das Schulbudget von Arkansas, das niedrigste der Nation, um 40 Prozent.

Nach zwei Jahren hatte Clinton zwar viele seiner Pläne verwirklicht, doch dabei fast jede wichtige Interessen- und Wählergruppe im Staat verärgert. Sein Stab bestand vornehmlich aus bärtigen jungen Intellektuellen wie Rudy Moore und Steve Smith, die voll von liberalen Idealen waren, aber vom politischen Prozeß wenig verstanden. Clinton und seine Helfer wirkten arrogant und abgehoben von der durchschnittlichen Bevölkerung.

Präsident Carter, zu dem Clinton ein gutes Verhältnis hatte, trug zu den Sorgen des Gouverneurs bei, indem er 19 000 Flüchtlinge aus Kuba in einer Kaserne im Nordwesten von Arkansas internierte. Wenige Wochen später begannen einige dieser Kubaner in Fort Chaffee zu meutern und brachen aus der Kaserne aus. Die Unruhen verängstigten und verärgerten die Bevölkerung, die Carter und seinem Freund Clinton die Schuld gab. Selbst das Wetter war gegen Clinton: Der Sommer 1980 brachte eine große Dürre.

Im Wahlkampf dieses Jahres warf ihm sein republikanischer Konkurrent, der Geschäftsmann Frank White, Überheblichkeit vor und kritisierte, daß seine Frau als Hillary Rodham in der Gouverneursresidenz wohnte. Die Vertreter der großen Industrien und viele andere Berufsgruppen stellten sich gegen den Gouverneur, und die Erhöhung der Gebrauchtwagengebühren hatte die unteren Einkommensschichten verärgert. Nach nur zwei Jahren wurde Clinton von einem politischen Newcomer wieder aus dem Gouverneursamt vertrieben. Er wurde dabei nicht nur Opfer seiner eigenen Fehler, sondern auch jener konservativen Welle, die Reagans Erdrutschsieg gegen Carter auslöste.

Diese Niederlage war eines der entscheidenden Erlebnisse für den jungen Politiker. Clinton, der die Zustimmung der anderen so bitter benötigte, fühlte sich zurückgewiesen und erniedrigt. Während seiner seelischen Krise in dieser Zeit tauchten erstmals Gerüchte über außereheliche Affären auf. Gespeist wurden sie auch durch die besondere Ausstrahlung, die Clinton auf viele Frauen ausübte.

Langsam begann sich der jüngste Ex-Gouverneur der USA, von seinem Tiefschlag zu erholen. Er trat in eine große Anwaltskanzlei in Little Rock ein und begann, sein politisches Comeback vorzubereiten. Er gab Interviews, hielt Reden und sammelte Verbündete.

Im Februar 1982 kaufte Clinton einen Fernsehspot, entschuldigte sich bei den Wählern von Arkansas für seine Arroganz und versprach für eine zweite Amtszeit Besserung. Hillary, die zuvor kaum öffentlich aufgetreten war, stand nun als brave Politikerfrau und Mutter – 1980 war Tochter Chelsea auf die Welt gekommen – an seiner Seite. Auch nahm sie den Namen Clinton an und beseitigte damit einen Stein des politischen Anstoßes.

Im Wahlkampf kam Clinton die Unfähigkeit seines Nachfolgers zugute. Der volkstümliche White neigte zu verbalen Ausrutschern. Seine Unterschrift unter ein Gesetz, das Schulen zum Unterricht der biblischen Schöpfungsgeschichte verpflichtete, brachte für Arkansas negative Schlagzeilen in den amerikanischen Zeitungen. Die Rezession 1981/82 ließ landesweit das Pendel ein wenig zu den Demokraten zurückschwingen. Im teuersten Wahlkampf, den Arkansas je erlebte, konnte Clinton sein altes Amt im November 1982 zurückerobern. Er würde es nie wieder so leichtsinnig aufs Spiel setzen.

Seine Niederlage und das Comeback wandelten Clinton vom Idealisten, der in kurzer Zeit die Welt verändern will, zum abwägenden Realpolitiker und gemäßigten Reformer. Seine Programme und Reformen würde er erst verwirklichen, wenn er auch die härtesten Gegner von der Richtigkeit seiner Position überzeugt hatte. Er würde sich auf einige wesentliche Vorsätze beschränken, Kompromisse suchen und mächtige Interessengruppen, deren Unterstützung er im Wahlkampf benötigt, für sich gewinnen. »Die Politik des totalen Konsens begann damals, nach der ersten Amtszeit«, meint Clinton-Kritiker Greenberg. »Nie wieder würde er einen einzigen Wähler oder Abgeordneten verärgern.«

Die damalige Metamorphose ist einer der Schlüssel zum Verständnis von Clintons Führungsstil. Manche Kritiker sahen in dieser Verwandlung den Beweis für Clintons Opportunismus, der ihn dazu brachte, seine Ideale und Überzeugungen für Wahlerfolge zu opfern. Aber im Gegensatz zu seiner ersten Amtszeit war der Gouverneur nun erfolgreich – sowohl in der Amtsführung als auch in den Wahlen. Das politische Talent, das Clinton zehn Jahre später den Einzug ins Weiße Haus sicherte, erhielt damals seinen Schliff.

Im Präsidentschaftswahlkampf wurde die insgesamt zwölfjährige Regierungszeit des Gouverneurs Clinton natürlich genau unter die Lupe genommen. Die Bilanz zeigte einige große Leistungen und viele unerfüllte Hoffnungen. Auch Kritiker geben zu, daß es schwer ist, in einem so rückständigen Staat Erfolge zu verzeichnen. 1983 waren rund 35 Prozent aller Arbeiter und Angestellten funktionelle Analphabeten, und rund die Hälfte hatte keinen Schulabschluß. Auch zehn Jahre später findet sich Arkansas in Statistiken über Einkommen, Gesundheitsversorgung und Schulbildung in den hintersten Rängen der US-Staaten.

Trotz dieser enttäuschenden Statistiken gelang es Clinton, Arkansas in vieler Hinsicht zu verändern. Er förderte die Ansiedlung von Industrien und die Schaffung von Arbeitsplätzen, reformierte das katastrophale Bildungssystem, das vielleicht schlechteste des Landes, und schuf eine Atmosphäre der Modernität, der Weltoffenheit und des Optimismus. In seiner Amtszeit rückte der Staat im Durchschnittseinkommen von der 49. auf die 47. Stelle der 50 Bundesstaaten auf – ein bescheidener Erfolg, der für Arkansas aber dennoch einen erheblichen Fortschritt bedeutet.

Bereits Mitte der achtziger Jahre galt Clinton als einer der fähigsten Gouverneure der jüngeren Generation, auch wenn dabei sein Stil und seine Eloquenz oft mehr als seine konkreten Leistungen gewürdigt wurden. In Arkansas wurde Clinton nach 1982 dreimal wiedergewählt (1986 ging der Staat von einer zweijährigen zu einer vierjährigen Amtszeit für den Gouverneur über). Er blieb dort bis zuletzt populär.

Clinton distanzierte sich in dieser Zeit von den linksliberalen Positionen seiner ersten Amtszeit. Er stellte sich zwar gegen den unkontrollierten Verkauf von Schußwaffen, trat aber für die Todesstrafe ein. Er verteidigte zwar das Recht auf Abtreibung, unterstützte aber andererseits eine Bestimmung, derzufolge minderjährige Mädchen darüber zuerst ihre Eltern zu informieren hätten. Er hielt enge Beziehungen zu Schwarzen und Bürgerrechtlern, lehnte aber im öffentlichen Dienst und in Unternehmen Quotenregelungen für Minderheiten ab.

Sein wichtigstes Projekt als Gouverneur war die Reform des Schulsystems, die auch zu seinem größten Erfolg wurde. Daß Arkansas sein Bildungssystem verbessern müßte, wenn es sich wirtschaftlich entwickeln wollte, war für den bildungsbesessenen Clinton ein fester Grundsatz. Seine Schulpolitik der achtziger Jahre wurde zu einem Musterbeispiel für die erfolgreiche Reform eines kaputten Systems und dafür, wie man in der Verfolgung eines Zieles die unterschiedlichsten Interessengruppen zusammenführen kann. Die Reform bringt auch wohl einen Hinweis auf den politischen Stil von Clinton im Weißen Haus. Clinton baute nach und nach einen Konsens zwischen allen Interessenverbänden auf und bearbeitete diese so lange, bis er ihre Zustimmung hatte. War der Widerstand einer Gruppe nicht zu brechen, setzte Clinton sich aber auch über ihre Köpfe hinweg durch.

Sofort nach seiner Rückkehr ins Gouverneursamt unternahm Clinton die ersten Anstrengungen auf diesem Gebiet. Er gründete eine Studienkommission und machte seine Frau zur Vorsitzenden. Hillary besuchte in den folgenden Monaten alle Schulbezirke in Arkansas, sprach mit Lehrern, Eltern und Schülern und begann, für ihre Reformpläne zu werben. Ihre Vorschläge setzten sich aus drei Teilen zusammen:

- einem einheitlichen Lehrplan für alle Schulen und Schulbezirke mit Mindestangeboten in Mathematik, Naturwissenschaften und Fremdsprachen sowie einheitlichen Standards, nach denen alle Schüler regelmäßig geprüft werden sollten;
- einer Aufstockung des staatlichen Unterrichtsbudgets, mit dem höhere Lehrergehälter und eine Reduzierung der Klassengröße finanziert werden sollten;
- Eignungstests für alle Lehrer, verknüpft mit staatlicher Unterstützung für deren berufliche Weiterbildung.

Für die Clintons hingen alle Ziele zusammen. Denn strengere Normen für Schülern hatten keinen Sinn, solange die Lehrer nicht ausreichend ausgebildet waren. Höhere Gehälter waren das Zuckerbrot, mit dem den Lehrern die umstrittenen Eignungstests schmackhaft gemacht werden sollten. Das gelang nur zum Teil. Die Tests wurden gegen den Widerstand der Lehrergewerkschaft eingeführt, der Streit zwischen Lehrern und den Clintons konnte erst Jahre später beigelegt werden.

Clinton setzte schließlich in seinem Staat auch jene Steuererhöhungen durch, die durch den größeren Finanzbedarf der Schulen notwendig wurden. In den folgenden Jahren flossen immer mehr staatliche Gelder in das Schulsystem, das heute mehr als die Hälfte des Budgets einnimmt.

Der Bildungsapparat von Arkansas ist noch immer eine entscheidende Schwäche des Staates. Doch während sich in den meisten anderen Staaten das Schulsystem in den achtziger Jahren weiter verschlechterte, brachte Clinton in Arkansas Fortschritte. Die Zahl der Schulabsolventen, die an einem College oder einer Universität ihr Studium fortsetzten, erhöhte sich von 31 Prozent im Jahre 1981 auf 51 Prozent zehn Jahre später, was ungefähr dem nationalen Durchschnitt entspricht. Die vorzeitige Abgangsrate aus den Schulen wurde durch ein Gesetz verringert, das den Erwerb eines Führerscheins vom regelmäßigen Schulbesuch abhängig machte.

Die Schulreform in Arkansas brachte auch das erfolgreiche Politikdebüt von Hillary. Laut Beobachtern trug sie einen entscheidenden Anteil an der Durchsetzung der Reformpläne, die später auch anderen US-Staaten als Vorbild dienten. Hillary, inzwischen Miteigentümerin in der Rose Law Firm, profilierte sich in US-Juristenkreisen als Vorkämpferin und Expertin für Kinderrecht und Kinderfürsorge. In Arkansas stellte sie ein Programm für den Vorschulunterricht von benachteiligten Kindern auf die Beine. Ende der achtziger Jahre zählte sie bereits zu den führenden Juristen der USA. Zweimal reihte sie das *National Law Journal* unter die hundert erfolgreichsten Anwälte ein.

Die Kostensteigerungen im Bildungsbereich hatten negative Folgen für das Steuersystem. Die Verbesserung der Schulen machte nämlich eine Erhöhung der Verbrauchssteuern notwendig, und diese Art der Besteuerung trifft bekanntlich die unteren Einkommensschichten am härtesten. Denn für die Erhöhung der Einkommen- und Vermögenssteuern fordert die Staatsverfassung von Arkansas eine – fast unerreichbare – 75prozentige Zustimmung im Parlament. So wurden unter Clinton die Verbrauchssteuern mehrmals erhöht, und damit wurde das Steuersystem von Arkansas zu einem der sozial ungerechtesten in den USA. Eine Reihe von Steuervergünstigungen, die Clinton Unternehmen einräumte, verschärften diese Situation, für die er von linker Seite im Wahlkampf immer wieder angegriffen wurde. Eine gegen dieses Steuersystem durchgeführte Volksabstimmung erhielt 1986 nur halbherzige Unterstützung vom Gouverneur und verfehlte die notwendige Mehrheit.

Seine betont unternehmerfreundliche Politik verstärkte den Eindruck, daß ihm mächtige Interessen wichtiger sind als die armen Leute. Aber Clinton sah die Förderung von Investitionen und die Schaffung neuer Arbeitsplätze als einzige Möglichkeit an, Arkansas aus der Armut herauszuheben.

Anders als in seiner ersten Amtszeit verbündete sich der Gouverneur nun mit den großen Unternehmen des Staates und warb aktiv um Investitionen amerikanischer und ausländischer Konzerne. Clinton reiste mehrere Male nach Europa und Ostasien und richtete Verbindungsbüros in Brüssel, Tokio und Taipeh ein. Als besonders wirkungsvoll erwies sich ein Sonderabschreibungsgesetz aus dem Jahre 1985. Dutzende neue Firmen siedelten sich in Arkansas an, andere gaben ihre Abwanderungs-Pläne auf. Um den Einkommensausfall auszugleichen, mußte Clinton erneut die sozial ungerechten Verbrauchssteuern erhöhen.

Zwar stieg die Zahl der Arbeitsplätze in den achtziger Jahren rasant an, aber das Lohnniveau blieb unverändert niedrig. Neue Jobs entstanden hauptsächlich in schlecht bezahlten Branchen wie der Nahrungsmittelindustrie, wo ein Einkommen allein nicht ausreichte, um eine Familie zu erhalten. Clinton hatte auch für Gewerkschaften wenig übrig. Arkansas behielt unter ihm seine gewerkschaftsfeindliche Gesetzgebung, und der Gouverneur warb sogar mit Hinweis auf die Schwäche der Gewerkschaften um Unternehmensansiedlungen in seinem Staat.

Clinton drückte auch beim Umweltschutz mehr als ein Auge zu. Er förderte den Aufbau der größten Geflügelindustrie der USA und übersah dabei geflissentlich, daß dadurch der idyllische Weiße Fluß im Norden von Arkansas durch Gülle und Bakterien verschmutzt wurde. Clinton gab später zu, daß er beim Abwägen zwischen Wirtschaftswachstum und Umweltschutz im armen Arkansas der Wirtschaft den Vorrang eingeräumt habe. Daß seine Freundschaft mit dem Hühnerkönig Don Tyson, der seine Wahlkämpfe finanziell unterstützte, bei dieser Entscheidung eine Rolle spielte, hat Clinton stets bestritten.

Clinton nahm auch eine Reform der Sozialprogramme in Angriff, die persönliche Verantwortung stärken und den Menschen die Rückkehr in die Arbeitswelt erleichtern sollten. Doch das 1989 gestartete Programm mit dem ehrgeizigen Namen *Success* (Erfolg) zeigte eher magere Resultate: Nur 6000 Sozialhilfeempfänger erhielten einen Job, und viele von ihnen waren bald wieder arbeitslos. Kritiker sahen darin den Beweis für Clintons Managementschwächen: Während er Programme mit Freude und Energie konzipiere, zeige er an ihrer Durchführung nur noch geringes Interesse.

Es war einer der schwierigsten Momente seines Lebens, als Clinton im Jahre 1984 erfuhr, daß man seinen Halbbruder Roger beim Verkauf von Kokain beobachtet hatte. Clinton gab den Auftrag, Roger wie jeden anderen Verdächtigten zu behandeln und ihn überwachen zu lassen. Vier Wochen lang wußte Clinton von der Untersuchung, und mußte seinem Bruder und seiner Mutter gegenüber Stillschweigen bewahren. Roger wurde schließlich verhaftet, angeklagt und zu zwei Jahren Haft verurteilt. Nach rund einem Jahr ging er frei.

Nach Erzählungen von Freunden brachen bei Clinton in dieser Zeit alte seelische Wunden wieder auf. Die Ängste seiner Kindheit kehrten zurück, in dieser Phase der Zurückgezogenheit und der Depressionen verbreiteten sich wieder Gerüchte über Frauengeschichten. Als Roger aus dem Gefängnis entlassen wurde und eine Drogentherapie begann, nahmen auch Bill und Hillary Clinton, die sich nun intensiv mit Drogenmißbrauch beschäftigten, an den Therapiestunden teil. Dort gelang es Clinton erstmals, die von ihm verdrängte Gewalt in seinem Elternhaus psychologisch aufzuarbeiten. »Ich erkannte endlich, wie mein zwanghafter Ehrgeiz mir schadete, und ich glaube, ich habe durch Beschäftigung damit ein besseres Gleichgewicht gefunden«, beschreibt

Clinton diese Zeit. Die Therapie lehrte ihn auch, die Eigenheiten seines Charakters noch bewußter in der Politik einzusetzen.

Roger, der seinem Bruder die Kooperation mit der Polizei anfangs übelnahm, war ihm später dankbar. Laut Aussagen der Ärzte hätte ihn seine schwere Kokainabhängigkeit früher oder später das Leben gekostet. Er ging später als Studiomusiker nach Hollywood, wo ihn Freunde der Clintons engagierten.

Der Weg zur Kandidatur

Mitte der achtziger Jahre war Clinton für die interessierte Öffentlichkeit kein Unbekannter mehr. In der Nationalen Vereinigung der Gouverneure war er einer der prominentesten Vertreter und wurde besonders für seine Leistungen im Erziehungswesen respektiert. Er reihte sich in die Gruppe gemäßigter Politiker ein, die nach der Niederlage Mondales gegen Reagan unideologische und neue Lösungen für soziale Probleme suchten und die Demokraten wieder für den Mittelstand wählbar machen wollten.

1985 war Clinton Mitbegründer des demokratischen Führungsrates DLC. Durch seine Arbeit in dieser zentristischen Gruppe fand er neue politische Freunde und verstärkte sein Netz von US-weiten Kontakten und Allianzen. Nach Georgetown, Oxford und Yale entstand hier der vierte Kreis der »Friends of Bill«, die ihm später im Wahlkampf und beim Aufbau seiner Präsidentschaft unterstützen würden. Clinton war ein begehrter Redner bei Konferenzen und Wahlveranstaltungen, und auch bei der Aufzählung von Präsidentschaftskandidaten wurde nun sein Name immer öfter genannt.

Die Gerüchte über eine Clinton-Kandidatur erhielten Anfang 1987 neue Nahrung. *Time* führte den Gouverneur in einer Liste der fünfzig wichtigsten Führungspersönlichkeiten der USA. Im Mai schied dann der Favorit Gary Hart aus dem Rennen. Clinton nahm an jeder großen Parteiveranstaltung teil, hielt Ansprachen, die wie Wahlkampfreden klangen, und sammelte Wahlkampfgelder. Als die Zeitungen die Kandidatur Clintons bereits als Tatsache meldeten, sagte der Gouverneur im Juli überraschend ab. Clinton gab dazu nie eine offizielle Erklärung, aber Freunde erzählen, er hätte seiner damals siebenjährigen Tochter Chelsea zuliebe auf die aufreibende Kandidatur verzichtet.

Clinton erhielt dennoch eine Chance, für einen Moment im nationalen Scheinwerferlicht zu stehen. Michael Dukakis bat ihn, am Parteitag der Demokraten in Atlanta die Nominierungsrede zu halten. Doch der große Auftritt, der von allen Fernsehstationen zur Hauptsendezeit ausgestrahlt wurde, endete mit einem Debakel. Die Rede war kurz zuvor von Dukakis-Mitarbeitern umgeschrieben worden. Clinton, dessen Stärke spontane Aussagen, nicht vorbereitete Texte sind, fühlte sich mit dem Wortlaut nicht wohl. Er wirkte verkrampft und leidenschaftslos, und die 33 Minuten, die er sprach, schienen ihm und dem Publikum wie eine Ewigkeit. Clinton wurde ständig durch Zwischenrufe der ungeduldigen Delegierten unterbrochen, und das einzige Mal, daß er Applaus erhielt, war, als er mit den Worten »Zum Abschluß ...« zum Ende kam. Dies schien wie der Abbruch einer noch Minuten zuvor so vielversprechenden politischen Karriere.

Clinton erzählte später, daß er während der Rede erwog, abzubrechen oder den Text beiseite zu legen und frei zu sprechen. Doch das hätte Dukakis verärgert, und so kämpfte sich der Gouverneur bis zum bitteren Ende durch. Obwohl sich Karikaturisten und Kommentatoren über ihn lustig machten, ließ sich Clinton nicht entmutigen. Er trat in der populären Johnny-Carson-Talk-Show auf, wo er einige Abende zuvor noch als rezeptfreies Schlafmittel empfohlen wurde, machte selbst Witze über seine mißlungene Marathonansprache und spielte »Summertime« (»Ein kurzes Lied«, wie er es nannte) auf dem Saxophon. In Arkansas wurde er als Opfer der nationalen Presse zum lokalen Helden. Selten war seine Popularität in seinem Heimatstaat so groß wie in den Tagen nach dem Parteitag.

Zwei Jahre später kandidierte Clinton für eine fünfte Amtszeit als Gouverneur und wurde mit einem etwas geschrumpften Vorsprung wiedergewählt. Im Laufe des Wahlkampfes gab er das feste Versprechen ab, vier Jahre lang als Gouverneur zu dienen und 1992 nicht für die US-Präsidentschaft zu kandidieren.

Bereits kurz nach der Wiederwahl begann er sein Wort zu bereuen. Die ewigen Kämpfe gegen die alteingesessenen Fraktionen im Kongreß von Little Rock frustrierten ihn, während er US-weit immer größeres Prestige genoß. Präsident Bush ernannte ihn zum Vorsitzenden der ersten nationalen Gouverneurskonferenz über Bildungsfragen. 1990 wurde Clinton DLC-Vorsitzender und geriet in dieser Funktion mehrmals in Konflikt mit Jesse Jackson, der die Organisation abschätzig als »Verein für reiche weiße Männer« bezeichnete. Ein Jahr später wurde er in einer *Newsweek*-Umfrage von seinen Amtskollegen mit 39 Prozent der Stimmen zum besten Gouverneur in den USA gewählt.

Clinton begann, sich in Arkansas umzuhören, wie die Menschen auf eine Präsidentschaftskandidatur reagieren würden. Die Antworten waren vornehmlich positiv. Er wurde häufig zu nationalen Themen interviewt. Als ihn ein Journalist während des Golfkrieges fragte, ob er im Kongreß für oder gegen den Krieg gestimmt hätte, gab Clinton eine ambivalente Antwort: Er stimme mit den Argumenten derer überein, die den Sanktionen gegen den Irak mehr Zeit geben wollten, hätte aber wohl mit der Mehrheit für den Kriegsbeginn gestimmt.

Im Mai verkündete Clinton am Jahrestreffen des DLC in Cleveland (Ohio) sein politisches Credo: »Zu viele Menschen, die früher für uns gestimmt haben – der geplagte Mittelstand, über den wir reden – trauen uns nicht mehr zu, daß wir im Ausland die nationalen Interessen verteidigen, daß wir die Sozialpolitik an ihren Werten ausrichten und daß wir mit ihren Steuergeldern vorsichtig umgehen.«

Sein Programm richtete sich an Unternehmen wie an die Arbeiter, an den Mittelstand wie an die Ärmsten der Gesellschaft. Besonders mit seinem Plan für die Reform des Sozialsystems wollte Clinton deutlich machen, daß er kein typischer Linker sei: Nur zwei Jahre lang solle der Staat Fürsorge zahlen, dann müßten die Empfänger wieder eine Arbeit annehmen. Clinton sprach in seiner Rede bewußt all die Menschen an, »die schwer arbeiten und sich an die Regeln halten«. Das schloß sowohl die Fürsorgeempfänger aus wie auch jene reichen Finanzjongleure, die in den Reagan-Jahren noch wohlhabender geworden waren.

Im Sommer 1991 trat er vom Vorsitz des DLC zurück und gründete ein Vorbereitungskomitee für den Wahlkampf. Alle paar Wochen reiste er nach New Hampshire, dem Schauplatz der ersten Vorwahlen, und begann, sein landesweites Netz von Verbündeten zu mobilisieren. Freunde wie Robert Reich, Robert Shapiro vom Progressive Policy Institute und der Wall-Street-Banker Roger Altman halfen ihm bei der Formulierung eines Wirtschaftsprogramms, das höhere Steuern für die Reichsten, Erleichterungen für den Mittelstand, Kürzungen im Rüstungsbudget und ein großes staatliches Investitionsprogramm enthielt. Al From half ihm bei sozialpolitischen Plänen, und Strobe Talbott von *Time* gab ihm außenpolitische Ratschläge.

Gerüchte über Affären mit anderen Frauen tauchten in dieser Phase wieder in der Presse auf. 1990 hatte Larry Nichols, ein ehemaliger Beamter in Arkansas, der zwei Jahre zuvor gekündigt worden war, den Staat auf Wiederanstellung geklagt. In seiner Klageschrift nannte er fünf Frauen, mit denen Clinton angeblich Affären hatten. Alle fünf, darunter die Barsängerin Gennifer Flowers, dementierten die Behauptung, und auch Nichols zog die Anschuldigung später zurück.

Wohl wissend, daß eine Frauengeschichte die Kandidatur Gary Harts zerstört hat, entschied sich Clinton, in dieser Frage in die Offensive zu gehen. Hillary und er luden Journalisten zu einem Gespräch und erzählten, daß ihre Ehe schwierige Zeiten durchlaufen habe, nun aber grundsolide sei.

Am 3. Oktober 1991 – 13 Monate vor der Wahl – gab der damals 45jährige Bill Clinton seine Kandidatur für die demokratische Nominierung offiziell bekannt. Vor dem *Old State House* in Little Rock verkündete er vor 5000 Zuhörern sein Programm, mit dem er die Wirtschaftskrise überwinden und die Amerikaner wieder zu einer solidarischen Gemeinschaft zusammenführen wolle. Ein »New Covenant« – ein neuer Bund – solle Regierung und das Volk in gegenseitiger Verantwortung aneinanderbinden:

»Die Änderungen, die wir vornehmen müssen, sind weder liberal noch konservativ. Sie sind beides, und sie sind anders. Die Kleinstädte und Hauptstraßen Amerikas sind nicht wie die Gänge und Hinterzimmer in Washington. Die Menschen hier kümmern sich nicht um die nutzlose Rhetorik über ›links‹ und ›rechts‹ und ›liberal‹ und ›konservativ‹ und all die anderen großen Worte, die in unserer Politik zu einem Ersatz für Taten geworden sind ... Wir brauchen einen neuen Bund, um Amerika wieder aufzubauen. Das sagt uns der Hausverstand. Die Verantwortung der Regierung ist es, mehr Chancen zu schaffen. Die Verantwortung der einzelnen Menschen ist, das Beste aus diesen Chancen zu machen.«

So machte sich Bill Clinton daran, seinen Lebenstraum zu verwirklichen.

Wahlkampf – Anatomie eines Sieges

Die Kandidaten

Es war eine seltsame Gruppe von Kandidaten, zu der sich Clinton im Herbst 1991 gesellte. Im Laufe dieses Jahres hatten die vorher prominentesten demokratischen Präsidentschaftsanwärter einer nach dem anderen das Handtuch geworfen. Denn George Bush, der Sieger des Golfkrieges und entschlossene Führer der postkommunistischen Welt, galt als unschlagbar. Zwar litt die Wirtschaft unter der langwierigen Krise, aber die Ökonomen rechneten damit, daß der Aufschwung noch rechtzeitig vor den nächsten Wahlen kommen würde, um Bush zu nützen.

Und so stiegen die führenden Demokraten aus dem Ring: Senator Lloyd Bentsen aus Texas, der 1988 als Kandidat für die Vizepräsidentschaft einen viel besseren Eindruck als Dukakis selbst hinterlassen hatte; Dick Gephardt, der mächtige Fraktionsführer der Demokraten im Repräsentantenhaus; Senator Albert Gore aus Tennessee, der erfolglose Kandidat von 1988; Sam Nunn, der Senator aus Georgia und Rüstungsexperte; und Bill Bradley, der Senator aus New Jersey und ehemaliger Basketball-Star. Einige rechneten sich für 1996 bessere Chancen aus, wenn der unbeliebte Vizepräsident Dan Quayle möglicherweise versuchen würde, Bushs Nachfolge anzutreten. Andere wollten sich und ihren Familien die Strapazen eines mehr als einjährigen Wahlkampfes mit ungewissem Ausgang ersparen.

Die Präsidentschaftskandidaten, die übrigblieben, waren – einschließlich Clinton – alles Männer aus der zweiten Reihe: Paul Tsongas, ein ehemaliger Senator aus Massachusetts, gab bereits im April seine Kandidatur bekannt. Acht Jahre zuvor hatte er wegen einer Krebserkrankung der Politik den Rücken gekehrt. Er bezeichnete sich nun aber als völlig geheilt. Mit einer Mischung aus konservativer Wirtschaftspolitik und gesellschaftlichem Liberalismus sprach er besonders die wohlhabende Mittelschicht und Collegeabsolventen an.

Senator Bob Kerrey aus Nebraska hatte im Vietnam-Krieg ein Bein verloren und projizierte ein Image von Patriotismus und Heldentum. Sein Lieblingsthema war die Gesundheitsreform – doch zu anderen Problemen hatte er wenig zu sagen.

Senator Tom Harkin aus Iowa war der Kandidat des linken Flügels. Er setzte auf die Unterstützung durch die Gewerkschaften und versuchte mit populistischen Slogans, die Arbeiterschaft gegen die Republikaner zu mobilisieren.

Und dann gab es Jerry Brown, Ex-Gouverneur von Kalifornien, Präsidentschaftskandidat von 1976 und einer der buntesten Vögel der US-Politik. Nach Jahren des Zen-Studiums kehrte er nun als zorniger Kämpfer gegen das Establishment in Washington und die mächtigen Interessengruppen auf die nationale politische Bühne zurück.

Die meisten Demokraten sahen in keinem dieser Kandidaten einen potentiellen Sieger. Sie hofften auf den Eintritt von Mario Cuomo, dem charismatischen und wortgewaltigen Gouverneur von New York. Wie schon vier Jahre zuvor schob der als »Hamlet vom Hudson« bekannte Italo-Amerikaner die Entscheidung über seine Kandidatur bis zum letzten Moment auf. Kurz vor Weihnachten – und eine Stunde vor Ablauf der Registrierfrist für die Vorwahlen in New Hampshire – sagte Cuomo wieder einmal ab.

Demokratische Insider hatten zu diesem Zeitpunkt mit einem Kopf-an-Kopf-Rennen zwischen dem linksliberalen Cuomo und dem konservativen Clinton spekuliert. Cuomos Absage machte Clinton nun zum logischen Favoriten.

Im Vergleich zu den anderen Kandidaten hatte Clinton eine verständliche Botschaft und ein präzises Programm, mit Steuererleichterungen für den Mittelstand, Steuererhöhungen für die Reichsten, einer umfassenden Gesundheitsreform und einem Investitionsprogramm für Infrastruktur und Schulen. In den Monaten zuvor war es ihm gelungen, einige der besten Wahlkampfexperten des Landes auf seine Seite zu ziehen. Jeder dieser bekannten Namen, der in Clintons Liste auftauchte, gab dem Kandidaten neue Glaubwürdigkeit.

Vorsitzender seines Wahlkampfkomitees war der prominente kalifornische Anwalt und langjährige Freund Mickey Kantor. Weitere Schlüsselrollen spielten Direktor David Wilhelm; sein Stellvertreter George Stephanopoulos; die Medienkonsulenten Frank Greer und Mandy Grunwald; Betsey Wright, die seit einem Jahrzehnt an Clintons Seite war; und die Veteranen von Woffords Wahlkampf in Pennsylvania, James Carville und Paul Begala als strategische Berater. Clintons Freunde in Finanzkreisen sammelten Gelder für den Wahlkampf und füllten die Kasse. In den wichtigen Bundesstaaten war das Gerüst für effektive Wahlkampfbüros vorhanden.

Clinton hatte noch eine Stärke: Journalisten mochten ihn. Auch der bekannte Karikaturist Gary Trudeau machte sich in seinem Comic strip »Doonesbury« über Clintons Faszination auf die Medien lustig. Der rasende Reporter Rick Redfern schreibt darin ein Loblied auf den Kandidaten und wird darauf von seinem Chef gescholten: »Verdammt, Rick, du bist bereits der dritte Reporter, den ich in diesem Monat an Clinton verloren habe.«

Doch für die breite Öffentlichkeit war Clinton weiterhin ein unbeschriebenes Blatt.

Glanzlose Siege

Im Dezember und Januar schob sich Clinton in den New-Hampshire-Umfragen langsam nach vor. Der kleine ländliche Staat im Nordosten der USA, wo Mitte Februar traditionell die ersten Vorwahlen stattfinden, gilt für Kandidaten als Markstein auf dem Weg ins Weiße Haus. Seit vierzig Jahren hatte kein Kandidat, der die Vorwahl in New Hampshire verlor, die Wahlen im November gewonnen. Die rund 700.000 Einwohner von New Hampshire sind fast einheitlich weiß, bürgerlich und viel konservativer als der amerikanische Durchschnitt. Aber sie spielen ihre durch Zufall erhaltene Rolle, die Vorentscheidung über den nächsten Präsidenten zu treffen, mit Leidenschaft. Nirgendwo ist die Wahlbeteiligung höher, nirgendwo besteht mehr Interesse an Politik.

In jenem Wahljahr waren die Menschen besonders interessiert. Der Immobilien- und Wirtschaftsboom der achtziger Jahre hatte einer tiefgreifenden Rezession Platz gemacht. Die Wähler erwarteten sich von den Kandidaten daher vor allem detaillierte Programme für die Sanierung der Wirtschaft. Clinton bot das an und noch einiges mehr – ein selbstbewußtes Auftreten und eine entspannte Art, mit Wählern persönlich umzugehen. Im kleinen New Hampshire, wo Kandidaten fast jeden ihrer Wähler treffen, war diese Eigenschaft besonders nützlich.

Tsongas, der nur wenige Kilometer von der Staatsgrenze in Massachusetts wohnte, kam mit seinen unternehmensfreundlichen Wirtschaftsplänen und seiner Ablehnung aller populistischen Versprechen ebenfalls gut an. Doch außerhalb des Nordostens gaben ihm Beobachter kaum eine Chance. In den Zeitungen tauchten die ersten Spekulationen auf, daß Clinton die Nominierung bereits in der Tasche habe. Ein Sieg in New Hampshire, gefolgt von einem Triumph im heimatlichen Süden am »Super Tuesday« drei Wochen später, hätte den anderen Kandidaten kaum noch eine Chance gelassen.

Doch Clinton kämpfte mit Imageproblemen. Seine geschliffene Art und seine Neigung, auf jede Frage übermäßig lange Antworten zu geben, ließen den Eindruck eines glatten Polit-Profis entstehen, und der bösartige Spitzname aus Arkansas, »Slick Willie«, wurde bald im ganzen Land bekannt.

Und dann kam Gennifer Flowers. Die Boulevard-Zeitschrift *Star* wärmte zuerst die alte Nichols-Geschichte auf. Das Clinton-Team war verärgert, aber noch nicht besorgt. Eine Woche später brachte *Star* ein Geständnis von Flowers, zwölf Jahre lang Clintons Geliebte gewesen zu sein. *Star* druckte auch Auszüge aus Telefongesprächen zwischen Clinton und Flowers ab, die Flowers offensichtlich mitgeschnitten hatte.

Plötzlich war Bill Clinton im ganzen Land berühmt, aber nicht so sehr als Politiker, sondern als Gennifer Flowers' Liebhaber. Es war das eine Art der Bekanntheit, auf die er gerne verzichtet hätte. Die Erinnerung an Gary Hart war noch wach, und seine Berater fürchteten weitere »bimbo eruptions«, wie Betsey Wright die angeblichen Frauenskandale nannte. Unter Carvilles Führung, der sich nun als klügster Krisenmanager des Teams entpuppte, begann nun eine massive Operation zur Schadensbegrenzung, mit der Clintons öffentliches Image gerettet werden sollte.

Der Fernsehsender CBS bot Bill und Hillary ein Interview an, das in der populären Dokumentarsendung »60 Minutes« gleich nach dem Endspiel der amerikanischen Football-Meisterschaft, dem »Super Bowl«, ausgestrahlt werden sollte. Clinton ergriff die Chance. Im emotionellen Interview versicherte er, mit Flowers nie ein Verhältnis gehabt zu haben, gab aber Fehltritte in seiner Ehe zu, mit denen er seiner Frau Schmerzen bereitet hatte.

Doch in ihren Gesten, Blicken und ihrer Körpersprache machten beide deutlich, wie fest ihre Beziehung ist. Besonders Hillary beeindruckte mit einer entschlossenen Liebes- und Loyalitätserklärung für ihren Mann. »Ich sitze hier, weil ich ihn liebe und respektiere, und ich würdige, was er allein und wir gemeinsam durchmachen mußten. Wissen Sie, wenn das den Menschen nicht reicht, pfeift drauf, dann wählt ihn nicht.«

Am Abend sahen die beiden die Übertragung in ihrem Haus in Little Rock, gemeinsam mit ihrer Tochter Chelsea. Sie waren verärgert über die Kürzungen, die CBS vorgenommen hatte, und erleichtert, als Chelsea nachher sagte: »Ich bin froh, daß ihr meine Eltern seid.«

Die Sendung zeigte Wirkung. Umfragen in New Hampshire ergaben, daß die Wähler an den Geschichten nicht interessiert und über das Eindringen der Medien in die Privatsphäre eines Kandidaten eher empört waren. Flowers, die vom *Star* rund 150.000 Dollar erhalten haben soll, gab in New York eine direkt im Fernsehen übertragene Pressekonferenz, wo sie die Anschuldigungen wiederholte und die angeblich belastenden Tonbänder vorspielte. Doch die Kandidatur schien gerettet. Amerika lernte Bill und Hillary Clinton auf »60

Minutes« zum ersten Mal wirklich kennen, und was sie sahen, wirkte sympathisch. Anfang Februar hielt Clinton in New Hampshire wieder eine deutliche Führung vor Tsongas.

Am 6. Februar platzte die nächste Bombe. Die Zeitung *Wall Street Journal* brachte in einem kritischen Artikel die Frage über Clintons vermiedenen Wehrdienst in Vietnam aufs Tapet. Den Journalisten gab Clinton dazu ausweichende Antworten und erklärte, sich nicht mehr an alle Einzelheiten erinnern zu können. Fünf Tage später tauchte zum Entsetzen des Wahlkampfteams der Brief an den ROTC-Offizier Oberst Holmes aus dem Jahre 1969 auf. »Dieser Brief ist dein bester Freund«, erklärte Carville dem verzweifelten Kandidaten und riet zur Flucht nach vorne. Clinton veröffentlichte daraufhin den vollständigen Text und stellte sich den Fragen von Fernsehzuschauern in New Hamsphire.

Doch dieser Schaden war nicht so leicht gutzumachen. Der Verdacht der Wehrdienstverweigerung stieß Kriegsveteranen ab, und der Brief bestärkte das Bild vom »Slick Willie«, der alles tun würde, um gewählt zu werden. Dazu kam, daß Tsongas Clintons Wirtschaftspläne als populistisches Machwerk attackierte, das es jedem recht machen möchte. Besonders die Steuersenkung für die Mittelschicht, die das Budgetdefizit noch vergrößert hätte, wurde zur Zielscheibe seiner Kritik.

Clintons Umfragewerte befanden sich nun im Sturzflug. In vier Tagen ging sie von 30 auf 21 Punkte zurück, Clinton wurde von Tsongas überholt und hatte Kerrey auf den Fersen. Doch er gab nicht auf. In seiner typischen Art erhöhte er in den letzten Tagen das Tempo seines Wahlkampfes, zog von Gemeindeversammlung zu Gemeindeversammlung, suchte den Kontakt zu Wählern und schüttelte die Hand jedes Menschen, der ihm nahe kam. Er kaufte halbstündige Fernsehsendungen, in denen er Wählerfragen beantwortete. Seine Wahlhelfer gingen von Haus zu Haus und verteilten Kassetten mit einem Clinton-Porträt an Besitzer von Videorekordern.

Die New-Hampshire-Vorwahlen am 18. Februar gingen für Clinton glimpflich aus: Mit 25 Prozent erreichte er einen starken zweiten Platz hinter Tsongas und lag weit vor Kerrey, Harkin und Brown. Zwar offiziell der Verlierer, erklärte sich Clinton zum De-facto-Sieger und »Comeback Kid«. Sein Kampfgeist und seine Fähigkeit, sich von Niederlagen zu erholen, wurden in den Zeitungen bewundert. Man nannte ihn den »Terminator« und den »Robo-Kandidaten«, der trotz aller Einschußlöcher in seinem Körper nicht zu stoppen sei.

Doch das Thema Vietnam sollte Clinton im Wahlkampf nicht mehr loslassen. Anstatt alle Details auf den Tisch zu legen, gab er widersprüchliche Antworten und machte so den Eindruck, als ob er tatsächlich etwas zu verbergen habe. Während die Republikaner keine Möglichkeit sahen, die Flowers-Affäre gegen Clinton zu verwenden, machten sie seine Nicht-Teilnahme am Vietnam-Krieg und seine ausweichende Reaktion zum Hauptthema des späteren Wahlkampfes.

George Bush erlebte in New Hampshire ein kleines Fiasko. Trotz aller Vorteile seines Amtes erhielt der Präsident nur wenig mehr als die Hälfte der Stimmen, während der ultrakonservative Journalist Pat Buchanan, der mit wenig Geld und ohne eine starke Wahlkampforganisation Bush die republikanische Nominierung streitig machen wollte, fast 40 Prozent für sich gewann. Die Wähler in New Hampshire nahmen Bush besonders seinen Wortbruch in der Steuerfrage übel und machten ihn für die Wirtschaftskrise verantwortlich. Der Präsident hatte plötzlich einen unangenehmen Vorwahlkampf vor sich.

Clintons Strategen hatten ursprünglich damit gerechnet, in den Vorwahlen gegen einen Kandidaten von links – wie Cuomo oder Harkin – zu kämpfen. Dabei hätte sich Clinton den amerikanischen Wählern als gemäßigter Demokrat einer neuen Ausrichtung präsentieren können. Noch im Herbst 1991 wurde Clinton von innerparteilichen Gegnern als »Republikaner in demokratischem Gewand« bezeichnet, wogegen er sich leidenschaftlich wehrte. »Ich bin ein Demokrat nach Herkunft, Instinkt und Überzeugung. Bevor mein Großvater starb, dachte er, er wird nun zu Franklin Roosevelt in den Himmel kommen.«

Doch nach New Hampshire hieß der größte Rivale nun Tsongas, der in Wirtschaftsfragen rechts von Clinton stand und oft wie ein Republikaner klang. Kerrey und Harkin gaben das Rennen nach den ersten Vorwahlen auf, und Jerry Brown blieb in den meisten Staaten ein Minderheitenprogramm.

Um gegen Tsongas zu punkten, setzt Clinton nun auf linkspopulistische Themen. Er beschuldigte seinen Rivalen, so wie George Bush die Interessen der Unternehmen und der Reichen über die des Mittelstands zu stellen. Vom »neuen Demokraten« war nun auf einmal wenig zu spüren, als er um die Unterstützung der Gewerkschaften warb und sich als Verteidiger für die Interessen der Armen, Schwachen und Schwarzen präsentierte. Im Pensionistenparadies Florida attackierte Clinton vor allem die Kürzungen, die Tsongas angeblich bei der Sozialversicherung vornehmen wollte. Der Gouverneur bewies so, daß auch er einen harten und oft unfairen Negativ-Wahlkampf führen konnte.

Die Strategie ging auf. Clinton siegte in den Südstaaten Georgia und South Carolina und dominierte den »Super Tuesday« am 10. März mit Siegen in sechs Südstaaten. Eine Woche später gewann er mehr als 50 Prozent der Stimmen in den großen Industriestaaten Michigan und Illinois. Tsongas gingen

Geld und Energie für den ermüdenden Wahlkampf aus, und er schied aus dem Rennen. Nur Brown blieb als nicht ganz ernst zu nehmender Rivale.

Doch Clinton war kein strahlender Sieger. Er gewann die Vorwahlen, weil es keinen besseren Kandidaten gab; doch war sein Image unscharf und vielfach negativ. Eine Mehrheit der Wähler zweifelte an seinem Charakter und seiner Ehrlichkeit. Sie hielten ihn für einen Politiker aus der Retorte – einen Möchtegern-Kennedy mit viel Ehrgeiz und wenig Substanz.

Im kleinen Connecticut lag Brown plötzlich vor Clinton, wenn auch nur knapp, und in die so entscheidende *primary* in New York ging der Mann aus Arkansas mit einem derart schlechten Ruf, daß sich die Bush-Wahlkampfstrategen bereits die Hände rieben. »Clinton hat bereits jetzt die Negativ-Werte, die Dukakis hatte, nachdem wir seinen Ruf vernichteten«, erklärte ein republikanischer Wahlkämpfer. »Und wir haben mit Clinton noch gar nicht angefangen.«

In New York wurde alles noch schlimmer. Die aggressive Boulevard-Presse der Stadt stürzte sich auf seine angeblichen Charakterschwächen, auf die Frauen- und Wehrdienstaffären. Reporter aller großen Zeitungen fielen über Arkansas her und gruben Geschichten über angebliche Interessenkonflikte mit Hillarys Anwaltskanzlei und über unsaubere Finanzinvestitionen der Clintons aus. Jeder Tag schien einen neuen Skandal ans Licht zu bringen, und als Clinton, der dem Thema Marihuana jahrelang aus dem Weg gegangen war, nun wieder befragt wurde, antwortete er: »Ich habe in England ein- oder zweimal damit experimentiert. Mir hat es nicht gefallen, ich habe nicht inhaliert und habe es nie wieder versucht.«

Tagelang machten sich die New Yorker Medien über diese Erklärung lustig. Wenige hätten es ihm übelgenommen, daß er als junger Mann wie viele andere mit Marihuana experimentiert hatte. Al Gore hat offen zugegeben, regelmäßig geraucht zu haben. Aber Clintons seltsame Antwort bestärkte den Eindruck, daß er immer nach Ausflüchten suche und der Wahrheit nicht ins Gesicht sehen könne. Zwar gewann Clinton die New Yorker Vorwahlen deutlich vor Brown und dem nicht mehr kandidierenden Tsongas, und er machte auch das Rennen in den übrigen wichtigen *primaries.* Doch Anfang Juni, als er in Kalifornien siegte und die demokratische Nominierung damit endgültig in der Tasche hatte, schien er als Kandidat ausgebrannt und entmutigt.

Auch Hillary wurde zu einem Problem. Die Frau, die in ihrem mutigen Auftritt vor New Hampshire das Land für sich eingenommen hatte, erhielt immer stärker den Ruf einer kalten, ehrgeizigen Karrierefrau. Im März hatten nur 28 Prozent der Bevölkerung eine positive Meinung von ihr. Die erfolgreiche Anwältin, die dreimal soviel wie ihr Mann verdiente und als seine engste Beraterin fungierte, war vielen Amerikanern suspekt.

Clinton lenkte selbst die Aufmerksamkeit auf die Rolle seiner Frau, als er sich halb im Scherz als »Sonderangebot« bezeichnete: Man wähle ihn und bekomme seine Frau gratis dazu. So sehr Frauen im Berufsleben akzeptiert werden, diese Vorstellung ging vielen zu weit. Als Hillary auf Fragen über ihre Doppelfunktion als Mutter und Anwältin etwas verärgert erklärte, sie hätte auch zu Hause bleiben können, »um Kekse zu backen und Tee zu servieren«, wurde ihr vorgeworfen, die Rolle der Hausfrau herunterzumachen.

Zu alledem begannen Republikaner, aus ihren frühen akademischen Schriften zu zitieren als Beweis für ihre radikal-feministischen und familienfeindlichen Ansichten. In der Folge blieb Hillary meist im Hintergrund, betonte in Interviews und öffentlichen Auftritten ihre Rolle als Mutter und gab sogar das Rezept für ihre Lieblingskekse bekannt. Dennoch konnte sie die Vorbehalte nicht ganz zerstreuen.

Aber auch Bush hatte in diesem Frühsommer wenig Grund zur Freude. Zwar stoppte er den Vormarsch seines Rivalen Buchanan, gewann in jeder einzelnen republikanischen Vorwahl und führte in den Umfragen klar vor Clinton, aber die Aufmerksamkeit der Öffentlichkeit galt nicht ihm. Ross Perot hatte Ende Februar in der Talk-Show »Larry King Live« des Nachrichtensenders CNN angedeutet, daß er als Präsidentschaftskandidat zur Verfügung stehe, und so eine Volksbewegung von beispiellosem Ausmaß ausgelöst. Zehntausende Freiwillige, die meisten politische Novizen, scharten sich um den texanischen Computer-Milliardär.

Perot verband einen autoritären Führungsstil mit sentimental-patriotischer Rhetorik und versprach, die Regierung aus den Händen der mächtigen Interessengruppen in Washington zu befreien und wieder dem kleinen Mann zurückzugeben. Wie ein Unternehmen wollte er den Staat führen und die unzähligen Probleme mit starker Hand lösen. Er wetterte gegen das lähmende Patt zwischen Kongreß und Präsident, das Budgetdefizit, die Staatsverschuldung und die Bürokratie. Damit stach er, genau wie Pat Buchanan und Jerry Brown, in die Wunden einer frustrierten Mittelschicht, die sich nicht nur nach einem Kurswechsel, sondern im gewissen Sinne nach einem Ende der Politik sehnte.

Perot entdeckte auch neue Möglichkeiten der Selbstdarstellung im Zeitalter des Kabelfernsehens. Zwar erklärte er sich bereit, rund 100 Millionen Dollar seines auf über drei Milliarden Dollar geschätzten Vermögens für seinen Wahlkampf auszugeben, aber vorerst kam er billiger davon. Er benützte die unzähligen Talk-Shows in den verschiedenen Kanälen, wo ihm freundliche Interviewer und interessiert fragende Zuschauer ermöglichten, den Wählern nach Belieben seine Slogans und Ideen vorzustellen. Perot wurde so zum Dauergast Larry Kings, der ihm nie unangenehme Fragen stellte. Bush und

Clinton schauten Perot den Gebrauch der neuen Medien später ab. Eine neue Wahlkampf-Ära war damit eröffnet.

Auch die traditionellen Medien berichteten im Frühjahr ohne Unterbrechung über das Phänomen Perot, und Anfang Juni lag der unabhängige Kandidat in den Meinungsumfragen mit rund 35 Prozent knapp vor Bush, mit einem abgeschlagenen Clinton an dritter Stelle.

Der Zorn Perots und seiner Anhänger richtete sich in erster Linie gegen Bush. Aber es war Clinton, der dabei vorerst unter die Räder kam. Der Kandidat, der die Kunst der Politik wie kein zweiter beherrschte, stand im Jahr der Anti-Politiker auf verlorenem Posten. Ein dritter Platz für Clinton bei den Wahlen im November, so fürchteten viele Demokraten, könnte das Ende ihrer Partei als ernstzunehmende Kraft in der nationalen Politik bedeuten. Für die Nominierung eines anderen Kandidaten – Bentsen oder Gephardt wurden in Parteikreisen genannt – war es zu diesem Zeitpunkt zu spät. Die Demokraten hatten nur Clinton. Sie würden mit ihm siegen oder untergehen.

Es war Zeit für eine Kurskorrektur, aber diesmal in Clintons Wahlkampf. Hillary erwies sich in diesen Tagen immer öfter als die klügste Strategin an der Seite ihres Mannes. Sie drängte auf eine Reorganisation des Wahlkampfteams und auf Änderungen in den politischen Aussagen. Es gab zu viele Manager mit einander überschneidenden Kompetenzen, die nicht immer zusammenarbeiteten. Kantor, der mit einem autoritären Stil viele Mitarbeiter vor den Kopf stieß, behielt seinen Titel als Vorsitzender des Wahlkomitees, wurde aber inoffiziell entmachtet.

Bruce Lindsey, ein Freund aus Georgetown-Tagen, wurde Wahlkampfdirektor. Carville, der in den Feuerproben von New Hampshire und New York seine Talente bewiesen hatte, übernahm das Kommando in der tagtäglichen Arbeit. Seine oft brutalen Nehmer- und Geberqualitäten würden in der erwarteten Schmutzschlacht mit den Bush-Männern notwendig sein. Stephanopoulos, der hochintelligente Jungstar des Teams, übernahm als Kommunikationsdirektor die öffentliche Darstellung und die Beziehungen zu den Medien.

Auch die Finanzprobleme der Wahlorganisation, die während der Vorwahlen 4 Millionen Dollar Schulden angesammelt hatte, wurden schnell gelöst. Clintons *fund raisers* wie der junge Rahm Emanuel organisierten direkte Briefaktionen und wandten sich an die Spitzen von Finanz und Industrie. Clintons Freunde an der Wall Street wie Roger Altman und Robert Rubin sammelten Millionen, und viele High-Tech-Unternehmen, denen Clintons Wirtschaftsprogramm gefiel, wechselten die Seite und unterstützten die Demokraten. 1992 gewannen die Demokraten das Rennen um die Wahlkampfspenden und hatten erstmals mehr Geld als die Republikaner zur Verfügung.

Doch das größte Problem war Clintons Image, und um das zu reparieren, reichten Einzelmaßnahmen nicht aus. In ausgewählten Zielgruppen testete Stan Greenberg, der Meinungsforscher des Clinton-Teams, im kleinen Kreis die Reaktion von Durchschnittsamerikanern auf den Kandidaten. Das Resultat war vernichtend. Keiner konnte sagen, wieso Clinton Präsident werden wollte. Die typischen Antworten waren »aalglatt« und »unehrlich«. »Wenn man ihn nach seiner Lieblingsfarbe fragt, würde er ›kariert‹ antworten«, meinte etwa eine Frau aus Allentown. Das Thema Ehebruch bewegte hingegen nur die wenigsten.

Das Interessante für Greenberg aber war, wie wenig die Leute über Clinton wußten. Viele dachten, er stamme – wie George Bush – aus einer wohlhabenden Familie, die ihm das Studium in Oxford und Yale finanziert und den Einstieg in die Politik ermöglicht hatte. Doch sobald Greenberg den Testpersonen über Clintons Leben, über seine harte Jugend mit dem trunksüchtigen Stiefvater zu erzählen begann, änderte sich das Bild. Und je mehr er Clintons Programm und politischen Überzeugungen beschrieb, desto mehr Leute wechselten von Bush und Perot auf seine Seite. Das Ergebnis dieser Befragungsaktion war klar: Mit der richtigen Taktik konnte man Clinton als Mensch den Wählern schmackhaft machen.

Greenberg, Carville und der Medienexperte Frank Greer schrieben Anfang Mai ein 14seitiges Memorandum, in dem sie diese Taktik vorstellten. Das »General Election Project« zeichnete ein neues Image: einen bodenständigen, ehrlichen Idealisten mit einer warmherzigen Frau. Clinton müsse zu diesem Zweck weniger politisch klingen, seine menschliche und humorvolle Seite zeigen und die Liebe zur Familie hervorstreichen. Das amerikanische Volk sollte »mit Bill und Hillary gemeinsam ausgehen können«, forderte das Papier. So sollten die Medien zum Beispiel berichten, wie Bill und Chelsea Hillary am Muttertag überraschen.

Auch die politische Aussage bedurfte einer kosmetischen Operation. In den *primaries* schien sie in der Fülle von Programmen und Punkten, die der Kandidat zu bieten hatte, unterzugehen. Das »General Election Project« schlug eine einheitliche Botschaft vor, die in wenigen Worten zu erklären war und doch konkret und präzise wirkte. Das Ergebnis war »Putting People First« (die Menschen zuerst) – ein detailliertes und dennoch verständliches Programm für wirtschaftliche und soziale Veränderungen. Es erschien als Taschenbuch und wurde bald ein Bestseller.

Im Gegensatz zu Bush wollte Clinton in die Menschen des Landes investieren, in die Kinder und die Bildung, in die Gesundheitsversorgung und in die

Schaffung von Arbeitsplätzen. Als Kämpfer für die Interessen des Mittelstands würde er sich gegen Interessenverbände stellen. Doch Clinton bot eine Partnerschaft, keine Geschenke.

Die neue Strategie bestimmte den demokratischen Wahlkampf bis zum Schluß und trug laut Beobachtern viel zum Wahlsieg im November bei. Sie verbesserte das Image der Clintons und neutralisierte die republikanische Kampagne für *family values* – für die traditionellen Werte von Familie, Gemeinschaft und Religion –, die ebenfalls im Frühsommer begann.

Clinton begann nun, seine Biographie bewußt im Wahlkampf einzusetzen. Immer wieder erwähnte er in Interviews seine Kindheit, die Konfrontation mit dem Stiefvater, die Begegnung mit Kennedy und seinen Umgang mit Rogers Drogensucht. »Wenn die Menschen mich kritisieren, kehren sie immer zum alten ›Slick-Willie-Bild‹ zurück«, erzählte er *Newsweek* in einem Interview. »Das liegt teilweise daran, daß ich immer lächle und versuche, die Dinge einfach erscheinen zu lassen. Und das hängt damit zusammen, wie ich aufgewachsen bin. Ich hatte solche Schwierigkeiten in meiner Kindheit.«

Ein professioneller Touch kam von den Hollywood-Produzenten Harry Thomason und Linda Bloodworth-Thomason, enge Freunde der Clintons, die selbst aus Arkansas stammen. Sie schufen ein fünfzehnminütiges Filmporträt von Clinton, das später am demokratischen Parteitag in New York ausgestrahlt wurde. Darin wurden seine Kindheit in einer Kleinstadtwelt, seine Gegenwart als liebender Vater und Ehemann und seine Pläne als Präsident zu einem packenden Melodram zusammengeschnürt. Der Film schuf den roten Faden zwischen Biographie und Zukunftsvision, der dem Wahlprogramm bis dahin abgegangen war.

Carville und Stephanopoulos gelang es auch, ihren Kandidaten in den von Perot faszinierten Medien mit positiven Meldungen aufscheinen zu lassen. In einer Rede vor Jesse Jacksons Bewegung »The Rainbow Coalition« kritisierte Clinton die schwarze Rap-Sängerin Sister Souljah, die nach den blutigen Rassenunruhen in Los Angeles die Gewaltanwendung gegen Weiße mit folgendem Satz verteidigte: »Wenn schwarze Menschen jeden Tag schwarze Menschen töten, was ist dann falsch daran, einmal weiße Menschen zu töten?« Clintons Kritik an der Sängerin war geschickt darauf angelegt, öffentlich zu zeigen, daß er von einer schwarzen Lobby unabhängig sei und noch dazu den Mut habe, einem Publikum unpopuläre Wahrheiten zu sagen.

Das Clinton-Team folgte dem Beispiel Perots, indem sie den Gouverneur auch in den jungen Medien präsentierten. Hier war es Stephanopoulos, der auf Auftritte vor einem jugendlichen Publikum drängte, um den Generationsunterschied zu den beiden anderen Kandidaten zu unterstreichen. Im Musiksender MTV – dem Symbol der neuen Jugendkultur – stellte sich Clinton in einer Art elektronischer Gemeindeversammlung den Fragen von einigen hundert Jugendlichen. In diesem Rahmen zeigte er sich dabei von seiner besten Seite – entspannt, humorvoll und voll persönlicher Anteilnahme. Die enorm erfolgreiche Veranstaltung gab Clinton neues Selbstbewußtsein und verbesserte seine gedrückte Stimmung.

Mit dem nächsten Auftritt ging Clinton ein gewisses Risiko ein. Mit dunkler Sonnenbrille trat er spätabends in der beliebten »Arsenio Hall Show« auf und spielte Elvis Presleys »Heartbreak Hotel« auf dem Saxophon. Das so gar nicht präsidentenhafte Bild ging durch Fernsehsender und Zeitungen im ganzen Land und brachte dem passionierten Elvis-Fan eine überraschend positive Publizität.

Parteitage

Anfang Juli war Clinton im Aufwind. In den Umfragen lagen die drei Kandidaten praktisch gleichauf, und der demokratische Parteitag in New York sollte Clinton einen weiteren positiven Schub geben. Davor konzentrierte sich sein Team auf die Auswahl eines geeigneten Kandidaten für die Vizepräsidentschaft. Von der ursprünglichen Liste von 40 Kandidaten wurden die meisten schnell eliminiert. Paul Tsongas, Mario Cuomo, Bill Bradley und Colin Powell (der schwarze Generalstabschef und Stratege des Golfkrieges) waren nicht interessiert. In die engere Auswahl kamen Lee Hamilton, ein älterer Abgeordneter aus Indiana und Experte für Außenpolitik, sowie die Senatoren Bob Graham, Harris Wofford, Bob Kerrey und Al Gore.

Nach herkömmlichen Kriterien soll der *running mate* den Präsidentschaftskandidaten ergänzen: Kommt der eine aus dem Süden, hat der andere aus dem Norden zu kommen; ist der eine jung, muß der andere älter sein. Damit wäre die Wahl logischerweise auf Hamilton gefallen. Doch Clinton wagte eine ungewöhnliche Entscheidung. Al Gore war Clintons politischer Zwilling. Er kam aus einem benachbarten Staat, war fast gleich alt und vertrat ähnliche Ansichten. In einer mehrstündigen Besprechung in Washington klickte es, und einige Tage später stellte Clinton seinen Stellvertreter samt dessen Frau und Kindern der Öffentlichkeit vor.

Die Wahl Gores war vielleicht der beste Schritt in Clintons Wahlkampf. Zwischen den beiden Männern wirkte eine Synergie, die sie gemeinsam noch attraktiver erscheinen ließ. Gore hatte sich den Ruf eines der klügsten Köpfe in Washington geschaffen. Er galt als Experte in Abrüstungsfragen, in denen Clinton jede Erfahrung fehlte. Sein massives Engagement für die Umwelt wirkte auf jugendliche Wähler und im Westen der USA. Gore machte auch einige von Clintons Schwachpunkten wett. Er hatte im Vietnam-Krieg gedient, und im Gegensatz zu Hillary blieb Tipper zu Hause, um ihre vier Kinder großzuziehen. Dennoch verstanden sich die beiden Frauen blendend. Am wirkungsvollsten war der Kontrast zwischen dem allseits respektierten Gore und dem belächelten Vizepräsidenten Dan Quayle.

Mit der Entscheidung für Gore machte Clinton auch die Generationsfrage zum Wahlkampfthema. Anstatt mit einem anderen *running mate* das eigene Image abzuschwächen, verstärkte er mit Gore die Botschaft des Neubeginns visuell und emotionell. Bei Wahlkampfauftritten und im Fernsehen waren die beiden Kandidaten der *Baby-Boom*-Generation mit ihren attraktiven Frauen und ihren blonden Kindern allein schon vom Äußeren her so etwas wie ein politisches und gesellschaftliches Programm.

Auf dem Parteikonvent Mitte Juli in New York mußte Bill Clinton – der »neue Demokrat« – beweisen, daß sich die Partei wirklich verändert hat, daß liberale Interessengruppen sie nicht mehr beherrschen und sie und der amerikanische Mittelstand die gleichen Werte teilen. Die Art, wie sich die Partei in dieser theatralischen und medienwirksamen Konferenz präsentiert, kann auf viele Jahre ihr Image prägen. Clinton und seine Anhänger mußten eine einheitliche Partei vorstellen und häßliche Flügelkämpfe vermeiden.

Die Vier-Tage-Veranstaltung im New Yorker Madison Square Garden wurde von Ron Brown, dem Parteivorsitzenden und einem Vertrauten Clintons, mit eiserner Hand geführt und perfekt inszeniert. Jesse Jackson, der in vergangenen Jahren mit Hilfe seiner in den Vorwahlen gewonnenen Delegierten Zugeständnisse von der Parteispitze erpreßt hatte, kam diesmal mit leeren Händen und wurde schnell vor die Wahl gestellt, entweder Clinton offiziell zu unterstützen oder am Parteitag nicht zu sprechen. Der schwarze Politiker gab grollend seine Zustimmung.

Auch sonst liefen die vier Abende wie am Schnürchen. Zur Hauptsendezeit sprachen Politiker, die wie Clinton eine neues Image der Partei präsentierten, während die Vertreter des linken Flügels wie Jackson oder Ted Kennedy nur im Vorprogramm auftraten. Die Botschaft war fast immer gleich: harte und publikumswirksame Attacken gegen Bush und Quayle und die Betonung bürgerlich-gemäßigter Werte wie Verantwortung, Familie und Patriotismus.

Die Nominierungsrede, die Clinton vier Jahre vorher so verpatzt hatte, hielt Cuomo, der Clinton bis zuletzt skeptisch gegenübergestanden war, mit Leidenschaft und Eloquenz. Auch Gore, der in öffentlichen Reden oft hölzern wirkte, brachte mit seiner lebendigen Rede die 4000 Delegierten zum Jubeln. Er erzählte vom schweren Autounfall, der seinen kleinen Sohn zwei Jahre zuvor fast das Leben gekostet hätte. Und wie er und seine Familie durch dieses Erlebnis gewachsen sei, könnte Amerika durch eine gemeinsame Anstrengung seine Krise überwinden. In diesen Momenten erschien der Parteitag mehr wie eine nationale Therapiestunde als eine politische Massenveranstaltung.

Am letzten Tag des Konvents feilte Clinton gerade mit Hillary und einigen Beratern an seiner Rede, als die Nachricht vom Ausstieg Ross Perots aus dem Wahlkampf kam. Der Texaner begründete diesen Schritt mit der »Revitalisierung der demokratischen Partei«, was schon fast wie eine Unterstützungserklärung klang. Perots Abtritt veränderte die gesamte Wahlstrategie. Clinton fügte in den Text einen Aufruf an die Perot-Anhänger ein, auf den Zug der Demokraten aufzuspringen.

Clintons Ansprache am Abend, die dem sentimentalen Thomason-Film über sein Leben folgte, geriet mit 55 Minuten wieder etwas zu lang, erfüllte aber sonst ihren Zweck. Clinton schnitt Themen wie Wandel, Gemeinschaft, Verantwortung und Patriotismus an. Er zitierte die Bibel und die amerikanische Verfassung, und er schloß mit einem Wortspiel auf seinen Geburtsort, das zum Slogan seines Wahlkampfes wurde: »Ich ende heute dort, wo alles für mich begann: Ich glaube noch immer an einen Ort, der Hope (Hoffnung) heißt.«

Zu den Pop-Tönen von Fleetwood Mac tanzten die Ehepaare Clinton und Gore wie auf einem Schulball, während im Saal Hunderte farbiger Luftballons in den Saal herunterschwebten. Das Lied »Don't stop« mit den Worten »Höre nicht auf, an Morgen zu denken, denn Gestern ist vorbei« wurde zur Hymne des Wahlkampfes – auch wenn Fleetwood Mac sich gegen diese Verwendung wehrten.

Vier Jahre zuvor hatte Dukakis in den Tagen nach dem Parteitag mit 17 Prozent vor Bush geführt, aber den gesamten Vorsprung in den folgenden Wochen verloren. Angesichts dieser Erfahrung hüteten sich die Demokraten vor voreiligem Optimismus, obwohl nun ein großer Teil der Perot-Wählern zu Clinton übergewechselt war. Dieser führte in den Meinungsumfragen mit einem Vorsprung von fast 20 Prozent.

Im Gegensatz zu Dukakis, der nach dem Parteikonvent der Demokraten in Urlaub gegangen war, setzten Clinton und Gore ihren Wahlkampf ohne Unterbrechung fort. Sie gingen auf Bustour durch die von der Wirtschaftskrise besonders betroffenen Industriestaaten Ohio, Illinois und Michigan – zu den Industriearbeitern, die Reagan und Bush gewählt hatten und die nun für die Demokraten zurückgewonnen werden sollten.

Bis zum republikanischen Parteitag Mitte August dominierten Clinton und Gore in den Schlagzeilen und in den Meinungsumfragen. Der Wahlkampf des Präsidenten hingegen schien nicht von der Stelle zu kommen. Die schlechten

Wirtschaftszahlen, das Fehlen einer klaren Strategie und interne Streitereien lasteten auf ihm. In dieser Situation rief Bush nach seinem alten Freund James Baker. Der Architekt des Sieges von 1988 gab Anfang August sein geliebtes Außenministeramt auf, um als Stabschef im Weißen Haus den verfahrenen Wahlkampf wieder in Schuß zu bringen.

George Bush hatte 1988 seinen Durchbruch mit einer hervorragenden Parteitagsrede geschafft. Die Republikaner hofften auf einen ähnlichen Umschwung bei dem diesjährigen Parteikonvent Mitte August in Houston.

Doch von Anfang an lief die Veranstaltung in die falsche Richtung. Die Bush-Berater wollten nach der Revolte Buchanans den rechtskonservativen Flügel der Partei wiedergewinnen. Dabei verloren sie die Kontrolle über den Parteitag. Das offizielle Parteiprogramm wurde mehrheitlich von fundamentalistischen Christen geschrieben, und dem entsprach die Forderung nach einem absoluten Verbot der Abtreibung. Buchanan, dem eine sehr attraktive Redezeit am ersten Abend angeboten worden war, sprach von einem »Kulturkrieg um die Seele Amerikas«: Die Republikaner kämpften darin gegen eine Allianz von Liberalen, Homosexuellen, Umweltschützern, Kriminellen – sowie Bill und Hillary Clinton.

Dieser Ton, der sich auch in der Rede des Predigers Pat Robertson wiederfand, prägte das Bild des Parteitages. Während die Demokraten Mäßigung und Bürgernähe vermittelt hatten, stieß die gehässige und intolerante Botschaft der Republikaner die Mehrheit der Amerikaner ab. Wie die Demokraten in den siebziger Jahren schienen die Republikaner in die Hände von extremen Interessengruppen zu geraten, die mit den Einstellungen und Werten der Durchschnittsamerikaner nicht viel gemeinsam haben.

Die Machtübernahme des rechten Flügels pervertierte die kulturelle Strategie, mit der die Republikaner in diesem Jahr wieder den Wahlkampf führen wollten. Bereits im Frühsommer, nach den Rassenunruhen in Los Angeles, hatte Vizepräsident Dan Quayle das Thema *family values* zum Kern seiner eigenen Kampagne gemacht. Er kritisierte damals die beliebte Fernsehshow »Murphy Brown«, in der sich die Titelfigur – eine erfolgreiche Fernsehsprecherin – dafür entscheidet, ein uneheliches Kind auf die Welt zu bringen. Die vaterlose Familie würde durch solche Darstellungen zur Norm gemacht, warnte der Vizepräsident. Der Zerfall der Familien und nicht die republikanische Wirtschaftspolitik sei für das Elend der *underclass* verantwortlich.

Zwar ging die Attacke gegen den Fernsehstar etwas daneben – Murphy Brown war laut Umfragen weit populärer als der Vizepräsident. Aber die Republikaner hielten am Thema der traditionellen Familienwerte fest. Sie machten so die Rassenfrage erneut zum versteckten Gegenstand ihrer Polemik.

Denn in der schwarzen Bevölkerung ist die Zahl der unehelichen Kinder besonders hoch. Überdies erlaubte das Thema auch Hinweise auf Clintons Vergangenheit als untreuer Ehemann. Der republikanische Abgeordnete Newt Gingrich erklärte sogar Woody Allen als typisch für die Einstellung der Demokraten zur Familie. Die sexuelle Beziehung des Filmemachers zu seiner koreanischen Stieftochter beherrschte im Sommer 1992 die Schlagzeilen.

Ziel dieser Polemik war vor allem Hillary Clinton. Um den Kontrast zur berufstätigen Frau des demokratischen Kandidaten hervorzustreichen, traten sowohl Barbara Bush als auch Marilyn Quayle am Parteikonvent auf und priesen die Frauen, die wie sie selbst zugunsten der Familie auf eine Karriere verzichtet hatten.

Die plumpe Kulturkampf-Strategie ging diesmal nicht auf. Die Republikaner verärgerten Millionen von Frauen, von denen die Mehrzahl nicht aus Freude an der Selbstverwirklichung arbeiten gingen, sondern weil ein Einkommen nicht mehr reichte, um eine Familie zu erhalten. Viele Frauen nahmen den Republikanern ohnehin schon die Forderung nach einem Verbot der Abtreibung übel. Dazu kamen weitere Fehltritte wie das Veto des Präsidenten gegen einen Gesetzesvorschlag, der arbeitenden Müttern zwölf Wochen Karenzurlaub garantiert hätte. Dieses Veto verstärkte den Eindruck der moralischen Doppelbödigkeit.

Viele Republikaner, die im November Clinton wählten, würden später erklären, daß ihre Abscheu gegen Buchanans Hetzrede und den Ton des Parteikonvents den Ausschlag für die Entscheidung gab. Wenige Tage nach Ende des Konvents gab Baker den Befehl, die *family values*-Rhetorik wieder fallenzulassen. Wie die Umfragen zeigten, interessierten sich die Wähler weniger für Familienwerte als für die Wirtschaftslage.

Bush selbst betonte in seiner beherzten, wenn auch etwas unzusammenhängenden Parteitagsrede seine außenpolitischen Erfolge und Erfahrung. Er warnte das Land vor Clintons Charakterfehlern und vor den Steuerplänen, die auch den Mittelstand treffen würden. Die magische Wirkung von 1988 stellte sich diesmal nicht ein. Auch in den folgenden Wochen blieb er in den Umfragen weit zurück.

Schmutziger Endspurt

Mit einem Wahlkampf, in dem es nur um die Leistungen der Regierung und um die Wirtschaft ging, konnten Bush und Baker Clintons Vorsprung kaum wieder aufholen. Daher nahmen sie die Waffen der Negativ-Kampagne aus dem Schrank, die in früheren Jahren so gut funktioniert hatten. Nachdem sie das Thema *family values* aufgegeben hatten, konzentrierten sie sich nun auf Clintons Probleme mit dem Wehrdienst. Immer wieder erzählte Bush, daß Clinton in England – auf fremdem Boden – gegen sein eigenes Vaterland demonstriert hatte, während andere junge Männer in Vietnam kämpften und starben. Das disqualifiziere ihn als Präsidenten und daher als Oberkommandierenden der US-Streitkräfte.

Die Republikaner fanden auch heraus, daß Clinton bei einer Europa-Reise im Winter 1969 auch Moskau besucht hatte. Das sei, suggerierten sie, der Beweis, daß der damalige Student mit den Feinden Amerikas zusammenarbeitete. Auch Bush benützte diese Argumentation und verlangte von Clinton, Details dieses Besuches bekanntzugeben. Die Verdächtigungen erreichten ihren Höhepunkt in einem Gerücht, demzufolge Clinton seine Staatsbürgerschaft zurückgeben wollte, um dem Wehrdienst in Vietnam zu entgehen. Beamte des Außenministeriums stöberten im Auftrag des Weißen Hauses daraufhin in Clintons Paßakten und schauten sich dabei auch gleich die seiner Mutter an.

Den Dukakis-Wahlkampf als warnendes Beispiel vor Augen, plante Clintons Team eine Gegenstrategie auf diese Taktik. Im sogenannten *war room* (Kriegsraum), der Kommandozentrale im Wahlkampfhauptquartier in Little Rock, trafen sich täglich Carville, Stephanopoulos und andere Strategen, um gefährliche Attacken zu identifizieren und auf sie zu reagieren. Die Antwort mußte binnen einer Stunde parat sein und den Medien zur Verfügung stehen, um im gleichen Nachrichtenzyklus wie der Angriff ausgestrahlt oder publiziert zu werden. Kein Körnchen Dreck, das Bush auf Clinton warf, durfte auch nur für Minuten klebenbleiben.

Dem Wahlkampfteam stand dafür die modernste Technik zur Verfügung. Die Redaktion einer aufgelassenen Zeitung war zur Wahlkampfzentrale umfunktioniert worden. Sie war vollgestopft mit Computern, die über Netzwerke mit dem ganzen Land verbunden waren, mit Satelliten-Sende- und Empfangsanlagen und natürlich mit Telefax-Geräten. Radio-Spots wurden direkt über Telefon an Sender im ganzen Land übertragen und Pressetexte innerhalb von Minuten an Hunderte Redaktionen gefaxt.

Das junge Team, von denen kaum einer über 40 war, stellten den professionellsten Wahlkampf auf die Beine, den die Demokraten je hatten. Die Veteranen auf der anderen Seite, die vorher drei Wahlsiege für Reagan und Bush organisiert hatten, waren diesem jungen Team um Carville kaum gewachsen.

Clinton und Gore konzentrierten sich in ihren Aussagen auf wirtschaftliche Themen. Um keinen Zweifel zu lassen, worum es in diesem Wahlkampf ging, hatte Carville im *war room* ein großes Schild mit der Aufschrift »Die Wirtschaft, Dummkopf« aufgehängt. Das Sanierungsprogramm der Demokraten erhielt Unterstützung von einer Reihe von Ökonomen und Spitzenmanagern von großen Unternehmen wie John Sculley von Apple Computers und John Young von Hewlett-Packard.

Experten und Kommentatoren kritisierten zwar, daß es Clinton sicher nicht möglich sein werde, seine Versprechungen zu halten und gleichzeitig Staatsausgaben zu erhöhen, das Defizit zu halbieren und dennoch Steuern nur für die reichsten zwei Prozent anzuheben. Doch trotz dieser Mängel war das demokratische Programm noch immer glaubwürdiger als die Vorschläge der Republikaner.

Das Rennen schien bereits entschieden, als Ross Perot am 1. Oktober seinen Wiedereintritt ankündigte und so eine neue Dynamik in den Wahlkampf brachte. Perot hatte nach seinem Rückzug ein detailliertes und auch schmerzhaftes Programm für die Beseitigung des Budgetdefizits veröffentlicht, in dem er drastische Ausgabenkürzungen und Steuererhöhungen forderte. Trotz dieser an sich unpopulären Vorschläge stieß er auf viel Widerhall. In den Umfragen lag er nun zwar hinten, aber mit seinem riesigen Werbebudget konnte er den beiden anderen Kandidaten entscheidende Stimmen wegnehmen.

Das komplizierte amerikanische Wahlsystem gibt einem Kandidaten, der in einem Bundesstaat die Mehrheit hat, alle Wahlmänner dieses Staates. Um Präsident zu werden, braucht er mindestens 270 der 538 Wahlmänner. Eine Wahlstrategie gleicht daher einem großen Brettspiel. Die knappen Ressourcen an Zeit und Geldern werden nicht in den Staaten eingesetzt, wo ein Kandidat einen großen Vorsprung oder überhaupt keine Chance hat. Der wirkliche Wahlkampf findet in den *swing states* statt – Staaten mit vielen Wahlmännern, die einmal republikanisch und dann wieder demokratisch wählen.

Seit 1968 hatten die Republikaner in diesem System einen natürlichen Vorteil. Die Staaten im konservativen Westen und – mit Ausnahme von Carters Sieg 1976 – auch die im Süden waren ihnen praktisch sicher. Sie konnten sich daher voll auf die kritischen Schlachten im Mittleren Westen und Nordosten konzentrieren. Doch 1992 war es anders. Clinton lag im Oktober in Dutzenden Staaten weit voraus – darunter Kalifornien, das allein 10 Prozent der Wahlmänner stellt. Bush erschien selbst in den traditionellen republikanischen Hochburgen verwundbar. Perot bedrohte ihn besonders in Texas und Florida. Bush mußte nicht nur in den landesweiten Umfragen aufholen, auch Staat für Staat mußte er seine Position massiv verbessern, wenn er die magische Zahl von 270 Wahlmänner erreichen wollte.

Bushs letzte Chance auf einen Durchbruch waren die drei Fernsehdebatten. Doch in der ersten dieser Begegnungen wirkte der Präsident defensiv und müde, und Perot stahl ihm, aber auch Clinton, mit Humor und Bauernschläue die Show. Für Clinton ging es hauptsächlich darum, wie ein zukünftiger Präsident zu wirken und keine gröberen Fehler zu machen. Beides gelang ihm, und er schaffte es auch, die Angriffe Bushs auf seine Anti-Vietnam-Vergangenheit abzuschmettern, indem er Bush dessen Vater Prescott als Beispiel gegenüberstellte, der als Senator in den fünfziger Jahren McCarthys Kommunistenhetze bekämpft hatte. Die Medien und Meinungsforscher erklärten ihn und Perot zu den gemeinsamen Siegern der ersten Debatte.

Bei der zweiten Runde stellten unentschiedene Wähler in einer Art Talk-Show Fragen an die Kandidaten. Diese Runde ging klar an Clinton, der sich in diesem Rahmen zu Hause fühlte. Erst in der dritten und letzten Debatte wirkte Bush souverän. Er beschrieb Clinton als Zauderer, der in jeder Frage immer beiden Seiten Recht geben möchte, und nannte ihn einen Politiker mit einem gestörten Verhältnis zur Wahrheit. Deshalb sei auch seinen Ankündigungen über seine Wirtschaftspläne nicht zu trauen. Entgegen seinen Versicherungen würde ein Präsident Clinton die Steuern für den Mittelstand erhöhen, warnte Bush.

Sein gutes Abschneiden in der dritten Debatte hatte Bush neuen Mut gegeben. Trotz der weiterhin schlechten Umfragen führte er ab diesem Zeitpunkt einen feurigen Wahlkampf gegen Clinton, in dem er mehrmals täglich die Slogans »Vertrauen und Charakter« wiederholte. Bush wollte Harry S. Truman nachahmen, der 1948 trotz eines massiven Rückstands in den Umfragen wiedergewählt wurde. Langsam begannen seine Attacken auch Wirkung zu zeigen. In den Zielgruppentests fanden die Demokraten bei Wählern nun wieder jene Zweifel an Clintons Charakter und jene Stereotypen des glatten und unehrlichen Kandidaten, die sie schon überwunden glaubten. Seine Negativ-Werte schnellten in die Höhe.

Im *war room* in Little Rock machte sich Angst breit. »Wenn wir verlieren, bringe ich mich zwar nicht um, aber ich denke ernsthaft daran«, rief ein übernervöser Carville. Tag für Tag schrumpfte der Vorsprung. Er fiel von rund 18 Prozent auf weniger als fünf Prozent. Nutznießer war weniger Bush als Perot, der nach dem Erfolg in den Debatten und täglichen halbstündigen Werbesendungen nun die 20-Prozent-Marke ansteuerte. Und im Bush-Lager schöpften die Strategen zum ersten Mal etwas Hoffnung. »Es hat sich gedreht. Ich glaube wir können gewinnen«, verkündete Bush-Meinungsforscher Fred Steeper.

In dieser Phase kam Clinton das Glück zu Hilfe. Perot nahm seinem Wahlkampf selbst den Schwung, als er plötzlich erklärte, daß ihn schmutzige Tricks der Republikaner im Juli gezwungen hätten, aus dem Rennen auszusteigen. Plötzlich zweifelten die Medien und Wähler an der psychischen Stabilität des dritten Kandidaten, der schon oft eine Vorliebe für paranoide Verschwörungstheorien gezeigt hatte. Die Berichte über die Durchforstung der Paßakten Clintons erzeugten wiederum den Eindruck eines kleinen Watergate-Skandals. Und die Meldung, daß dabei auch die Papiere von Clintons Mutter untersucht worden waren, drängte es den Demokraten geradewegs auf, sich über die verzweifelten Taktiken ihrer republikanischen Gegner lustig zu machen.

Der schwerste Schlag für Bush kam vier Tage vor der Wahl durch die Veröffentlichung eines Dokumentes über den Iran-Contra-Skandal. Die Aufzeichnungen des ehemaligen Verteidigungsministers Caspar Weinberger zeigten, daß Bush entgegen seinen Behauptungen sehr wohl und schon sehr früh vom Tausch Waffen gegen Geiseln gewußt haben muß.

Seine Dauerangriffe gegen den Charakter Clintons kehrten sich in den Augen vieler Wähler nun gegen den Präsidenten selbst. Alles, was er dem Demokraten vorwarf, schien auf ihn selbst zuzutreffen: Er hatte oft in entscheidenden Fragen seine Meinung geändert; er schien für nichts eindeutig zu stehen und es allen Seiten recht machen zu wollen. Und in den Iran-Contra-Untersuchungen hatte er anscheinend nicht die Wahrheit gesagt.

Auch ein anderer Skandal belastete Bush im Wahlkampf: die amerikanische Rolle in der Aufrüstung des Iraks vor dem Golfkrieg und die nachfolgende Vertuschung dieser Aktivitäten. Ross Perot schoß sich in dieser Frage immer wieder auf den Präsidenten ein, und selbst ein Vollblut-Konservativer wie der prominente *New-York-Times*-Kolumnist und ehemalige Redenschreiber Nixons, William Safire, versagte Bush deshalb die Gefolgschaft.

In den letzten Tagen vor der Wahl schien Bush mit seinen Attacken auch weit übers Ziel zu schießen. »Mein Hund Millie versteht mehr von Außenpolitik als diese beiden Clowns«, sagte er bei einer Wahlrede über seine demokratischen Rivalen. Von der Würde eines Präsidenten war in diesem Augenblick nicht mehr viel zu spüren.

Und Clinton, der sich einige Tage lang in die Schlammschlacht mit Bush verwickeln ließ, fand am Ende zu seiner ursprünglichen Botschaft zurück. »Geh hinaus und schrecke die Leute mit der Aussicht auf vier weitere Jahre einer George-Bush-Wirtschaft«, riet ihm Berater Begala. Clinton hielt sich daran. Er erhöhte – wie schon in New Hampshire – das Tempo seines Wahlkampfes, reiste in den letzten 48 Stunden unglaubliche 8000 Kilometer, hielt Reden in 14 Städten und verlor dabei seine Stimme komplett. Seine Botschaft war nur noch ein Wort – *change*.

Am Abend des 3. November war Bill Clinton gewählter Präsident der USA. Nur 43 Prozent der Wähler stimmten für ihn – den ersten Präsidenten seit Richard Nixon, der nicht die absolute Mehrheit an Stimmen erhielt. Der Grund dafür war das erstaunliche Abschneiden Ross Perots, der mit 19 Prozent das beste Ergebnis eines unabhängigen Kandidaten seit 80 Jahren einfuhr. George Bush erhielt mit 38 Prozent ungefähr so viele Stimmen, wie ihm die Meinungsumfragen seit dem Frühsommer gegeben hatten. Doch nach der Zahl der Wahlmänner war das Ergebnis viel deutlicher: Clinton und Gore siegten mit 370 zu 168 und konnten, wenn auch keinen Erdrutschsieg, so doch einen eindeutigen Erfolg für sich verbuchen.

Die Demokraten hielten im Kongreß ihre Mehrheit von 57 zu 43 Stimmen im Senat, während die Republikaner im Repräsentantenhaus neun Sitze dazugewannen und den Abstand zu den Demokraten auf 175 zu 259 Mandaten verringerten. Die Wahl brachte über hundert neue Gesichter, doppelt so viele Frauen und auch viel mehr Schwarze in den Kongreß. Erstmals seit Carter werden nun das Weiße Haus und der Kongreß von der gleichen Partei kontrolliert.

Die Demokraten gewannen in allen Altersstufen, aber besonders bei der Jugend. Wähler unter 24 entschieden sich 47 zu 31 Prozent für Clinton. Bei den Männern siegten sie knapp – und viel eindeutiger bei den Frauen. Sie dominierten im Nordosten, in den Industriestaaten des Mittleren Westen und an der Pazifikküste und teilten sich mit Bush und Quayle den Süden. So unterschiedliche Staaten wie Kalifornien und New Hampshire stimmten für Clinton. Und erstmals seit 1964 erhielt ein Demokrat praktisch so viele Stimmen von weißen Wählern wie sein republikanischer Gegner.

Es war ein Wahlkampf wie kein anderer je zuvor. Die »neuen Medien« – wie Kabelfernsehen und Talk-Shows – haben die Technik des Stimmenfangs ähnlich stark verändert wie der Beginn von Fernsehübertragungen und Werbespots drei Jahrzehnte zuvor. Perots Erfolg hat bewiesen, wie sehr die Parteien im Fernsehzeitalter an Bedeutung verloren haben. Hätte sich Perot im Juli nicht zurückgezogen, wäre er im November wahrscheinlich ein ernsthafter Bewerber um das Präsidentenamt gewesen – vielleicht sogar der Favorit. Durch seinen Ausstieg hat er diese Chance vergeben. Die Frage, ob ein unabhängiger Kandidat wirklich zum US-Präsidenten gewählt werden könnte, blieb dadurch unbeantwortet.

Die Flut an Interviews und Talk-Shows, in denen Wähler den Kandidaten per Telefon Fragen stellen konnten, hat zu einer deutlichen Übersättigung der Öffentlichkeit geführt. In den nächsten Jahren wird es deshalb wohl Anstrengungen geben, zumindest die absurde Dauer des US-Wahlkampfes zu verkürzen. In keinem anderen Land der Welt müssen Präsidentschaftskandidaten mehr als ein Jahr lang ununterbrochen Wahlkampf betreiben.

Aber die Wahlen von 1992 brachten auch positive Entwicklungen. Clintons Sieg bewies, daß man mit einem seriösen Wahlkampf auch gegen einen Kandidaten gewinnen kann, der sich lieber auf schmutzige Tricks und Unterstellungen verläßt. Erstmals seit Jahren konzentrierte sich die politische Diskussion auf konkrete Programme und wurde nicht von leeren Slogans bestimmt. Während die Kabelsender ständig Live-Auftritte der Kandidaten übertrugen, boten die traditionellen Medien – die großen Fernsehsender, die Zeitungen und die Nachrichtenmagazine – verstärkt Analysen und Hintergrundberichte. In keinem Wahlkampf bisher wurde jede Entwicklung – ja jede Rede – so schnell und so intensiv von allen Seiten analysiert und interpretiert.

Das deutlichste Zeichen dafür, daß Amerikaner sich wieder mehr für Politik interessieren, war die erstmals seit 1960 wieder gestiegene Wahlbeteiligung. Sie ging vom Rekordtief von knapp über 50 Prozent im Jahre 1988 hoch auf rund 54 Prozent. Auch dazu hat Perot viel beigetragen, indem er neue Wählerschichten mobilisierte. Ausschlaggebend aber war das Gefühl vieler Amerikaner, daß der Ausgang dieser Wahlen ihr Leben und ihre Zukunft direkt berühre.

Die Wahlen waren in erster Linie eine Absage an George Bush. Die republikanische Wählerkoalition, die die konservative Mittelschicht mit den Vertretern der großen Wirtschaftsinteressen verband, war zerbrochen. Maßgeblich dafür war die Wirtschaftskrise, die unbefriedigende Führung durch Bush und die Abkehr der Republikaner von der gemäßigten Mitte in kulturell-gesellschaftlichen Fragen.

Die bewährte Kulturkampf-Strategie verfehlte diesmal ihr Ziel, auch wenn die Attacken gegen Clinton in der Endphase Wirkung zeigten. Bush hat die Partei wieder dorthin geführt, wo sie 1964 begann: als Vertretung der Reichen, der religiösen Rechten und der erzkonservativen Wähler im Westen. Ihre Wiederbelebung als attraktive politische Bewegung wird eine der schwierigsten Aufgaben der nächsten Jahre sein.

Bill Clinton hat die Wahl gewonnen, weil er das glaubwürdigere Programm für einen wirtschaftlichen Neubeginn vorlegte, weil er die demokratische Partei auf einen neuen, gemäßigteren Kurs trimmte und weil er – indem er mit Al Gore sein politisches und soziales Ebenbild zu seinem *running mate* ernannte – die Ablöse einer alten durch eine neue Generation in Aussicht stellte.

Schließlich hat Clinton auch deshalb gesiegt, weil er einfach den besseren Wahlkampf führte, sich mit Intelligenz und Entschlossenheit von jedem

Rückschlag erholte und sich dabei dennoch immer als vertrauenswürdiger zukünftiger Präsident präsentierte. Wie ein nobel verlierender Dan Quayle in der Wahlnacht zu seinen Anhängern bemerkte: »Wenn er das Land so führt wie den Wahlkampf, dann wird es gut gehen.«

Clinton gelang es, die Basis für eine neue demokratische Wählerkoalition zu schaffen, die die Mehrheit der weißen Mittelschicht – und insbesondere Frauen – wieder mit linksliberalen Gruppen und Minderheiten zusammenbringt. Entscheidend dafür war, daß der Wunsch nach Veränderung weite Teile der Gesellschaft erfaßt hatte und auf diese Weise unterschiedlichste Gruppierungen in einer temporären Interessengemeinschaft verband. Clinton erleichterte diesen Prozeß, indem er beide Sprachen beherrscht – die Sprache der konservativen Kleinstadtwelt und der liberalen Reformer. Der große Hunger der Demokraten nach einer Rückkehr an die Macht hat die Partei einen gemäßigteren Kandidaten mit einem konservativeren Programm schlucken lassen, als sie es in früheren Jahren akzeptiert hätte.

Es ist ein zerbrechliches Bündnis. Es kann sich wieder auflösen, wenn Clinton in den nächsten vier Jahren die Hoffnungen seiner Wähler nicht erfüllt. In erster Linie muß es ihm gelingen, jene Wähler zu gewinnen, die – von der herkömmlichen Politik enttäuscht – für Ross Perot gestimmt haben. Clinton muß ihnen beweisen, daß er in Washington die Macht der Interessengruppen brechen kann, um seine Reformprogramme durchzubringen. Er muß die Wirtschaft wieder auf einen Kurs bringen, der den Bürgern das Gefühl der Sicherheit und die Aussicht auf einen wachsenden Lebensstandard gibt. Und Clinton muß schließlich zeigen, daß er trotz fehlender außenpolitischer Erfahrung die Interessen der USA in der Welt vertreten kann.

Die Wähler haben ein klares Mandat für eine Kursänderung gegeben, doch ließen sie auch Zweifel offen, ob Bill Clinton der richtige Mann ist, um diesen Wandel durchzuführen.

Clintons Führungsstil – Der beste Verkäufer in Washington

Charakter und Politik

In keiner westlichen Demokratie wird der Persönlichkeit des Staats- oder Regierungschefs so viel Aufmerksamkeit geschenkt wie in den USA. Ganze Studienrichtungen beschäftigen sich mit Psychologie und Führungsstil der Präsidenten.

In keiner anderen Demokratie spielen diese persönlichen Faktoren auch eine so große Rolle. Bei Wahlen ist die Einschätzung des Charakters eines Kandidaten mindestens so wichtig wie seine politischen Ansichten. Und die jüngere Geschichte bietet viele Beispiele dafür, wie sehr Persönlichkeit über Erfolg und Mißerfolg eines Präsidenten entscheidet.

Was für ein Präsident ist Bill Clinton? Ist er ein zweiter Jimmy Carter, weltpolitisch unerfahren, der sich in Details verzettelt und in Washington an den bestehenden Mächten und Interessengruppen scheitern wird?

Anders als der erste Präsident aus dem Süden kommt Clinton weder in Unkenntnis noch als Feind des politischen Establishments nach Washington. Carter hatte kaum Kontakte zur nationalen politischen Szene und lehnte ihre Kultur sowie ihre Mechanismen als korrupt und unmoralisch ab. Er stützte sich hauptsächlich auf seine eigenen Leute aus Georgia, die diese Einstellung mit ihrem Chef teilten und ihm dadurch auch nur wenig helfen konnten.

Clinton kennt Washington aus seinen Studententagen und hat auch während seiner Zeit in Arkansas immer Freundschaften und Verbindungen mit Politikern in der US-Hauptstadt gesucht. Seine Funktion im DLC brachte ihn mit einigen der einflußreichsten Senatoren zusammen, und als Sprecher der Gouverneure lernte Clinton aus eigener Erfahrung, wie man in der nationalen Politik Gruppeninteressen durchsetzt.

Jimmy Carter sandte bald nach seinem Amtsantritt Dutzende Gesetzesvorlagen in den Kongreß und erwartete, daß sie ihrem Inhalt entsprechend behandelt werden. Er hatte eine persönliche Abneigung gegen die Beeinflussung von Abgeordneten und weigerte sich, zu den Parteiführern im Kongreß allzu enge persönliche Kontakte herzustellen. Dabei brüskierte er potentielle Verbündete, die er später bitter benötigt hätte.

Clinton hat die Kunst der Überzeugungsarbeit in seinen zwölf Jahren in Arkansas gelernt. Seit seiner Jugend setzt er viel Energie ein, um die Freundschaft von Leuten zu gewinnen, die für ihn wichtig sind. »Clinton hat Stärken, die Carter fehlten«, meint Betty Glad, Professorin für Politik an der University of South Carolina und Autorin einer Carter-Biographie. »Er ist erstklassig im Umgang mit Menschen. Carter war das nie. Clinton pflegt die Beziehungen zu den Menschen wie das Kennedy das getan hat, und er wird von ihnen gemocht. In dieser Hinsicht ähnelt er Roosevelt.« Mit Franklin D. Roosevelt verbindet ihn auch seine Meisterschaft im Improvisieren. Wenn sich die Lage ändert, ist auch Clinton bereit, seine Pläne und Meinungen zu ändern.

Andere Experten sehen stärkere Parallelen zu Lyndon B. Johnson. Dieser war wie Clinton ein progressiver Vollblutpolitiker aus dem Süden, der mit Leidenschaft auf Kongreßabgeordnete einredete, bis sie seinen Vorlagen endlich zustimmten. So wie Johnson liebt auch Clinton die Macht und strebt sie mit allen Mitteln an. Aber in anderer Hinsicht sind die Ähnlichkeiten gering. Clinton hat nichts von jeder Unsicherheit gegenüber Intellektuellen und gegenüber Menschen aus der Oberschicht, die Johnson auf unangenehme Weise prägte. Clinton weiß, daß er mit seinem Südstaatler-Charme die Yankees aus dem Norden für sich gewinnt, und fühlt sich ihnen vollkommen ebenbürtig.

Das Bild, das in Gesprächen mit Freunden, Mitarbeitern und Gegnern vom neuen Präsidenten entsteht, ist vielschichtig und einfach zugleich. Clinton ist ehrgeizig, in einem Maße wie wenige Leute seiner Generation. In dieser Hinsicht wird er vielleicht nur noch von seiner Frau Hillary übertroffen. Diese ist so ehrgeizig, daß sie bei Gesellschaftsspielen von ihren Freunden immer wieder daran erinnert werden muß, daß es nur ein Spiel ist. Clinton setzt sich Ziele und verfolgt sie mit Verbissenheit. Jede Schwierigkeit und jeder Rückschlag sind für ihn eine neue Herausforderung, die er mit Leidenschaft annimmt. Doch vor großen Niederlagen hat Clinton Angst. Er hat in seinem Leben auch nur wenige von ihnen erlebt.

Ein wichtiger Teil seines Ehrgeizes resultiert aus dem Wunsch, von allen Menschen geliebt zu werden – sogar von politischen Gegnern. Um diese Zuneigung zu erhalten, neigt Clinton dazu, es allen Menschen recht machen zu wollen. Entscheidungen, die jemanden verärgern könnten, zögert er gerne hinaus oder vermeidet sie am liebsten ganz. Er haßt Konflikte. Wenn sie in seiner Umgebung auftauchen, versucht er zu vermitteln und Kompromisse zu finden. »Es gibt keinen Streit in dieser Welt, in dem Clinton nicht gerne vermitteln würde«, meint seine langjährige Mitarbeiterin Betsey Wright.

In seiner Politik scheint Clinton oft nach den Regeln des Management-Bestsellers *Getting to Yes* zu arbeiten. Es ist eine Anleitung der beiden Harvard-Professoren Roger Fisher und William Ury zum konstruktiven Verhandeln. Die Strategie, die sie empfehlen, beruht darauf, daß man in den Verhandlungen nie persönlich wird, gemeinsame Interessen und nicht unvereinbare Positionen betont, möglichst nach objektiven Kriterien entscheidet und in verfahrenen Situationen kreative Lösungen entwickelt. Selten ist es Clintons Ehrgeiz, einen politischen Disput zu gewinnen. Er will eine vernünftige Lösung, und wenn er diese erreicht hat, erklärt er sich in der Öffentlichkeit zum Sieger.

In Arkansas ist Clinton vielen Konflikten aus dem Weg gegangen, wenn sie ihm politisch kostspielig erschienen – zum Beispiel in der Abtreibungsfrage und in der Umweltpolitik. Als Preis für die Verwirklichung seiner wichtigsten Ziele verzichtete er auch auf Teile seiner Programme. »Seine Einstellung war, ›Besser den Spatz in der Hand als die Taube auf dem Dach‹, und er schloß so lange Kompromisse, bis er die nötige Zustimmung erhielt«, erzählt Knox Nelson, ein konservativer Abgeordneter in Litte Rock. »Vielleicht beschwichtigt er etwas zuviel«, meint dazu Carter-Biographin Betty Glad.

Eine typische Clinton-Initiative verläuft oft nach folgendem Muster: Clinton wird sich eines Problems bewußt und verkündet öffentlich, welche Maßnahmen er ergreifen möchte. Daraufhin kommt es zu einem Aufschrei bei betroffenen Gruppen, die Clinton nun bestürmen, die Pläne fallenzulassen. Dieser hört ihnen zu, verschiebt seine Entscheidung, wägt ab, zieht weitere Berater hinzu oder übergibt die Sache einer Studienkommission. Nach einiger Zeit schlägt er ein abgewandeltes Programm vor, das nur Teile der ursprünglichen Absichten beinhaltet. Das setzt er dann mit nur wenigen Abstrichen durch und überwindet dabei den letzten Widerstand.

Bereits wenige Tage nach seiner Wahl zum Präsidenten bot Clinton ein Beispiel dieser Art: Sein Wahlkampfversprechen, den Bann gegen Homosexuelle in der Armee aufzuheben, stieß auf massiven Widerstand im Militär und im Kongreß. Clinton gab sofort Pläne für ein rasches Handeln auf und versprach, die Einwände untersuchen zu lassen, daß Homosexuelle die Kampfkraft und Geschlossenheit der Truppen schwächen würden. Damit enttäuschte er die Homosexuellen-Verbände, die seine Kandidatur massiv unterstützt haben.

Aber was wie Schwäche wirkt, kann sich letztlich als vernünftigste Gangart entpuppen. Denn eine rasche Aufhebung einer jahrzehntealten militärischen Bestimmung würde Clinton viel politisches Kapital kosten und ihm Feinde schaffen, die er derzeit nicht brauchen kann. Früher oder später wird Clinton die Armee für homosexuelle Männer und Frauen öffnen – aber erst, nachdem er im Militär die notwendige Überzeugungsarbeit geleistet hat.

Doch Clinton kann auch hart sein, wenn es die Situation fordert. In Arkansas hat Clinton immer wieder mächtige Interessenverbände herausgefordert – die Lehrer, die Nationale Schußwaffenvereinigung NRA, die Lobbyisten – und selbst Jack Stephens, Chef der großen Investmentbank Stephens Inc. und der mächtigste Finanzmann des Staates. Sie alle haben im Laufe der Jahre seine Festigkeit zu spüren bekommen. Auch die Entscheidung, seinen Bruder Roger ins Gefängnis zu schicken, wird von Freunden und Anhängern gerne als Beweis für seine Charakterstärke angeführt.

Hinter all seiner Freundlichkeit verbirgt sich eine andere Seite in Clintons Persönlichkeit – seine Neigung zu Wutausbrüchen. Das einzige Mal, daß die Öffentlichkeit Zeuge eines solchen Ausbruches wurde, war, als im Vorwahlkampf Clinton die Falschmeldung gegeben wurde, daß Jesse Jackson seinen Rivalen Tom Harkin die Unterstützung gegeben hat. »Das ist ein ganz gemeines, hinterhältiges Doppelspiel«, schrie Clinton, ohne zu merken, daß eine Fernsehkamera lief. Seine Mitarbeiter berichten, daß solche Wutanfälle in der letzten Phase des Wahlkampfes – oft nur wegen kleiner Mißverständnisse – zur Tagesroutine gehörten.

Aber sein Zorn verraucht so schnell, wie er gekommen ist. Clinton ist überhaupt nicht nachtragend, was ihm nebenbei immer neue Möglichkeiten für Verbündete und Allianzen schafft. Er fordert Perfektion von seinen Leuten, ist aber immer wieder bereit, Fehler zu verzeihen. Wenn es darum geht, schlechte Mitarbeiter loszuwerden, schreitet meistens Hillary ein, die weniger Skrupel beim Umgang mit Menschen kennt. Sie war es, die laut Schilderung von Mitarbeitern im Frühsommer 1992 den Wahlkampfvorsitzenden Mickey Kantor entmachtete.

In zwischenmenschlichen Beziehungen zeigt Clinton viel Einfühlungsvermögen. Er vermittelt Menschen das Gefühl, ihre Probleme zu verstehen und auf ihrer Seite zu sein. Das kann gelegentlich zu Enttäuschungen führen. Viele Menschen in Arkansas erzählen, daß er ihnen etwas zugesagt hat, ohne sich später daran zu halten. »Er kann dir in die Augen schauen und dich davon überzeugen, daß er genau das macht, was er dir gerade gesagt hat. Und dann macht er das Gegenteil davon«, erzählt Carolyn McGowan, eine Republikanerin und ehemalige Landesschulbeamtin.

Doch andere sehen darin nicht Heuchelei, sondern ein Mißverständnis. Wenn Clinton Anteilnahme zeigt, bedeutet das nicht, daß er automatisch zustimmt, erläutert seine Frau Hillary: »Er ist ein so netter Mensch, daß die Leute sich denken, er muß wohl schwach sein. Wenn er sie dann überrascht, sind sie verärgert, daß sie sich geirrt haben.« Roosevelt soll ein ähnliches Problem gehabt haben: Wann immer er »gut, gut« sagte, dachten die Gesprächspartner, er stimme ihnen zu. Dabei wollte er bloß, daß sie weiterreden.

Es gibt aber Beispiele, daß Clinton ein festes Versprechen eindeutig später gebrochen hat. Der bekannteste Wortbruch machte ihn zum Präsidenten: Als er sich 1990 für die fünfte Amtszeit als Gouverneur bewarb, versicherte er den Bürgern von Arkansas, sich 1992 nicht für die Präsidentschaft zu bewerben. Einige Monate nach dieser Wahl begann er aber schon mit den Vorbereitungen für eben diese Kandidatur.

Kritiker behaupten, daß Clinton überhaupt ein Problem mit der Wahrheit hat. Fest steht, daß er unangenehmen Fragen gerne aus dem Weg geht und dann ausweichend antwortet. Einmal in die Defensive gedrängt, sagt Clinton gerade soviel wie nötig und manchmal etwas weniger. In seinen Erklärungen über seinen Wehrdienststatus im Sommer und Herbst 1969 hat zwar Clinton nie etwas ausdrücklich Unwahres gesagt, entscheidende Details aber immer wieder ausgelassen. Clinton reagiert in solchen Momenten wie ein verschämter Schulbub, der vom Lehrer zur Rede gestellt wird.

Die herausragende Eigenschaft Bill Clintons ist seine Intelligenz. Nach Erzählungen sowohl von Freunden als auch Gegnern hat er ein unglaublich rasches Auffassungsvermögen, ein ausgezeichnetes Gedächtnis und analytische Fähigkeiten, die immer wieder Erstaunen und Bewunderung auslösen. Er ist ein besessener Leser, der von Belletristik bis zu technischen Abhandlungen alles verschlingt, was ihm in die Hände kommt. In seinen ersten Begegnungen mit Kongreßabgeordneten und Senatoren nach der Wahl erzählten Beobachter, daß Clinton über viele Themen mehr wußte als Gesprächspartner, die sich seit Jahren mit diesen Fragen beschäftigen.

Clinton erwartet ein ähnliches Wissen von seinen Mitarbeitern und umgibt sich gerne mit intelligenten Menschen. Er sucht ihren Rat, hört ihnen zu und akzeptiert ihre Argumente, wenn er sie überzeugend findet. Im Little Rock und im Wahlkampf beriet er sich mit Dutzenden Experten, bevor er einen Entschluß faßte. In Washington, wo Tausende Fachleute mit Vorschlägen und Studien bereitstehen, könnte diese Arbeitsweise aber Entscheidungen arg verzögern.

Clinton hat auch keine Angst vor starken und intelligenten Frauen. In seiner Jugend war seine Mutter die wichtigste Bezugsperson, und Hillary – die Partnerin der letzten zwanzig Jahre – ist ihm intellektuell wahrscheinlich noch etwas überlegen. Clinton ist in einer Zeit groß geworden, in der der Feminismus politisch wichtig wurde. Er glaubt wirklich an die Gleichberechtigung der Frau, und unter ihm sollte die amerikanische Politik ihren letzten Attribute des *Machismo* verlieren. Sein Triumph fällt nicht zufällig mit dem Einzug so vieler Frauen in den Kongreß zusammen, die sich in den letzten Jahren in der Lokalpolitik hochgearbeitet haben.

Clinton ist bis heute der Musterschüler geblieben, der er bereits in Hot Springs war. Er versucht, aus seinen Fehlern zu lernen, und reagiert auf Kritik meist mit dem Vorsatz, sich zu bessern. Seine zweite Amtszeit als Gouverneur war im Grunde ein einziger Versuch, die Mißgriffe der ersten wiedergutzumachen. Clinton lernt auch aus den Irrtümern von anderen. Seine Strategie im Präsidentenwahlkampf basierte darauf, in jeder Situation anders als Michael Dukakis zu handeln, und in der Übergangsphase zwischen Wahl und Amtsantritt war Clinton sichtlich bemüht, die Fehler früherer Präsidenten – und besonders die von Carter – nicht zu wiederholen.

Als Präsident wird Clinton viele seiner Angewohnheiten aus Arkansas beibehalten. Er ist ein typischer *workaholic*, der bis zu 16 Stunden am Tag arbeitet und dann bis in die Nacht Besprechungen abhält, diskutiert, telefoniert oder liest. In der Früh braucht er einige Zeit, um geistig anzuspringen. Zwar geht er täglich joggen, um seinen etwas zu dicken Bauch abzutrainieren. Aber er haßt Termine, die vor neun Uhr morgens angesetzt sind. Im Wahlkampf wachte er immer erst nachmittags wirklich auf und hielt seine eindrucksvollsten Reden in den Nachtstunden. Wenn sich um zwei Uhr früh alle seine Begleiter nur noch nach dem Bett sehnten, entschied Clinton, noch irgendwo eine Ansprache zu halten. »Wir wollen schlafen,« riefen ihm die Journalisten im Wahlkampfbus dann zu.

Der eine Platz, wo man Clinton am seltensten antreffen wird, ist sein Schreibtisch im *Oval Office* des Weißen Hauses. »Er ist von seiner Natur her nicht fähig, längere Zeit an einem Schreibtisch zu sitzen«, beschreibt Wright ihren früheren Chef. In Little Rock tauchte er in den Büros von Abgeordneten und anderen Personen auf, von denen er etwas wollte, plauderte in den Gängen oder verbrachte viele Stunden im Parlament – überall war er zu finden, nur nicht in seinem Büro.

Clinton hält sich auch nur ungern an Termine. Er unterbricht spontane Gespräche nicht, bloß weil eine andere Verpflichtung auf ihn wartet. Wahlveranstaltungen fanden deshalb meist mit vielen Stunden Verspätung statt, und seine Mitarbeiter haben gelernt, ausreichend Pufferzeit in seinen Terminkalender einzubauen.

Für George Bush endete der Wahlkampf am Tag nach seiner Wahl, bei Bill Clinton hört er nie auf. Seit seinem Comeback als Gouverneur 1982 sieht Clinton Regierungsarbeit als fortwährenden Wahlkampf, in dem Menschen überzeugt und Unterstützung gefestigt werden muß. In Arkansas setzte er sogar Fernsehwerbung ein, um die Menschen von seiner Bildungsreform zu überzeugen. Die Bereiche Politik und Regieren, die Bush vollkommen getrennt sieht, sind für Clinton eng miteinander verbunden.

Seine Präsidentschaft wird von einer Fülle von Pressekonferenzen, Wählerversammlungen, Besuche bei Durchschnittsfamilien, Auftritten in Talk-Shows, Radioansprachen und medienwirksamen Treffen mit so ziemlich jeder Interessengruppe, die in der Politik eine Rolle spielt, geprägt sein. Bei seinem ersten Besuch in Washington nach der Wahl ging Clinton in ein schwarzes Armenviertel, wo er den gleichen Charme einsetzte wie am Kapitol, dem Sitz des Kongresses.

Auch der große Wirtschaftsgipfel, den Clinton noch in der Übergangszeit nach Little Rock einberief, war bereits Teil seines »zweiten Wahlkampfes«. Er brachte wenige neue Ideen und Lösungsansätze. Aber die 19stündige Konferenz erlaubte Clinton, sich der Unterstützung verschiedener Gruppen für seine Programme zu versichern und dem Land zu zeigen, daß der neue Präsident sich mit den Problemen der Bevölkerung vom ersten Tag an auseinandersetzt. Und Clinton hat bewiesen, daß er über manche Wirtschaftsfrage mehr weiß als Ökonomen und Manager.

Einfache Bürger konnten bei dieser Konferenz dem gewählten Präsidenten oder den Vortragenden per Telefon Fragen stellen. Clinton übernahm dabei die Rolle der Fernseh-Talk-Show-Master à la Larry King, die im Wahlkampf eine so wichtige Rolle gespielt hatten. Den Telefonanschluß zum Ortstarif, den Jerry Brown und Ross Perot zum modernsten Instrument der Wahlkampftechnik gemacht haben, will Clinton auch im Weißen Haus einrichten und so einen direkten Draht zu den Wählern behalten. »Das sind Einrichtungen, mit denen der Zynismus (in der Bevölkerung) gebrochen werden kann«, meint Betsey Wright. Auch weitere Bustouren durch die amerikanische Provinz sind bereits geplant.

Clinton ist ein durch und durch extrovertierter Mensch, für den Politik in erster Linie Kontakt mit Menschen bedeutet – mit Mitarbeitern, Abgeordneten und natürlich mit Wählern. Er liebt das Bad in der Menge, kann keiner Hand widerstehen, die zu schütteln ist, und wirkt dabei eher wie ein Rockstar als ein Staatsmann. Bei seinen Wahlkampfauftritten gehörten kreischende Frauen bald zum typischen Bild. In diesen Momenten wird Clinton wirklich das, als was er sich im Spaß gerne bezeichnet – eine Reinkarnation seines Idols Elvis. Er ist einer der wenigen Politiker, die an einem Wahlkampf im amerikanischen Stil Vergnügen finden. Für die Leibwächter des Weißen Hauses aber ist jeder Tag seiner Präsidentschaft ein Alptraum.

Ronald Reagan liebte den genau vorbereiteten Fototermin. Clinton hält es eher mit spontanen Auftritten, die weniger professionell, dafür aber menschlicher wirken. In direkten persönlichen Begegnungen kommuniziert er besser als in vorbereiteten Reden. Wie viele Südstaatler mag Clinton physischen Kontakt zu Menschen. Er umarmt männliche und weibliche Freunde mit einer Natürlichkeit, die besonders Menschen einer älteren Generation fremd ist. Er blickt seinen Gesprächspartnern so tief in die Augen, als ob er sie hypnotisieren wollte. Für Clinton hat Politik erotische Untertöne, und das macht ihn seit Kennedy zum ersten US-Präsidenten mit Sex-Appeal. »Die Sache ist nicht«, so ein Clinton-Kenner, »daß er Frauen verführt. Er verführt jeden.«

Clinton hat auch das große Talent, mit Sprache und Mimik die Zuhörer zu fesseln und für jedes Publikum den richtigen Tonfall zu finden, ob für Wall-Street-Banker, weiße Industriearbeiter oder arme Schwarze. »Er weiß genau, wo in den Köpfen seines Publikums die Hebel sind, und er setzt jede Frage dafür ein, gleich mehrere solcher Hebel zu betätigen«, sagt Paul Greenberg, sein Kritiker aus Arkansas.

Die Begeisterung für zwischenmenschliche Beziehungen wird auch Clintons Außenpolitik prägen. In dieser Hinsicht ähnelt er seinem Vorgänger Bush, der Weltpolitik in erster Linie mit seinem prallgefüllten Telefonbuch betrieb. Auch Clinton wird sich auf persönliche Bekanntschaften mit Staatsoberhäuptern und wichtigen Politikern in aller Welt stützen, um eine Führungsrolle aufzubauen. Bush kannte die Mächtigen der Erde bereits, als er sein Amt antrat; Clinton wird sie in kürzester Zeit kennenlernen.

Auch wenn europäische und besonders asiatische Politiker seiner extrovertierten und informellen Art, die ins Klischee des oberflächlichen Amerikaners paßt, am Anfang skeptisch gegenüberstehen, dürfte Clinton auch auf dem internationalen Parkett die Menschen mit seinem jungenhaften Charme für sich gewinnen. Die bereits von Reagan eingeführte Übung, die Mächtigen der Welt mit dem Vornamen anzureden, wird auch Clinton beibehalten.

Wenn Clinton nicht gerade Schultern klopft, dann beschäftigt er sich mit den Details der Staatskunst. »Er ist einer der wenigen Politiker, die eine große Vision mit politischem Geschick verbinden«, erläutert Fred Greenstein, ein Politologe an der Princeton University und ein Mitglied jener Zunft, die Persönlichkeit und Führungsstil der Präsidenten sezieren. »Er ist Vollblutpolitiker und Technokrat in einem. Für jedes Problem hat er einen Drei-Punkte-Plan.«

Clinton und Gore gelten beide als *policy wonks*, die sich gerne in komplexe technische Fragen vertiefen und selbst die größten Experten in ihrem Wissen übertreffen möchten. Clinton fordert in Sachfragen detaillierte Information und unterschiedliche Standpunkte. Er sieht Mehrdeutigkeit in fast jedem politischen Problem und lehnt einfache Lösungen ab, die wichtige Aspekte außer acht lassen. Doch was seine Freunde als vernünftige, überlegte Vorgehensweise sehen, ist für Kritiker pure Entscheidungsschwäche.

Clintons Interesse an Details hat auch Befürchtungen ausgelöst, daß er Carters Vorbild als Mikromanager folgen könnte. Carter verwendete viel seiner Zeit und Intelligenz auf nebensächliche Fragen – wie jene nach der optimalen Nutzung der Präsidentenlimousinen. Wird auch Clinton vor lauter technischen Bäumen den politischen Wald nicht mehr sehen?

Seine Mitarbeiter sehen diese Gefahr nicht. Steve Smith, sein Stabschef in der ersten Amtszeit als Gouverneur, glaubt, daß Clinton nur deshalb mit Details so besessen erscheint, weil er sich so schnell in Themen einarbeiten kann. Aber als Gouverneur war er auch fähig, sich auf die großen Themen wie Bildung und Arbeitsplatzbeschaffung zu konzentrieren und nebensächliche Fragen seinen Untergebenen zu überlassen. Als Präsident will sich Clinton, wie er selbst sagte, »wie ein Laserstrahl« auf die Wirtschaft konzentrieren.

Dennoch möchte Clinton auch im Weißen Haus ein *Hands-on*-Manager sein – ein Chef, der zupackt und in allen Fragen die letzte Entscheidung trifft. Im Gegensatz zu Reagan oder Bush, die durch ihren Stab von der politischen und gesellschaftlichen Umwelt oft abgeschirmt wurden, läßt Clinton eine solche Isolierung nicht zu.

Die Clinton-Regierung wird schon auf Grund der unterschiedlichen Präsidenten-Persönlichkeiten viel aktiver als die Vorgänger-Regierung sein. Clinton kann nicht stillsitzen, weder physisch noch politisch. Er glaubt fest daran, daß Regierungsprogramme, wenn sie intelligent entworfen und ordentlich ausgeführt werden, das Land reicher und die Bevölkerung glücklicher machen können. Doch für radikale Programme und Lösungen hat er nichts übrig. Dazu ist ihm die Komplexität und Vielschichtigkeit jedes Problems zu sehr bewußt.

Wie wird Clinton auf eine weltpolitische Krise reagieren? Der Gouverneur von Arkansas hat keine direkte Erfahrung mit Invasionen oder Geiselnahmen, aber im Juni 1980 erlebte er seine kleine Kubakrise – den Aufstand der Kuba-Flüchtlinge, die von der Regierung Carter in einer Kaserne in Arkansas interniert wurden. Obwohl ihm dieses Ereignis politisch schadete, geben ihm Beobachter von damals erstaunlich gute Noten als Krisenmanager. Während der gewalttätigen Konfrontation zwischen den Kubanern und der Polizei behielt der damals 33jährige Gouverneur seine Ruhe, holte sich Rat bei Militärs und traf dann klare Entscheidungen, um die Ordnung wiederherzustellen.

»Clinton hat eine sehr angespannte Situation wie ein erfahrener Soldat gemeistert«, erzählt Generalmajor James Ryan, damals Stabschef der Nationalgarde von Arkansas. »Ich hatte ihn noch nie zuvor in einer so schwierigen Situation gesehen und wußte nicht, wie er reagieren würde. Ich hatte nicht erwartet, daß er Rat so rasch akzeptiert und die ganze Situation so schnell begreift.«

Eine ähnliche Beschreibung stammt von Jack Moseley, dem einzigen Journalisten, der während des ganzen Verlaufs der Unruhen bei Clinton war. »Er hat unglaubliche Stärke bewiesen. Er übernahm Verantwortung und traf Entscheidungen. Er handelte verantwortlich. Er hörte dem Militärkommandanten zu und arbeitete mit dem Weißen Haus und dem Pentagon zusammen.«

Danach machte Clinton einen politischen Fehler, der auch typisch für seine Person war: Er setzte auch nach den Unruhen die Zusammenarbeit mit Präsident Carter fort, der ihm das Problem eingebrockt hatte. Als Carter entgegen seinen Versprechungen im August 1980 weitere kubanische Flüchtlinge nach Arkansas verlegen wollte, versuchte ihn Clinton zwar davon abzuhalten, doch gab er am Ende nach. Die Wähler waren auf die Regierung in Washington wütend und verziehen ihrem Gouverneur seine Kompromißbereitschaft nicht. Einige Monate später wählten sie ihn ab.

Der Kongreß und die Lobbies

Clinton hat Paul Tsongas und Jerry Brown in den *primaries* bezwungen, George Bush und Ross Perot in den Präsidentenwahlen besiegt. Doch sein schwerster Kampf steht ihm noch bevor – die Auseinandersetzung mit dem Kongreß und den Lobbies von Washington. Interessenverbände sind in der amerikanischen Öffentlichkeit zum Sündenbock für alle Probleme des Landes geworden. Ross Perot baute seine Kandidatur auf den Widerstand gegen die Lobbyisten auf, die seiner Meinung nach im Namen ihrer Klienten – Unternehmen, Berufsverbände oder ausländische Regierungen – durch Einflußnahme und große Wahlkampfspenden die Demokratie zersetzen.

Diese Polemik gegen die Sonderinteressen und ihre Vertreter findet sich heute schon in jeder politischen Sonntagsrede. Sie wirkt aber ein wenig übertrieben. In jedem Land der Welt gibt es Interessenverbände, und in den meisten europäischen Demokratien sind sie noch viel mächtiger als in den USA. In Europa sind sie stärker in das politische System integriert und deshalb auch nicht so sichtbar. Für Kritiker sind die bösen Lobbies jedenfalls immer jene, die die Interessen der anderen vertreten – meist die Industrie oder ausländische Firmen. Aber Umweltorganisationen, Konsumentenschutzgruppen und die Vereinigung der Pensionisten gehören genauso zur Lobby-Szene, und deren Arbeit wird von vielen Gegnern der Lobbies gelobt.

Wahr ist allerdings, daß die rund 80.000 Lobbyisten in Washington, meist hochbezahlte Anwälte, jede innenpolitische Reform erschweren. Sie können ihre Anliegen nicht immer durchsetzen, auch weil sie sich gegenseitig blockieren, aber sie können dazu beitragen, daß der Status quo nicht verändert wird. Auf diese Weise wurde das politischen System im vergangenen Jahrzehnt lahmgelegt. Clinton muß sich zum Beispiel bei der dringend notwendigen Reform des Gesundheitssystems auf den Widerstand der Lobbies der Ärzte, Versicherungen und Unternehmen gefaßt machen, die in jeder Änderung eine Gefährdung ihrer finanziellen Interessen sehen.

Die größte Gefahr für Amerikas Demokratie ist die Verbindung der Lobbies mit der Wahlkampf-Finanzierung. Seit die Macht der Parteibosse in den siebziger Jahren gebrochen wurde, benötigen Kandidaten für Kongreßsitze und die Präsidentschaft gewaltige Mengen an Wahlkampfspenden, wenn sie einen nur annähernd erfolgreichen Wahlkampf führen wollen. Eine Wahlfinanzierungsreform schuf Anfang der achtziger Jahre die »Political Action Committees« (PACs), durch die Interessenverbände den ihnen genehmen Kandidaten Geld zukommen lassen können.

Zuerst profitierten meist republikanische Abgeordnete davon, die von ihren Freunden in der Industrie und Finanz unterstützt wurden. Mitte der achtziger Jahren lernten jedoch auch die Demokraten im Kongreß, die Großzügigkeit dieser Gruppen anzuzapfen. Sie sind heute die wahren Meister des *fund raising*. Gleichzeitig schnellten die Kosten der Wahlkämpfe durch die Abhängigkeit von Fernsehwerbung in die Höhe und steigerten so den Finanzbedarf jedes Politikers.

Die Folge ist ein parlamentarisches System, in dem Mandatare einen Großteil ihrer Zeit dafür verwenden, um Wahlkampfgelder aufzubringen. Ein Senator muß vom ersten Tag nach seiner Wahl an Woche für Woche 10.000 Dollar sammeln, damit er sechs Jahre später wiedergewählt werden kann. Dabei wird er von den mächtigen und reichen Unternehmerverbänden immer abhängiger.

Für die Regierungsarbeit und die Steuerzahler kann diese politische Verfilzung zur Katastrophe werden. Viele Eigentümer der Sparkassen (*savings & loans)*, die in den achtziger Jahren bankrott gingen, hatten in den Jahren zuvor Abgeordneten Wahlspenden und Gefälligkeiten zukommen lassen und damit verhindert, daß der Kongreß bei ihnen rechtzeitig Managementfehler und kriminelle Aktivitäten entdeckte. Die Kosten für die Rettungsaktion zugunsten der Sparkassen belaufen sich auf mehr als 300 Milliarden Dollar. Sie werden die amerikanische Wirtschaft noch auf Jahrzehnte belasten.

Die Parlamentarier setzen auch bewußt die Macht und Privilegien ihres Amtes ein, um ihre Wiederwahl zu sichern, und verringern dadurch die Chancen von Herausforderern. Seit Beginn der achtziger Jahre wurden mehr als 90 Prozent der Amtsinhaber des Repräsentantenhauses wiedergewählt.

Die Wähler tragen selbst zur Korrumpierung des Systems bei. *Pork barrel politics* heißt die Gepflogenheit, mit der Abgeordnete sich für Projekte und Geldzuwendungen in ihrem eigenen Staat oder Wahlbezirk einsetzen, um die dortige Bevölkerung zufriedenzustellen. Im rückständigen West Virginia gibt es zum Beispiel viele hochmoderne Straßen, die kaum befahren werden. Die nutzlosen Projekte wurden auf Drängen von Senator Robert Byrd aus West Virginia gebaut, dem langjährigen Vorsitzenden des mächtigen *Appropriations Committee* im Senat, das für die Zuteilung staatlicher Gelder verantwortlich ist. Wasserprojekte werden nach ähnlichen Kriterien vergeben, und in den letzten Jahren wurden Kasernen meist nur in jenen politischen Bezirken aufgelassen, deren Abgeordnete wenig einflußreich waren.

Zwar wünschen sich die meisten Wähler eine Verringerung des Budgetdefizits, doch wenn Sparmaßnahmen ihre eigene Gegend betreffen, erwarten sie von ihren Abgeordneten, daß sie diese Einsparungen zu verhindern wissen. Deshalb werden altgediente Parlamentarier auch so häufig wiedergewählt: Seniorität bedeutet im Kongreß auch mehr Macht.

Clinton muß dieses verfilzte System reformieren, schon allein, um die Unterstützung der 19 Millionen Perot-Wähler zu gewinnen. Sein Wahlprogramm schlägt eine Reform der Wahlkampffinanzierung vor, die Spenden von Unternehmen und PACs beschränken, die Kosten für Fernsehwerbung verringern und die Lobby-Tätigkeit in Washington erschweren soll. Stärker als seine Vorgänger muß Clinton also beweisen, daß er von diesem System unberührt ist und es ändern kann.

Clintons Persönlichkeit und sein Führungsstil könnten ein hartes Durchgreifen erschweren. Denn die Lobbies sind ein Teil jener Interessen- und Beraterszene, die Clinton in seiner Entscheidungsfindung so gerne beizieht. Ein Kreuzzug gegen mächtige Interessenverbände mag vielleicht seine Popularität erhöhen. Doch wenn die Lobbies dann ihre Freunde im Kongreß mobilisieren, könnte das Clinton mehr schaden als nützen.

Der Kongreß ist die größte Stütze und zugleich das größte Problem für Präsident Clinton. Erstmals seit den Tagen Jimmy Carters sind Kapitol und Weißes Haus in den Händen der gleichen Partei. Aber im dezentralisierten politischen System der USA bedeutet das nicht, daß ihm die politische Unterstützung sicher ist. Die demokratische Mehrheit im Kongreß hat auch dem Demokraten Carter das Leben schwer gemacht und vier Jahre lang viele seiner Pläne durchkreuzt. Unter Reagan und Bush benahmen sich die Abgeordneten oft wie Kinder, die ohne Aufsicht eines Erwachsenen spielen dürfen. Sie konnten publikumswirksame Gesetze ohne Rücksicht auf deren tatsächliche Auswirkungen beschließen. Denn sie wußten, daß der Präsident ohnehin sein Veto einlegen würde. Die demokratische Kongreßführung – George Mitchell im Senat sowie Tom Foley und Dick Gephardt im Repräsentantenhaus – haben sich in diesen Jahren daran gewöhnt, ihre Fraktionen autonom und ohne Einmischung aus dem Weißen Haus zu leiten.

»Clinton muß der Partei wieder die Führung eines Präsidenten geben«, sagt Al From, DLC-Direktor und Clintons Berater in innenpolitischen Fragen. Vieles spricht dafür, daß der Präsident diese Aufgabe meistern kann. In Arkansas war er selbst ein großartiger Lobbyist für eigene Programme, verbrachte ganze Tage im Parlament und verfolgte die Abgeordneten bis auf die Toilette, um ihre Unterstützung zu gewinnen. »Als Verkäufer ist er ein Naturtalent«, glaubt Robert Nash, ein langjähriger Mitarbeiter in Little Rock.

Bereits wenige Tage nach seiner Wahl zum Präsidenten traf sich Clinton mit Foley und Mitchell und versprach dabei, ständig mit ihnen in Kontakt zu bleiben. Als Abgeordnete ihm erzählten, daß Carter sich jeden zweiten Dienstag mit der Kongreßspitze zum Frühstück traf, rief Clinton aus: »Was, nur jede zweite Woche? Ich habe mich mit den Abgeordneten in Little Rock jeden Tag getroffen.«

So wie Ronald Reagan wird sich Clinton am Anfang einige Programme aussuchen, die ihm am Herzen liegen, und das ganze Gewicht seines Amtes und seiner Persönlichkeit für sie einsetzen. Und so wie Lyndon B. Johnson wird er mit Kongreßabgeordneten diskutieren, wird sie mit Charme und Zähigkeit bearbeiten, bis er endlich ihre Stimme hat. Seine Erfolgschancen sind besonders im ersten Halbjahr gut. Die Parlamentarier sehnen sich danach, nach Jahren der politischen Lähmung wieder etwas in Bewegung zu bringen. Sie müssen auch ihren Wählern beweisen, daß sie mit einem Präsidenten ihrer Partei konstruktiv zusammenarbeiten können.

In Clintons Beraterteam sind Leute, die den Kongreß und seine Sitten bestens kennen. Sowohl Paul Begala als auch George Stephanopoulos hatten Schlüsselfunktionen in Gephardts Büro und lernten dort von der Pike auf die Kunst der Grabenkämpfe in den Gängen des Kapitols. Und Clinton hat Al Gore, der sich für die Fraktionspolitik im Senat zwar nie besonders interessierte, aber der in 16 Jahren Arbeit als Abgeordneter und Senator viel Erfahrung gesammelt und viel Respekt erworben hat. Besonders in den ersten Monaten ist Gore ein wichtiger Verbindungsmann zur Legislative.

Wenn Clinton das Haushaltsdefizit in den Griff bekommen will, muß er bereits früh die hohen Erwartungen unzähliger demokratischer Verbände herunterschrauben. »Es gibt viele halbverhungerte Interessengruppen, die sich jetzt am Futtertrog anstellen«, sagt der bekannte Politologe William Schneider. »Sie glauben, die sechziger Jahre sind zurück, und jetzt kommt das große Barbecue.«

Clinton hat im Wahlkampf seine Unabhängigkeit von diesen Interessengruppen bewiesen und ist ihnen kaum verpflichtet. Er hat auch keine engen Verbindungen zu den Lobbies, sehr wohl jedoch zu den Lobbyisten. Viele seiner engsten Mitarbeiter sind Spitzenanwälte, die seit Jahren Amerikas größte

Unternehmen in Washington vertreten. Dazu gehören sein Handelsbeauftragter Mickey Kantor, Vernon Jordan, der sein Übergangsteam leitete, und Ron Brown, den er zum Handelsminister ernannte. Kantor warb noch vor den Wahlen um Klienten, indem er mit seinen guten Beziehungen zu Clinton prahlte. Das wurde ihm von einigen Leuten in Clintons Team übelgenommen und hat ihn wahrscheinlich einen Ministerposten gekostet.

Auch die Republikaner im Kongreß wollen es dem Präsidenten nicht leichtmachen. »Wir werden Gouverneur Clinton nicht auf Rosen betten«, warnte sofort nach der Wahl Robert Dole, der Fraktionsführer der Republikaner im Senat und nun der unumstrittene Führer seiner Partei. »Die Ausflüchte für Untätigkeit und schlechte Gesetze sind vorbei. Wenn die Demokraten scheitern, ist es ihr Problem. Sie können die Schuld nicht mehr auf George Bush schieben.« Dole beabsichtigt, die 57 Prozent der Wähler zu vertreten, die Clinton ihre Stimmen verweigert haben – und damit auch die Perot-Wähler. Wenn Clinton nicht genügend budgetäre Disziplin zeigt, droht er, Senatsdebatten durch Redemarathons (die sogenannten *fillibusters*) ewig hinauszuziehen.

Um sich im Kongreß durchzusetzen, muß Clinton mehr als Charme einsetzen. Er muß mit Drohungen arbeiten und bereit sein, Verbündete zu verärgern. Wenn nötig muß Clinton über den Kopf der Abgeordneten direkt an die Wähler appellieren, um ein Gesetz gegen den Willen der Interessenverbände und der Parlamentarier durchzudrücken. Auch diese Taktik hat Clinton in Arkansas mehrmals angewendet, besonders wenn es um seine geliebte Schulreform ging.

Ein erster Test für Clintons Rückgrat ist der Kampf um ein *line item veto* – ein Einzelveto, mit dem der Präsident einzelne Elemente aus einem beschlossenen Budgetgesetze herausstreichen kann. Bereits wenige Tage nach der Wahl erklärte Mitchell, daß er dem neuen Präsidenten dieses mächtige Instrument nicht in die Hand geben will. Clinton braucht aber dieses Veto, um Ausgaben zu reduzieren.

Der Präsident hat noch einen Pfeil in seinem Köcher, den kein Vorgänger je hatte – Ross Perot. Der Texaner ist zu einer nationalen Persönlichkeit geworden, die zumindest in der Frage des Budgetdefizits und des verfilzten Systems politische und moralische Autorität besitzt. Allein die Drohung, daß Perot 1996 wieder kandidieren könnte, sollte Abgeordnete zur Räson bringen. Mit Perots öffentlicher Unterstützung kann Clinton notwendige Sparprogramme und Reformen leichter durchsetzen, und er kann dabei gleich auch um die Gunst der Perot-Wähler buhlen. Wenn Clinton aber Perot falsch behandelt, könnten sich dessen Giftpfeile gegen ihn selbst richten.

Die neue Generation

Mit Bill Clinton zieht in Washington der Geist einer neuen Generation ein. Nicht durch den Zweiten Weltkrieg, der die letzten acht Präsidenten prägte und in dem George Bush ein Kriegsheld wurde, sondern durch den Vietnam-Krieg ist für Clinton Politik zu einer Realität geworden. Bill und Hillary sind typische *Baby Boomer* – Teil der geburtsstarken Jahrgänge nach dem Krieg, die im Wirtschaftswunder aufwuchsen und im politischen und kulturellen Aufbruch der sechziger Jahre erwachsen wurden. Ihre Erinnerungen bestehen aus Martin Luther Kings Reden, Kennedys Ermordung, der Anti-Vietnam-Bewegung, Woodstock und Watergate. Die Kultur dieser Zeit ist für sie heute noch lebendig. Clintons Tochter Chelsea ist nach einem Lied der bekannten Folk-Sängerin Joni Mitchell benannt.

Durch Clintons Wahl hat die amerikanische Gesellschaft die große Kluft, die sich in den sechziger Jahren öffnete, wieder schließen können. Vietnam dürfte nie wieder ein Wahlkampfthema werden, ebensowenig die Frage, ob ein Kandidat Drogen ausprobiert hat. »Wenn ich gewinne, dann wird das Buch über Vietnam endlich geschlossen werden«, sagte Clinton einige Tage vor der Wahl dem Korrespondenten von *Time.*

Der letzte Generationswechsel dieser Art fand 1961 mit Kennedy statt. Er markiert auch den Beginn eines neuen Lebensstils. Clintons Wahlsieg hat nicht die gleiche kulturelle Bedeutung, denn die *Baby Boomer* prägen die amerikanische Kultur bereits seit ihren Teenager-Jahren. Nun haben sie erstmals auch die politische Führung übernommen – ein eindeutiges Zeichen, daß sie erwachsen geworden sind. Für Millionen von Gleichaltrigen hat diese Erkenntnis einen Schock ausgelöst. Die ewige Jugend, die für sie in den sechziger Jahren begann, ist 1992 endgültig zu Ende gegangen.

Clinton ist ein typischer Vertreter seiner Generation. Er hält nicht viel von Mode, und sowohl er wie Hillary kaufen ihre Kleidung in Warenhäusern. Wie so viele andere seiner Generation redet Clinton gerne von gesundem Essen und kann Süßigkeiten doch nicht widerstehen. Sein Appetit auf Schokolade, Eis, Pommes Frites und jede andere Art von *junk food* sind notorisch. »Er ist ein Mann, der Essen liebt«, beschreibt ihn sein Koch in Little Rock.

Wie so viele ihrer Zeit, die sich anfangs gegen das eigene traute Elternhaus auflehnten, wurden auch Bill und Hillary im Laufe der Jahre leidenschaftliche Eltern und begeisterte Familienmenschen. »Das wird eine sehr familienorientierte Präsidentschaft«, prophezeit Derek Shearer, Clintons langjähriger Freund und einer seiner Wirtschaftsberater. »Man wird sehr viele Ehepaare mit Kindern im Weißen Haus sehen.«

Die neue Regierung – Ein farbenfrohes Team

Die verschiedenen Facetten von Clintons Persönlichkeit und Weltanschauung spiegeln sich auch in seiner Regierung wider. Auf den ersten Blick sieht es so aus, als wollte Clinton mit seinen Ernennungen es wieder einmal allen Seiten recht machen. Er hat mehrere gemäßigte Senatoren und Kongreßabgeordnete in sein Kabinett gerufen, aber auch Veteranen der früheren Carter-Regierung, sozial engagierte Aktivisten sowie Vertreter des demokratischen Partei-Establishments.

»Meine Regierung wird wie Amerika aussehen«, hat Clinton im Wahlkampf versprochen und sich nach der Wahl daran gehalten. Er hat vier Frauen, vier Schwarze und zwei Latinos in sein 16köpfiges Kabinett geholt – mehr als je ein Präsident zuvor. In seiner Präsidentschaft, so Clinton, hätten Frauen und Minderheiten nicht nur eine Vorzeigefunktion, sondern wirkliche Macht.

Doch hinter dieser so bunt durcheinandergewürfelten Gruppe ist ein klares Konzept zu erkennen. Clinton hat eine neue Führungsstruktur entworfen, die sich von der seiner Vorgänger deutlich abhebt.

Sowohl Bush als auch Reagan hatten in ihrer Regierung relativ starre Hierarchien. An deren Spitze standen ein mächtiger Stabschef im Weißen Haus – der Leiter des großen Mitarbeiterstabes, der dem Präsidenten direkt unterstellt ist – und einige einflußreiche Minister. So verließ sich Reagan in seiner ersten Amtszeit ganz auf seinen Stabschef James Baker, um sein politisches Programm umzusetzen. Doch unter Bakers glücklosem Nachfolger Donald Regan zeigte diese Struktur ihre Schwächen. Plötzlich fehlte eine starke Führung im Weißen Haus, und die Reagan-Präsidentschaft schlitterte von einer Krise in die nächste.

Bush erging es ähnlich. Sein erster Stabschef John Sonunu war arrogant und jähzornig, aber er hielt die Regierung zumindest organisatorisch zusammen. Als Sonunu wegen einer Affäre 1991 zurücktreten mußte, brach im Weißen

Haus unter seinem schwachen Nachfolger Samuel Skinner das Chaos aus. In der Regierungsarbeit fehlte es an Koordination und klaren Zielen. Nur in der Außenpolitik, wo Außenminister Baker das Sagen hatte, konnte die Bush-Regierung noch Erfolge vorweisen.

Clinton lehnt diese Art der straffen Hierarchie ab. Aber er will auch nicht dem Beispiel Jimmy Carters folgen, in dessen Kabinett es wenig Struktur und noch weniger Zusammenarbeit gab. In seiner Regierung hat Clinton mehrere kleine Teams gebildet. Die Mitglieder jeder einzelnen Gruppe denken ähnlich und können daher gut zusammenarbeiten. Zwischen diesen Teams gibt es jedoch deutliche Unterschiede, sowohl in der Ideologie als auch im politischen Stil.

Diese Meinungsvielfalt soll einen offenen Austausch gegensätzlicher Ideen und Standpunkte fördern. Clinton will den Diskussionen in seiner Regierung beiwohnen und die Entscheidungen dann selbst treffen. Auf diese Weise will er die unterschiedlichen Teile zu einer einheitlichen Politik verschmelzen. Er gedenkt die Macht, die die Verfassung dem Präsidenten überträgt, auch wirklich auszuüben.

Bei der Auswahl seiner Mitarbeiter hat Clinton auf all jene Freunde zurückgegriffen, die er im Laufe seines Lebens um sich geschart hat. Einige Schlüsselpositionen gingen auch an Verbündete von Hillary. Clinton hat aber auch führende Vertreter der Kongreß-Demokraten in seine Regierung berufen und dadurch ein Team geschaffen, in dem sich Washington-Insider und Washington-Outsider ungefähr die Waage halten. Es schließt Akademiker, Bürgermeister, Anwälte und Top-Manager ein. Sie alle verbindet mit Clinton eine ausgeprägter Pragmatismus sowie der Glaube, daß eine gute Regierung auch Positives bewirken kann. Das Durchschnittsalter von 51 im Kabinett täuscht ein wenig. Die meisten Leute, die mit Clinton arbeiten, sind in seinem Alter.

Die Innenpolitiker

Der erste Freund in Clintons Leben ist heute sein engster Mitarbeiter. Stabschef **Thomas (Mack) McLarty** kennt Clinton aus der Zeit, als sie gemeinsam in Hope in den Kindergarten gingen. McLarty wurde später ein erfolgreicher Geschäftsmann und war zuletzt der Vorstandsvorsitzende von Arkla Inc., einem riesiger Erdgas- und Energiekonzern in Arkansas. Die Auswahl des politisch unerfahrenen Unternehmers zum Stabschef hat viele Beobachter erstaunt. Der 46jährige McLarty ist zwar seit vielen Jahren in der Demokratischen Partei in Arkansas aktiv, aber er hatte noch nie ein politisches Amt inne.

Mit McLarty hat Clinton einen Vertrauten an seine Seite gerufen, auf dessen Loyalität er hundertprozentig zählen kann. Im Gegensatz zu Sonunu oder H. R. Haldeman, Nixons allmächtigem Stabschef, soll McLarty nicht selbst Politik gestalten, sondern für eine reibungslose Zusammenarbeit sorgen und darauf achten, daß Clinton über alle Vorgänge informiert ist. Unter McLarty arbeiten im Weißen Haus einige der jungen Intellektuellen vom Progressive Policy Institute und aus den Mitarbeiterstäben von Kongreßabgeordneten, die Clinton im Wahlkampf beraten haben. **George Stephanopoulos**, der Pressesprecher im Wahlkampf, wird auch im Weißen Haus Clintons offizielles Sprachrohr sein.

Die zwei wichtigsten Regierungsposten gingen hingegen an altgediente Vertreter des politischen Establishments. Sie sollen der Clinton-Regierung Glaubwürdigkeit verleihen und für eine möglichst effiziente Umsetzung der Programme sorgen. Doch weder **Lloyd Bentsen**, der 71jährige Finanzminister, noch **Warren Christopher**, der 67jährige Außenminister, sind als besonders kreative Denker bekannt. Aber gerade das macht sie zu stabilen Säulen, die die Regierung zusammenhalten können und verhindern sollen, daß irgendwelche Experimente außer Kontrolle geraten.

Bentsen wurde 1970 in Texas erstmals zum Senator gewählt. Er besiegte in dieser Wahl einen jungen Kongreßabgeordneten namens George Bush. Als Vorsitzender des Finanzausschusses hat sich Bentsen in den letzten Jahren ein umfangreiches Wissen in Sachen Steuern angeeignet. Kollegen schätzen insbesondere seine ruhige Art und sein gutes Urteilsvermögen. Berühmt wurde er als *running mate* von Dukakis, als er in der Vizepräsidentschaftsdebatte 1988 seinen unerfahrenen Gegner Dan Quayle, der sich mit Kennedy verglichen hatte, mit folgenden Worten zurechtstutzte: »Ich kannte Kennedy, Kennedy war mein Freund. Herr Senator, Sie sind kein Kennedy.«

Dem Millionär Bentsen wird aber auch allzugroße Nähe zu gewissen Wirtschaftsbereichen – wie zur Erdölindustrie und zur Immobilienbranche – nachgesagt, denen er auch immer wieder Zugeständnisse in den von seinem Ausschuß verabschiedeten Steuergesetzen machte.

Bentsens engste Mitarbeiter bringen ebenfalls ausgezeichnete Kontakte zum Kongreß und zur Finanzwirtschaft mit ins Amt. Budgetdirektor **Leon Panetta**, 54, war bisher Vorsitzender des Budgetausschusses im Repräsentantenhaus. Seine Stellvertreterin **Alice Rivlin**, 61, ist die einzige ausgebildete Ökonomin in dieser Gruppe. Sie war viele Jahre Direktorin des Budgetbüros im Kongreß und gilt in Washington als große alte Dame der Haushaltspolitik. In ihrem jüngsten Buch hat Rivlin die Übertragung vieler wirtschaftspolitischer Kompetenzen von der Bundesregierung an die US-Bundesstaaten gefordert, um so die Politik bürgernäher zu gestalten.

Mit Bentsen und Panetta hat Clinton zwei der mächtigsten Wirtschaftspolitiker im Kongreß zu seinen Verbündeten gemacht. Ihre wichtigste Aufgabe ist es, die Zustimmung der Abgeordneten und Senatoren für seine Pläne zu gewinnen. Dieser Teil der Regierungsmannschaft gleicht deshalb mehr einem schlagkräftigen Verkaufsteam als einer Denkfabrik für eine neue Wirtschaftspolitik.

Die größte organisatorische Neuerung in Clintons Regierung ist der Nationale Wirtschaftsrat, der die Arbeit der zahlreichen mit Wirtschaftsthemen befaßten Ministerien und Behörden koordinieren soll. Er ist nach dem Vorbild des Nationalen Sicherheitsrates aufgebaut, der diese Aufgabe seit Jahrzehnten erfolgreich in der Außenpolitik erfüllt. Mit dieser Neuerung will Clinton nicht nur verhindern, daß verschiedene Ministerien gegeneinander arbeiten. Er will auch gegenüber der Öffentlichkeit betonen, welch hohen Stellenwert die Wirtschaft in seiner Präsidentschaft einnimmt.

Vorsitzender dieses Rates ist der bisherige Chef der Investmentbank Goldman Sachs, **Robert Rubin**. Der 54jährige Rubin hat Clinton bereits im Wahlkampf beraten und ihm besonders bei der Wahlkampffinanzierung bei Banken und Unternehmen geholfen. Er war als Finanzminister im Gespräch, doch schließlich hat man sich gegen ihn entschieden, weil er in der Öffentlichkeit nicht besonders gut ankommt. Aber der hochangesehene Finanzexperte ist der richtige Mann, um im Hintergrund die Übersicht zu bewahren und bei jeder wirtschaftlichen Entscheidung die Folgen für die Industrie und die Reaktionen der Finanzmärkte abschätzen zu können.

Der zweite Wall-Street-Banker im Team ist Vizefinanzminister **Roger Altman**, ein 47jähriger Clinton-Freund aus Georgetown, ehemaliger Beamter in Carters Finanzministerium und zuletzt Chef der New Yorker Investmentfirma Blackstone Group. Altman ist ein Verfechter einer progessiveren Politik und könnte deshalb als Bindeglied zwischen der soliden Bentsen-Panetta-Rubin-Gruppe und jener Gruppe von Querdenkern und Aktivisten dienen, die für Clintons wichtigste soziale Reformvorhaben verantwortlich. Staatssekretär für internationale Zusammenarbeit im Finanzministerium soll **Lawrence Summers** werden, ein bekannter Harvard-Professor und Chef-Volkswirt der Weltbank.

Zu den bunteren Flecken in der Regierung gehört auf jeden Fall **Laura d'Andrea Tyson**, eine 45jährige Wirtschaftsprofessorin von der Universität in Berkeley, die Clinton zur Vorsitzenden seines Rates der Wirtschaftsberater ernannt hat. Sie gilt als einer der klügsten Köpfe in der jüngeren Ökonomen-Generation, aber sie ist mit ihrer Forderung nach einer aktiveren Handelspolitik bei vielen traditionellen Kollegen auf heftige Kritik gestoßen. Ihr Stellvertreter ist **Alan Blinder**, ein hochangesehener Volkswirtschaftler von der

Princeton University, der mehr Erfahrung mit Konjunkturprognosen und der Analyse von Regierungsprogrammen als Tyson mitbringt.

Tyson soll die theoretischen Konzepte für eine neue Industrie- und Handelspolitik erstellen. Für die Ausführung hingegen ist Handelsminister **Ron Brown** verantwortlich. Der schwarze Staranwalt und bisherige Parteivorsitzende der Demokraten hat kaum Erfahrung in der Wirtschaft. Die Ernennung Browns ist auch umstritten, weil er als Miteigentümer der einflußreichen Anwaltskanzlei Patton, Boggs & Blow häufig als Lobbyist für mächtige Konzerne und ausländische Interessen gearbeitet hat. Zu den Klienten seiner Firma gehörten in der Vergangenheit »Baby Doc« Duvalier, der Ex-Diktator von Haiti, sowie die seit 1990 geschlossene Bank for Credit and Commerce (BCCI), die in schmutzige Geschäfte auf der ganzen Welt verwickelt war.

Doch Brown ist – ebenso wie **Mickey Kantor**, der neue Handelsbeauftragte – ein talentierter Organisator und ein zäher Verhandler, der das Handelsministerium wieder zu einem Schlüsselressort machen könnte. Brown und Kantor hatten bisher wenig mit internationaler Handelspolitik zu tun. Sie dürften sich aber als harte Verhandlungspartner für Europa und Japan erweisen.

Zum Arbeitsminister wurde **Robert Reich**, Clintons bester Freund aus der Zeit in Oxford, ernannt. Reich gelingt es, alle paar Jahre mit unorthodoxen Wirtschaftstheorien den Zorn der orthodoxen Ökonomen zu erregen. Er ist der Hauptautor von Clintons Wirtschaftsprogramm und der vehementeste Verfechter einer besseren Ausbildung von Arbeitskräften. Bei der Verwirklichung seiner Pläne für große und teure Jobtrainingsprogramme könnte er bald mit den Interessenvertretungen der großen Unternehmen und ihren Fürsprechern im Kabinett – wie Bentsen und Rubin – zusammenstoßen. Auch mit den Gewerkschaften, deren Forderung nach protektionistischen Maßnahmen er massiv ablehnt, sind Konflikte vorprogrammiert.

Aber Reich hat im neuen Erziehungsminister **Richard Riley** einen engen Verbündeten. Riley, der 59jährige Exgouverneur von South Carolina, hat sich mit Clinton angefreundet, als beide in der Nationalen Vereinigung der Gouverneure tätig waren. Mit der gleichen Verbissenheit wie Clinton verfolgte Riley in seinem Staat die Reform des Schulwesens. Insbesondere durch die Förderung technischer Colleges hat Riley seinen Staat zu einem der attraktivsten Standorte für europäische Unternehmen gemacht, die sich in den USA niederlassen. Robert Bosch hat eine große Fabrik in South Carolina, und BMW wird dort seine erste US-Fertigungsstätte errichten. Reagan hatte seinerzeit erwogen, das Erziehungsressort aufzulösen, weil er keinen Grund für eine staatliche Rolle im Bildungssystem sah. Clinton will dieses Ministerium hingegen enorm aufwerten.

Das vielleicht schillerndste Mitglied des Kabinetts hat Hillary ausgesucht. **Donna Shalala** hat jahrelang mit der neuen »First Lady« in Fragen der Kinderpolitik zusammengearbeitet. Zuletzt war sie Rektorin der Universität von Wisconsin, wo sie einerseits den Lehrplan nach linksliberalen Vorstellungen reformierte, andererseits aber bei Unternehmen Spendengelder in Millionenhöhe für die Universität sammelte. Die 51jährige soll nun das riesige Sozial- und Gesundheitsressort leiten und ist dadurch für die beiden wichtigsten innenpolitischen Vorhaben der Clinton-Präsidentschaft zuständig – die Reform des Gesundheitswesen und der Fürsorge. Shalala ist als einzige Ministerin deutlich am linken Rand des politischen Spektrums angesiedelt. Besonders in der Sozialpolitik könnte sie mit Clintons eher konservativen Vorstellungen Schwierigkeiten haben.

Shalalas engste Mitarbeiterin ist **Joyce Elders**, die Vorsitzende der Gesundheitsbehörde (»Surgeon General«). Die 59jährige schwarze Kinderärztin ist als Leiterin des Gesundheitsamtes in Arkansas zum Feindbild vieler Konservativen geworden, weil sie für die Gratis-Verteilung von Kondomen in Schulen eintrat und das Recht auf Abtreibung vehement verteidigte. Ihre Ernennung wurde als Kampfansage Clintons an die Anti-Abtreibungs-Lobby gesehen.

Auch für Justizministerin **Zoe Baird** wird die Aufhebung der Anti-Abtreibungs-Gesetzgebung von Reagan und Bush ein wichtiges Anliegen sein. Die 40jährige Juristin, die zuletzt die Rechtsabteilung der großen Versicherungsgesellschaft Aetna leitete, wurde im Juni 1992 vom Magazin *Business Week* unter den besten 50 weiblichen Managern geführt. Sie ist eine ehemalige Carter-Mitarbeiterin und hat Clinton im Wahlkampf in Gesundheitsfragen beraten. Baird schien auf keiner Wunschliste der Frauengruppen auf, die mehr weibliche Ernennungen gefordert hatten. Doch Clinton war von ihrer Geradlinigkeit und Willensstärke, die sie in mehreren Gesprächen bewies, so begeistert, daß er ihr überraschend das Justizministerium übertrug.

Das Wohnungsbau- und Stadtplanungsministerium übernimmt **Henry Cisneros**, der 45jährige ehemalige Bürgermeister der südtexanischen Stadt San Antonio. Cisneros ist lateinamerikanischer Abstammung und gehört seit vielen Jahren zu Clintons Freundeskreis. Ähnliche kommunalpolitische Erfahrungen hat der Transportminister **Federico Pena**, ebenfalls ein 45 Jahre alter Latino, der als Bürgermeister von Denver (Colorado) viel zur Verbesserung der Infrastruktur in seiner Stadt beigetragen hat.

Clinton berief drei weitere Schwarze in sein Kabinett: die 55jährige **Hazel O'Leary**, Vorstandsmitglied in einem großen Erdgaskonzern, als Energieministerin, den 39jährigen Abgeordneten **Mike Espy** zum Landwirtschaftsminister und den 48jährigen Kriegsveteranen **Jesse Brown** zum Veteranenminister. Brown hat seit dem Vietnam-Krieg einen gelähmten Arm und arbeitet seit 25

Jahren für die größte amerikanische Veteranen-Organisation. Das macht ihn zum einzigen deklarierten Vertreter einer Interessengruppe in der Regierung.

Die Außenpolitiker

Die Spitzen in Clintons außenpolitischem Team kennen sich aus früheren Zeiten. Die meisten von ihnen haben bereits unter Jimmy Carter zusammengearbeitet. Es darf dabei nicht verwundern, daß Clinton hauptsächlich auf Carter-Leute zurückgriff. Denn außer ihnen gibt es nur wenige Demokraten, die in den letzten zwei Jahrzehnten außenpolitische Erfahrung sammeln konnten.

Clinton hat sich immer von der Zusammenarbeit der außenpolitischen Experten in der Bush-Regierung beeindruckt gezeigt und hat versprochen, eine ebenso gut eingespielte Mannschaft auf die Beine zu stellen. **Warren Christopher**, Carters Vizeaußenminister, ist seit Jahrzehnten ein prominenter Anwalt in Los Angeles, dem immer wieder Funktionen im öffentlichen Leben übertragen wurden. Zuletzt leitete er die Kommission, die die Rassenunruhen von Los Angeles untersuchte. Er ist ein fast väterlicher Freund Clintons und gilt als trockener und besonnener Politiker, der in der Öffentlichkeit oft scheu wirkt. Eine ausgeprägte Ideologie ist bei ihm kaum zu erkennen. Christopher, glauben Beobachter, wird in erster Linie die Direktiven seines Präsidenten ausführen. Sein Stellvertreter im »State Department« ist der schwarze Ökonom und Universitätsrektor **Clifton Wharton**, ein hochangesehener Experte für Entwicklungsländer.

Unter Carter bewies Christopher seine Fähigkeiten als Unterhändler, als er die Panamakanal-Verträge aushandelte und ein Jahr lang mit dem iranischen Regime über die Freilassung der amerikanischen Geiseln in Teheran verhandelte. Im Januar 1981 erlebte Christopher seinen persönlichen Triumph, als die Geiseln am Tag der Amtseinführung Ronald Reagans freigelassen wurden, ohne daß die USA bedeutende Konzessionen gemacht hatten. Für Carters Wiederwahl kam diese Wende jedoch zu spät.

Ein ähnlicher Typ ist der neue CIA-Direktor **James Woolsey** (51), ein ehemaliger Rhodes-Stipendiat, der bereits unter den Präsidenten Nixon, Carter und Bush in militärischen und diplomatischen Funktionen diente. Woolsey ist ein Experte in Sachen Abrüstung und ehemaliger Sowjetunion. Er gilt aber kaum als der richtige Mann, um den Geheimdienst auf neue Aufgaben in der Zeit nach dem Kalten Krieg vorzubereiten.

Für diesen Zweck hat Clinton deshalb den Generalstabschef unter Reagan und Bush, Admiral **William Crowe**, als Sonderberater für »internationale Aufklärung« beigezogen. Der 67jährige Crowe spielte in Clintons Wahlkampf eine wichtige Rolle. Als Clinton durch die Wehrdienst-Kontroverse in immer größere Bedrängnis kam, wurde er von Crowe öffentlich verteidigt und unterstützt. Diese Rückendeckung half Clinton insbesondere bei ehemaligen Soldaten, für die es wichtig ist, daß ein Präsidentschaftskandidat in der Armee gedient hat.

Im Unterschied zu Christopher und Woolsey sind Verteidigungsminister **Les Aspin** und Sicherheitsberater **Anthony Lake** Intellektuelle, die sich gerne mit der Neudefinition von Amerikas politischer und militärischer Rolle in der Welt auseinandersetzen. Der 52jährige Ökonom Aspin arbeitete in den sechziger Jahren im Pentagon und galt bereits damals als Schrecken für konservative Militärs. Seit 22 Jahren sitzt er im Repräsentantenhaus und hat als Vorsitzender des Militärausschusses seit 1985 Dutzende Papiere über interne Reformen und neue Strategien für die US-Streitkräfte verfaßt.

Lake, 53, war Mitarbeiter bei Henry Kissinger unter Präsident Nixon, trat aber von seinem Posten als Protest gegen die US-Invasion von Kambodscha 1970 zurück. In Carters Außenministerium arbeitete er als Planungsdirektor. Zuletzt unterrichtete er internationale Politik am Mt. Holyoke College in Massachusetts, betrieb in der Nähe eine Rinderfarm und dachte dort in aller Ruhe über Amerikas neue weltpolitische Rolle nach.

Lakes Stellvertreter unter Carter war **Samuel (»Sandy«) Berger**. Der 47jährige Anwalt kennt Clinton seit vielen Jahren und arbeitete bei seinem Wahlkampf mit. Er brachte Lake und Clinton zusammen und wird im Weißen Haus als stellvertretender Sicherheitsberater dienen. Er gilt als Spezialist für internationales Handelsrecht und soll deshalb auch die Kommunikation zwischen dem außenpolitischen Team und den mit Außenhandel beschäftigten Mitarbeitern aufrechterhalten.

Auch **Madeleine Albright**, die die USA als Botschafterin bei der UNO vertritt, soll bei außenpolitischen Grundsatzfragen mitarbeiten. Die heute 55jährige ist die Tochter eines tschechischen Diplomaten aus Prag, der 1948 in die USA flüchtete. Sie war zuletzt Professorin und Rußland-Expertin an der Georgetown University, Clintons Alma Mater. Clinton hat ihre Position in den Kabinettsrang erhoben, um so die wachsende Bedeutung der UNO hervorzuheben.

Im außenpolitischen Team könnte es zu einigen Meinungsverschiedenheiten kommen – besonders zwischen Christopher und Aspin. Während Aspin den Einsatz militärischer Mittel für politische Zwecke befürwortet und schon lange auf eine US-Intervention in Bosnien drängt, glaubt Christopher fest daran, daß fast jeder Konflikt mit diplomatischen Mitteln beigelegt werden kann.

In dieser Hinsicht ähnelt er seinem Chef in der Carter-Regierung, dem damaligen Außenminister Cyrus Vance.

Aber Aspin und Christopher sind bestrebt, Grabenkämpfe wie unter Carter zwischen Sicherheitsberater Brzezinski und Außenminister Vance, die die ganze Außenpolitik lahmlegten, von Anfang an zu vermeiden. Clinton beabsichtigt ohnehin, auch in der Außenpolitik das letzte Wort zu haben.

Der Vizepräsident

Einer der engsten Mitarbeiter Clintons ist **Al Gore**. Im Wahlkampf saßen Gore und Clinton stundenlang zusammen und redeten bis spät in die Nacht miteinander. Die Freundschaft, die in dieser Zeit entstand, hat Gore nun zu einer einflußreichen Rolle in der Regierung verholfen. In früheren Zeiten waren Vizepräsidenten meist dazu da, vor der Wahl Stimmen zu sammeln und im Todesfall dem Präsidenten nachzufolgen. Der erste Vize mit einer bedeutenden politischen Funktion war Carters Stellvertreter Walter Mondale. Mondale besaß die Erfahrung in Washington, die Carter fehlte, und war deshalb für die Beziehungen zum Kongreß zuständig.

Aber sein Nachfolger George Bush, der von den Reagan-Leuten nicht als verläßlicher Konservativer gesehen wurde, durfte wieder hauptsächlich zu Begräbnissen anderer Staatschefs fahren. Dan Quayle erwies sich zwar als überraschend fähiger Mitarbeiter in der Bush-Regierung. Doch das reichte nicht aus, sein Image als Witzfigur der Nation, zu dem seine unzähligen Ausrutscher beitrugen, zu überwinden.

Gore könnte das Amt des Vizepräsidenten zu einem wirklichen neuen Machtzentrum machen. Clinton schätzt sein Urteilsvermögen sowie sein Wissen in Militär- und Umweltfragen. Gore steht in Wirtschafts- und Sozialthemen etwas links von Clinton, aber in ihrer Weltanschauung sind sie einander trotzdem ähnlich. Der Präsident will mit seinem Stellvertreter eine wirkliche Partnerschaft begründen.

Gore war an allen Regierungsernennungen maßgeblich beteiligt. Einige seiner Vertrauten haben selbst Schlüsselposten erhalten, darunter seine langjährige Mitarbeiterin **Carole Browner**, 39, der die Leitung der staatlichen Umweltbehörde EPA übertragen wurde. Diese Ernennung hat auch klar gemacht, daß Gore selbst für die ihm so wichtige Umweltpolitik verantwortlich sein wird. Auch Innenminister **Bruce Babbitt**, 54, der frühere Gouverneur von Arizona, ist ein Verbündeter Gores in Umweltfragen. Das Innenministerium ist für die Verwaltung und wirtschaftliche Nutzung staatlichen Grundbesitzes sowie für die Nationalparks verantwortlich.

Auch auf den Gebieten Wissenschaft, Technologie und Raumfahrt will Gore seinen Einfluß geltend machen. **John Gibbons**, der Wissenschaftsberater im Weißen Haus, ist ebenfalls ein Vertrauter des Vizepräsidenten. In erster Linie hat der Vizepräsident ständigen Zugang zu Clinton – und das bedeutet politischen Einfluß.

Die First Lady

Niemand in Washington zweifelt daran, daß der wichtigste Berater Clintons ebenso Clinton heißt. Hillary ist die einflußreichste *First Lady*, die die USA je kannten. Sie hat dieses seltsame Amt, das es offiziell gar nicht gibt, bereits vor dem offiziellen Amtsantritt neu definiert. Auch in der Vergangenheit gab es mächtige Präsidentenfrauen: Woodrow Wilsons Frau führte ein Jahr lang die Staatsgeschäfte, nachdem ihr Mann einen Schlaganfall erlitten hatte, und Eleanor Roosevelt war eine einflußreiche Kämpferin für soziale Anliegen.

Aber meist waren die Präsidentengattinnen nur stumme Begleiterinnen ihrer Männer. Unter Jackie Kennedy bürgerte sich die Vorstellung ein, daß jede *First Lady* ein persönliches Projekt übernehmen sollte. Jackie schmückte das Weiße Haus, Lady Bird Johnson verschönte die nationalen Autobahnen, Pat Nixon förderte Sozialarbeit, und Betty Ford nahm sich der Behinderten an. Nancy Reagan kämpfte gegen Drogenmißbrauch, wenn sie nicht gerade mit Hilfe ihrer Astrologin den Terminplan ihres Mannes bestimmte. Barbara Bush, die beliebteste »Landesmutter« seit Jahrzehnten, lehrte Kinder Lesen und Schreiben.

Eine echte politische Beteiligung war dabei unerwünscht. Als Rosalyn Carter am Anfang der Präsidentschaft bei Besprechungen anwesend war, gab es einen derartigen Aufschrei in Washington, daß sie darauf schnell wieder verzichtete.

Anders Hillary. Im Wahlkampf hat sie sich zwar in den Hintergrund schieben lassen, als ihre große Sichtbarkeit ihrem Mann zu schaden schien. Aber bereits in den letzten Tagen vor der Wahl war sie wieder präsent. Als die Stimme ihres Mannes versagte, hielt sie an seiner Stelle die Reden.

Alle Zweifel, ob Hillary sich in die Regierungsgeschäfte ebenso einschalten wird, wie sie es in Arkansas und im Wahlkampf getan hatte, wurden bereits beim den ersten Treffen des gewählten Präsidenten mit der Kongreßführung beseitigt. Hillary nahm daran als gleichberechtigte Partnerin teil. »Sie redete eine Menge und wußte über manches besser Bescheid als wir«, erzählte ihr stolzer Ehemann danach.

Die 45jährige Staranwältin ist damit die mächtigste Frau Amerikas. Zwar wurde die Idee, daß Clinton seine Frau zur Justizministerin ernennt, wie es Kennedy mit seinem Bruder Robert getan hatte, wieder fallengelassen. Aber bereits in der Übergangsphase wurde klar, daß sie alle wichtigen Entscheidungen ihres Mannes mitträgt. Die Spitzenleute in der Regierung wählten beide gemeinsam aus. Bewerber, die Hillary ablehnte, wurden schnell von der Kandidatenliste gestrichen. Clinton will, daß seine Frau regelmäßig an Kabinettssitzungen teilnimmt. Clintons Mitarbeiter wissen genau, daß eine Entscheidung von ihr das gleiche Gewicht wie eine Anordnung des Präsidenten selbst hat.

Konservative Kommentatoren sprechen bereits von einem »Lady Macbeth«- und »Evita Peron«-Phänomen. Sie bezeichnen Hillary als linke Drahtzieherin, die – wie einst Eleanor Roosevelt – über das Weiße Haus einen neuen Sozialaktivismus einleiten wird. Doch in den Augen vieler anderer ist Hillary die stärkste Trumpfkarte ihres Mannes. Nach all der kritischen Berichterstattung im Wahlkampf ist seit der Wahl eine Art Medienkult um Hillary entstanden. Im März 1992 hatte die Zustimmung für Hillary noch spärliche 28 Prozent betragen. Doch nach der Wahl sahen bereits zwei Drittel der Amerikaner in Hillary ein positives Beispiel für amerikanische Frauen und begrüßten es ausdrücklich, daß sie ihren Mann berät. Amerika hat sich an seine neue *First Lady* bereits gewöhnt.

»Das beste wäre, wenn Hillary das Land führt«, meint gar Paul Starr, ein prominenter Kolumnist in Little Rock und Clintons ältester Kritiker. »Ich weiß, das klingt vielleicht komisch, aber sie hat noch nie versagt.«

Wirtschaft – Bonbons und bittere Pillen

Das neue Denken

In den siebziger Jahren schlitterte die amerikanische Wirtschaft in die Krise. Das rasche Wachstum der vergangenen Jahrzehnte kam zum Erliegen, und ein zweimaliger Ölschock verursachte eine große Inflation. Der Kampf gegen die explodierenden Preise führte schließlich zur schlimmsten Rezession seit der Weltwirtschaftskrise. Am Ende der Carter-Ära hatten die USA weder Wachstum noch Preisstabilität. Das Land war inmitten einer »Stagflation«. Der sogenannte *misery index* – die Summe von Inflation und Arbeitslosigkeit – kletterte über 20 Prozent. Das Wirtschaftswunder der Nachkriegszeit schien endgültig vorbei.

Hinter Arbeitslosigkeit und Inflation lag ein noch grundsätzlicheres Problem: Die Produktivität wuchs viel langsamer als früher. Während der wirtschaftliche Ausstoß pro Arbeitskraft in den fünfziger und sechziger Jahren um mehr als zwei Prozent pro Jahr gestiegen war, fiel diese Rate in den siebziger Jahren auf rund ein Prozent. Daher stagnierten auch die Einkommen und der Lebensstandard des Mittelstands.

Konservative Ökonomen sahen die Ursache dafür in zuviel staatlicher Regulierung und zu hohen Steuern, die die Kapitalbildung hemmten. Ihr Rezept hieß *supply side economics,* mit dem Ronald Reagan 1981 dann zum Präsidenten gewählt wurde.

Bessere Bedingungen für Unternehmen und Kapital sollten demnach das Produktivitätswachstum auf sein früheres Niveau heben; niedrigere Steuern auf Einkommen und Kapitalerträge – vor allem für Großverdiener – würden die Sparquote erhöhen und damit der Wirtschaft mehr Kapital für produktive Investitionen zur Verfügung stellen. Das jedenfalls prophezeiten die Apostel der *Reagonomics.* Kritiker nannten das die Strategie der *trickle-down economics* – ein Geldsegen für die Reichen, von dem man hofft, daß er langsam zum einfachen Volk hinuntertropft.

Die Entwicklung schien der neuen Schule vorerst recht zu geben. Unter Reagan kam es zu einem beeindruckenden und langandauernden Wirtschaftsaufschwung. Doch die Konjunktur wurde nicht durch die Ausweitung des Angebots, sondern durch eine stärkere Nachfrage in Schwung gebracht. Das Rezept der Republikaner war in Wirklichkeit das altmodische *deficit spending;* die Wirtschaft wurde durch staatliches Schuldenmachen belebt.

Der Konsum und das Budgetdefizit weiteten sich rasch aus, während die Produktivität weiterhin nur langsam anstieg. Auch die wachsende Verschuldung der Privatwirtschaft trug zur guten Konjunktur und den steigenden Aktienkursen bei. Die Deregulierung der Finanzmärkte förderte Konzernübernahmen und Management-Buy-outs. Immer mehr Firmen ersetzten ihr Aktienkapital durch Kredite und sogenannte *junk bonds* – hochverzinste Anleihen mit wenig Sicherheit. Die durchschnittliche Eigenkapitalquote der US-Unternehmen fiel von 52 Prozent im Jahre 1983 auf 12 Prozent im Jahre 1989. Als sich aber unter Bush das Wirtschaftswachstum abflachte, konnten viele Firmen ihre Kredite nicht mehr bedienen. Der durch Schulden aufgeblasenen Konjunktur ging dann endgültig die Luft aus.

Anfang der neunziger Jahre hat sich dadurch die Strukturkrise der amerikanischen Wirtschaft noch weiter verschärft. Ihr Hauptproblem ist weiterhin der niedrige Produktivitätszuwachs, der sich trotz eines breiten technologischen Fortschrittes in den letzten zwanzig Jahre nicht beschleunigt hat. Auch in Westeuropa hat sich seit 1973 der Produktivitätsanstieg verlangsamt, aber der Rückgang war – außer in Großbritannien – nirgendwo so ausgeprägt wie in den USA. Ursache dafür ist der Niedergang des amerikanischen Schulsystems, aber auch die Kurzsichtigkeit so vieler Unternehmen, die auf schnelle Gewinne aus sind und dabei langfristige strategische Investitionen vernachlässigen.

Hauptsächlich wegen der stagnierenden Produktivität sind die realen Durchschnittsgehälter in den USA seit 1972 um 13 Prozent gefallen. Die Wirtschaft ist nur dadurch gewachsen, daß Jugendliche, Frauen und Immigranten erstmals eine Stelle annahmen und so den Arbeitsmarkt vergrößerten. Eine hohe Arbeitslosigkeit wie in vielen westeuropäischen Industriestaaten wurde zwar verhindert. Aber die meisten neuen Jobs sind schlecht bezahlt und bieten weder Sicherheit noch Status.

Das Scheitern der konservativen Politik ebnete anderen Denkweisen den Weg. Bereits Anfang der achtziger Jahre widersprachen zwei Wirtschaftsexperten der damals herrschenden Meinung: Nicht der Mangel an Kapital, sondern dessen unproduktive Verwendung sei das Hauptproblem der US-Wirtschaft, erklärten der Management-Professor Robert Reich und der Unternehmensberater Ira Magaziner in einem gemeinsamen Buch. Den Schlüssel zu höherer Produktivität und internationaler Wettbewerbsfähigkeit sahen sie in besserem Management, intelligenter Regierungspolitik und vor allem in der Förderung moderner Technologie. Die beiden ehemaligen Rhodes-Stipendiaten sind mit Bill Clinton seit ihren gemeinsamen Oxford-Tagen eng befreundet.

Clintons heutiges Wirtschaftsprogramm fußt über weite Strecken auf dem jüngsten Buch von Robert Reich, *The Work of Nations*. In ihm hat der Harvard-Professor seine früheren Gedanken weitergesponnen: In der weltweit vernetzten Wirtschaft von heute spielen politische Grenzen eine immer geringere Rolle. Fabriken, Technologie und Geld können jederzeit von einem Land in ein anderes wechseln, wenn die Produktionsbedingungen besser sind. »Die Menschen sind in einer weltweiten Wirtschaft die einzigen Ressourcen, von denen der zukünftige Lebensstandard wirklich abhängt. Maßgeblich sind ihre Ausbildung, ihre Fertigkeiten und ihr Wissen – sowie die Infrastruktur, von der sie unterstützt werden«, meint Reich.

Menschen können nicht so leicht wie andere Produktionsfaktoren von einem Land in ein anderes wechseln. Schlecht ausgebildete Arbeitskräfte stehen in Folge der Globalisierung der Wirtschaft in immer härterem Wettbewerb mit Arbeitern aus anderen – und da vor allem – Billiglohn-Ländern. Routinejobs in der Produktion und in der Verwaltung gehen durch die fortschreitende Automatisierung verloren. Dem gegenüber steigt der »Know-how-Anteil« bei Waren und Dienstleistungen. Die Wettbewerbsfähigkeit von Industriestaaten hängt deshalb immer mehr davon ab, ob es in den Staaten Menschen gibt, die dieses Know-how liefern, die in diesem Arbeitsbereich des – wie Robert Reich es nennt – «symbolischen Wissens« zu Hause sind.

Clintons Wirtschaftsprogramm »Putting People First« folgt dieser Theorie. Anstatt Unternehmen und Millionären Geld zur Verfügung zu stellen und dann zu hoffen, daß langfristig alle davon profitieren, muß der Staat selbst für eine bessere Ausbildung der Bevölkerung und die notwendige Infrastruktur – Straßen, Brücken, Flughäfen und Telekommunikationsnetze – sorgen. Wie die Kühe sich die grünste Weide aussuchen, so wird das private Kapital dorthin fließen, wo ihm durch solche Investitionen die besten Bedingungen geboten werden.

»Wachstum durch Investitionen ist für mich der Kern von *Clintonomics*«, meint Clintons Wirtschaftsberater Alan Blinder. »Dem *trickle-down*-Argument der Republikaner zufolge erreicht man höhere Produktivität und höhere Löhne dann, wenn man privates Kapital pro Arbeiter vergrößert. Clinton sieht das umgekehrt: Wenn man besser ausgebildete Arbeitskräfte hat, dann sind sie produktiver, und das führt zu mehr Investitionen und höheren Löhnen. Der Ertrag wird im unteren und mittleren Teil der Gesellschaft konzentriert und sickert dann langsam hinauf.«

Diese Wirtschaftsstrategie verbindet theoretische Erkenntnisse mit den konkreten Erfahrungen von Staaten wie Arkansas, wo ein schlechtes Bildungssystem die wirtschaftliche Entfaltung lange Zeit gehemmt hat. »Es wird immer klarer, daß der Ertrag von Investitionen in Humankapital besonders hoch ist«, erklärt Blinder. »Man erkennt das an der wachsenden Lohnkluft zwischen den besser und schlechter ausgebildeten Arbeitskräften. Dieser Unterschied war noch nie so groß wie heute.«

Clintonomics ist daher auch eine Form von *supply side economics*. Auch sie will die Wirtschaft von der Angebotsseite her verbessern. Allerdings soll das durch ein gezieltes Engagement des Staates und nicht durch seinen Rückzug erfolgen. Sie beschäftigt sich demzufolge weniger mit der Makroökonomie – mit den großen volkswirtschaftlichen Bereichen von Geldpolitik, Fiskalpolitik und der Währung. Sie zielt auf die Mikroökonomie – auf die Arbeitsbedingungen für die und in den Unternehmen. Denn, wie Reich und andere argumentieren, wenn das Kapital jederzeit frei von New York nach Frankfurt oder Tokio wandern kann, reicht es nicht mehr aus, Zinsen, Budget und Wechselkurse im eigenen Land zu managen.

Es ist kein Zufall, daß im engen Kreis von Clintons Wirtschaftsberatern nur wenige Volkswirte zu finden sind. Reich ist ein gelernter Anwalt, Magaziner ein Unternehmensberater, Robert Rubin und Roger Altman sind Investment-Banker, und Robert Shapiro, der Vizepräsident des Progressive Policy Institute, ist Doktor der politischen Ökonomie und ein ehemaliger Journalist. »Wir sind keine starren Ideologen und behaupten daher keineswegs, daß Makroökonomie keine Rolle spielt. Natürlich tut sie das. Sie erzählt nur nicht die ganze Geschichte«, beschreibt Shapiro die Denkweise im Clinton-Team, die im Wahljahr 1992 die wirtschaftspolitische Diskussion beherrscht hat.

Am meisten unterscheidet sich Clintons Programm von der republikanischen Wirtschaftspolitik durch die Führungsrolle, die er dem Staat zuweist. Der neue Präsident und seine Berater glauben, daß die Regierung durch strategische Entscheidungen und Investitionen das Wirtschaftswachstum nachhaltig beeinflussen kann. Noch immer steht der private Sektor an erster Stelle, aber wie in den meisten anderen Industrieländern soll der Staat den privaten Sektor auch in den USA beraten und manchmal auch in eine gewisse Richtung weisen.

»Es gibt zwar eine dramatische Abkehr von der Rhetorik und Politik der Reagan-Bush-Jahre«, meint Robert Solow, Wirtschaftsnobelpreisträger vom renommierten Massachusetts Institute of Technology (MIT) und ein Clinton-Anhänger. »Aber man soll deshalb nicht meinen, daß die Regierung von nun an in der Wirtschaft allgegenwärtig sein wird.«

Auch diese Neubewertung der Rolle des Staates hat ihren Ursprung in wissenschaftlichen Arbeiten. In den siebziger Jahren dominierten an den meisten Universitäten die Vertreter der »Theorie der rationalen Erwartungen«. Sie lehrten, daß der Staat die Wirtschaft überhaupt nicht beeinflussen kann. In den Märkten herrscht nicht nur ein vollkommener Wettbewerb, sondern nach Meinung dieser Volkswirtschaftler sind die Bürger und Unternehmen auch bestens über die Wirtschaftspolitik und deren Auswirkungen informiert. Wenn nun zum Beispiel die Regierung die Konjunktur durch ein größeres Budgetdefizit ankurbeln will, dann würden die Leute sofort eine höhere Inflationsrate erwarten und sich darauf einstellen. Sie würden höhere Löhne fordern und damit den erhofften Erfolg des *deficit spending* zunichte machen. Ihre Schlußfolgerung ist, daß der Staat sich jeder aktiven Wirtschaftspolitik enthalten solle.

In den achtziger Jahren setzte sich demgegenüber eine andere ökonomische Lehrmeinung durch – nämlich die Theorie über das Versagen der Märkte. Demnach entspricht weder das Verhalten von Unternehmen noch das Verhalten der Märkte den Regeln des perfekten Wettbewerbs. In den meisten Branchen dominieren Monopole und Oligopole (eine Gruppe von marktbeherrschenden Unternehmen); Unternehmen sind nicht nur durch das Streben nach dem maximalen Gewinn motiviert; und die Preisbildung auf dem freien Markt zieht negative Folgen wie die Umweltverschmutzung nicht in Betracht. Aber wenn die freien Märkte nicht vollkommen sind, dann ist ein Eingriff des Staates in die Wirtschaft oft erwünscht oder sogar notwendig.

Paul Krugman, ein prominenter 39jähriger Wirtschaftsprofessor vom MIT erläutert diesen Wandel so: »Vor zwanzig Jahren galt es als bahnbrechende Arbeit, wenn ein Ökonom bewies, daß die Märkte vollkommen sind. Heute gilt es als bahnbrechend, wenn man beweist, daß die Märkte nicht vollkommen sind.«

Clinton plant daher eine neue Partnerschaft zwischen der amerikanischen Regierung und der Industrie, so wie sie bereits in Japan, Frankreich und Deutschland besteht. Diese Aufgabe soll in erster Linie der Nationale Wirtschaftsrat erfüllen, der eng mit allen Ministerien und der Privatwirtschaft zusammenarbeitet.

Keineswegs vorgesehen ist jedoch eine Industriepolitik im herkömmlichen Sinn, in der Bürokraten die künftigen Erfolgsbranchen auswählen und diese dann mit Subventionen fördern. Washington wird nur allgemeine Hilfestellungen für Investitionen sowie Forschung und Entwicklung geben. Die Umsetzung dieser Inputs bleibt ausschließlich in der Verantwortung des privaten Sektors. »Clinton lehnt eine Hände-weg-Politik ab, die zu einer weiteren Verschlechterung unserer Produktivität führen würde«, meint Robert Shapiro, »Er will aber auch keine Finger-überall-drin-Politik, die die Regierung direkt in das Management von Unternehmen einschaltet und den Wettbewerb verzerrt.«

Neue Programme, neue Steuern

Clinton spricht oft davon, daß er in den USA Millionen neuer Arbeitsplätze schaffen will. Aber sein Ziel sind nicht nur mehr, sondern auch besser bezahlte Jobs. Das kann aber nur gelingen, wenn die Produktivität der Arbeitskräfte wieder stärker steigt.

Das Kernstück in seinem Plan ist daher ein großes Investitionsprogramm für die Verbesserung der Infrastruktur. Es ist das größte Programm dieser Art seit der Zeit, als unter Präsident Eisenhower mit dem Bau des nationalen Autobahnnetzes begonnen wurde. Mit Investitionen von etwa 20 Milliarden Dollar im Jahr will Clinton Straßen und Brücken erneuern und darüber hinaus den Grundstein für ein Hochgeschwindigkeits-Eisenbahnnetz legen. Ein US-weites Fiberglaskabelnetz soll entstehen, durch das die Computer der Unternehmen, Universitäten, Regierungsämter, Spitäler und Schulen verbunden werden. Aus dem Investitionsfonds soll auch Umwelttechnologie gefördert werden.

1992 wurden nur 28 Milliarden Dollar für Verkehrsprojekte ausgegeben. Experten halten Investitionen in der doppelten Höhe für notwendig. Einigen Expertisen zufolge könnte die Produktivität heute sogar bis zu 50 Prozent höher sein, wenn in den vergangenen zwei Jahrzehnten die öffentlichen Investitionen in die Infrastruktur nicht zurückgegangen wären. Selbst wenn Clintons Programm sein erstes Ziel verfehlt und die Produktivität nicht erhöht, so sollten die Bauprojekte zumindest Arbeitsplätze schaffen.

Das Interesse der Demokraten an Hochgeschwindigkeitszügen bietet europäischen Herstellern große Absatzchancen – sowohl für den französischen TGV wie auch für die deutsche Magnetschwebebahn Transrapid. Geplante Pilotprojekte für eine Transrapid-Verbindung zwischen Los Angeles und Las Vegas sowie dem Flughafen von Orlando in Florida und dem Disneyworld-Vergnügungspark wurden bisher durch Finanzierungsprobleme und durch das mangelnde Interesse der Regierung in Washington behindert. Dies könnte sich nun ändern.

Kritiker warnen davor, daß Interessengruppen in Washington – und nicht objektive Kriterien – über die Vergabe von Investitionsgeldern bestimmen werden. Clintons Ausgabenprogramm würde daher nicht die Wirtschaft ankurbeln, sondern bloß Milliarden von Dollar in nutzlosen Betonbauten vergeuden und der Korruption Vorschub leisten. »Es wäre naiv zu glauben, daß unser politisches System nur auf Grund des wahren Nutzens eines Projektes entscheidet«, meint Steven Kelman, Professor an der Kennedy School of Government in Harvard. Der Kampf gegen die Interessengruppen zählt auch aus diesem Grund zu den wichtigsten Aufgaben des neuen Präsidenten.

Um die Ausbildung der Arbeitskräfte zu verbessern, will Clinton alle Unternehmen verpflichten, mindestens 1,5 Prozent ihrer Lohnsumme für die Schulung von Arbeitnehmern auszugeben. Viele Firmen bieten bereits solche Programme. Ohne eine generelle Verpflichtung entsteht in solchen Unternehmen zur Zeit aber ein »Trittbrettfahrer-Problem«: Betriebe, die Schulungen durchführen, verlieren ihre Arbeitskräfte an solche, die sich diese Ausgabe ersparen.

Der Vorschlag hat viel Kritik bei Unternehmerverbänden hervorgerufen. Sie warnen vor weiteren finanziellen Belastungen insbesondere für kleine Firmen, die dann gezwungen wären, Arbeitsplätze abzubauen oder überhaupt zuzusperren. Experten meinen auch, daß solche Schulungsprogramme – und zwar auch, wenn sie für alle Arbeitnehmer eines Unternehmens konzipiert sind – letztlich doch den höheren Angestellten am meisten nützen. »Anstatt die unteren Ebenen hoch zu ziehen, werden die obersten noch weiter davonziehen«, befürchtet Princeton-Professor Alan Krueger.

Clinton will daher auch ein System der Lehrlingsausbildung für Schulabgänger einrichten, wie sie in Deutschland, Österreich und der Schweiz besteht, und auch technische Lehrgänge stärker fördern. Dafür sind Ausgaben von rund 3 Milliarden Dollar jährlich vorgesehen.

Ein weiterer Kernpunkt im Clinton-Plan ist die Belebung von Forschung und Entwicklung (F&E) in Unternehmen, Universitäten und staatlichen Forschungsinstitutionen. Mit einer konzertierten Aktion soll die US-Industrie den Wettbewerbsrückstand gegenüber den Hauptkonkurrenten Japan und Deutschland aufholen. Viele der diesbezüglichen Vorschläge stammen von Vizepräsident Gore, der im Senat als Technologie-Freak bekannt war. In der Clinton-Regierung soll Gore die Rolle des Technologiepapstes übernehmen, der alle Regierungsprogramme koordiniert und eine neue Ära der Partnerschaft zwischen Regierung und Wirtschaft einleitet. Unter Reagan und Bush wurde jedes derartige Engagement als gefährlicher Interventionismus gebrandmarkt. Doch viele Industrien begrüßen heute eine Partnerschaft dieser Art, und führende Technologiefirmen habe gerade deshalb im Wahlkampf erstmals die Demokraten unterstützt.

Clinton plant eine F&E-Agentur, die für die Entwicklung neuer Technologien und Produkte Unternehmen und Universitäten näher zueinanderrücken soll. Er will größere Steuerbegünstigungen für Forschungsausgaben und betreibt die Neuausrichtung der staatlichen Forschungslabors – wie Lawrence Livermore – von militärischen zu kommerziellen Produkten. Derzeit gibt die US-Regierung 76 Milliarden Dollar für F&E aus; 60 Prozent davon aber für militärische Projekte. Clinton will bereits 1993 ein ausgeglichenes Verhältnis zwischen militärischen und zivilen Projekten herstellen und damit dem kommerziellen Sektor zusätzliche 7 Milliarden Dollar zur Verfügung zu stellen.

Clinton verspricht sich auch viel von einem nationalen Netz von Informationszentren, in denen sich kleinere Unternehmen Auskunft über die jüngsten technologischen Fortschritte holen können. In der Landwirtschaft haben solche Institutionen in den vergangenen Jahrzehnten viel dazu beigetragen, um Amerikas Farmen in technisch moderne und effiziente Agrarfabriken umzuwandeln. Für die Industrie gibt es derzeit nur wenige solcher Informationszentren, die sich überdies bislang kaum bewährt haben. Durch eine größere Dichte und mehr Geld wollen die Demokraten nun das System verbessern.

Die Demokraten planen auch weitere Förderungen für Mittelstandsunternehmen, mit denen sie viele der von Reagan und Bush eingeführten Maßnahmen ausweiten wollen. Die Bestimmungen für die Vergabe von Krediten, die nach dem Sparkassenfiasko verschärft wurden, sollen wieder erleichtert werden, um kleinen Firmen den Zugang zu Darlehen zu erleichtern. Banken sollen durch sanften Druck oder neue Bestimmungen dazu gebracht werden, in ihren eigenen Gemeinden mehr Kredite an aufstrebende Kleinunternehmer zu vergeben. Investitionen in kleinere Firmen, die von einem Investor mindestens fünf Jahre gehalten werden, sollen steuerlich begünstigt werden. Zu stärkeren Investitionen soll auch ein *targeted investment tax credit* beitragen – ein Steuerfreibetrag, der Investitionen dann begünstigt, wenn sie über dem Vorjahresniveau liegen.

Im Wahlkampf hat Clinton immer wieder sein Programm für die Umstellung von militärischer auf zivile Produktion betont. Die Vorschläge, die bisher auf dem Tisch liegen, bezeichnen Experten aber als eher vage. Die großen Rüstungskonzerne wie McDonnell-Douglas und General Dynamics werden mit dem Ausfall von Verteidigungsaufträgen allein zurechtkommen müssen. »Ich bin skeptisch, ob große Rüstungsfirmen so leicht in anderen Produktionsbereichen Fuß fassen können. Wir hatten mit solchen Programmen bisher keine gute Erfahrung«, meint Will Marshall, Präsident des Progressive Policy Institute und Clinton-Berater für Verteidigungsfragen.

Kleineren Rüstungsfirmen will die Regierung mit Steuererleichterungen, Subventionen, zinsgestützten Krediten sowie Marketing- und Produktionsberatung unter die Arme greifen. Arbeiter, die ihren Job in der Rüstungsindustrie verloren haben, sollen mit staatlicher Hilfe umgeschult und bei Neuanstellungen bevorzugt werden. Gemeinden, die durch den Verlust von Rüstungsaufträgen und die Schließung von Militärbasen betroffen sind, sollen finanzielle Zuschüsse erhalten. Auch die Förderung der Raumfahrtorganisation NASA und der umstrittenen Raumstation, die bis zu 30 Milliarden Dollar kosten wird, soll helfen, den Rückgang an Verteidigungsprojekten zu kompensieren.

Insgesamt dürften in den nächsten vier Jahren bis zu 60 Milliarden Dollar für die Umstellung von Rüstungsbetrieben ausgegeben werden. Der Erfolg dieses Programmes hängt hauptsächlich vom Wirtschaftswachstum ab. Wenn die Konjunktur anspringt, werden die geschätzten 1,6 Millionen Angestellten in der Rüstungsindustrie, die in den nächsten Jahren ihre Arbeitsplätze verlieren könnten, schnell neue Stellen finden. Wenn jedoch die Stagnation anhält, kann auch das beste Umstellungsprogramm nur wenig helfen.

Mit diesen Plänen will Clinton die geplanten Kürzungen im Verteidigungshaushalt politisch mehr tragbar machen. Denn die Militärausgaben sollen in den nächsten sechs Jahre um rund 30 Prozent auf 1360 Milliarden Dollar reduziert werden. Das sind 43 Milliarden Dollar oder 4 Prozent mehr als die Kürzungen, die Bush bereits geplant hatte. Die meisten Arbeitsplätze werden in großen Staaten wie Kalifornien und Texas verlorengehen, die auch in den Präsidentenwahlen 1996 entscheidend sein werden.

Clinton braucht die Einsparungen in der Rüstung jedoch für die Finanzierung seines Investitionsprogramms. Alle anderen Einsparungen, die im demokratischen Wahlprogramm versprochen werden, sind viel schwerer zu verwirklichen. So will der Präsident den Beamtenapparat der Bundesregierung um 100 000 Personen verkleinern und durch bessere Organisation und weniger Verschwendung in den Bundesbehörden in vier Jahren 26 Milliarden Dollar einsparen. Nicht einmal im Clinton-Team glaubt man an diese Zahlen.

Trotz aller Kürzungen auf der Ausgabenseite kommt Clinton nicht umhin, auch Steuern zu erhöhen. Er will sie ausschließlich von den Reichsten des Landes eintreiben. Für Familien mit einem Jahreseinkommen über 200 000 Dollar – sie stellen rund 2 Prozent der Bevölkerung – soll der Grenzsteuersatz von 31 auf 36 Prozent erhöht werden. Familien mit Einkommen über 125 000 Dollar sollen höhere Beiträge zur Medicare-Krankenversicherung leisten und mehr Steuern auf ihre staatliche Sozialversicherungsrente zahlen.

Von all diesen Schritten erwarten sich die Demokraten bis 1996 107 Milliarden Dollar an Mehreinnahmen. Diese Zahl wird auch von unabhängigen Fachleuten als realistisch eingeschätzt. Der Mittelstand – das sind nach Clintons Definition Familien mit einem Jahreseinkommen unter 80 000 Dollar – soll jedoch von jeder Steuererhöhung verschont bleiben und vielleicht sogar von einer Steuerreform ein wenig profitieren.

Von einheimischen Firmen möchte Clinton zusätzlich zwischen 25 und 30 Milliarden Dollar im Jahr einnehmen – hauptsächlich durch eine Erhöhung der Körperschaftssteuer. Ausgaben für Lobbyisten sollen nicht mehr als gewöhnliche Geschäftsausgaben gewertet werden, die von der Steuer absetzbar sind. Clinton will Firmen auch nicht mehr erlauben, Gehälter von mehr als einer Million Dollar jährlich von der Körperschaftssteuer abzusetzen. Damit sollen die in vielen Konzernen in den achtziger Jahren gewaltig gestiegenen Vorstandsbezüge begrenzt werden.

Auch amerikanische Tochtergesellschaften ausländischer Unternehmen sollen nach der Vorstellung der Demokraten als finanzielle Melkkuh dienen. Von ihnen will man in den nächsten vier Jahren bis zu 45 Milliarden Dollar zusätzlich einnehmen. Schärfere Kontrollen sollen nämlich die Verschiebung von Gewinnen ins Ausland stoppen, die durch die Manipulation der sogenannten Transferpreise möglich ist – das sind Preise, die sich Tochtergesellschaften innerhalb eines Konzerns gegenseitig verrechnen.

Der Vorschlag hat in europäischen und japanischen Konzernzentralen Besorgnis hervorgerufen. Die Demokraten berufen sich auf Statistiken, die zeigen, daß die durchschnittliche Gewinnspanne der ausländischen Unternehmen in den USA zwei Drittel unter der Gewinnspanne der US-Konzerne liegt. 72 Prozent aller ausländischen Gesellschaften zahlen überhaupt keine Steuern. Wieviel davon auf die Manipulation von Transferpreisen zurückgeht, ist sehr schwer abzuschätzen; denn viele Niederlassungen ausländischer Firmen stecken noch in der gewinnlosen Aufbauphase, während andere nur aus Gründen der Marktpräsenz gegründet wurden und überhaupt keine Gewinne abwerfen sollen.

Manche Beobachter bezweifeln überhaupt, ob diese Anschuldigungen gegen ausländische Firmen gerechtfertigt sind. Es hat ja wenig Sinn, Gewinne aus den USA mit ihren niedrigen Steuersätzen nach Japan oder Westeuropa zu transferieren, wo Körperschaftssteuern viel höher sind. Die Schätzungen darüber, wieviel die US-Finanzbehörden wirklich zusätzlich aus dieser Quelle einnehmen könnten, reichen daher von einer Milliarde bis zu 30 Milliarden Dollar pro Jahr. Das Clinton-Team hat einfach einen Mittelwert gewählt und so das politisch attraktive Thema im Wahlkampf eingesetzt. Es ist ja immer eine populäre Maßnahme, Steuern von Ausländern einzutreiben.

Die Durchführung könnte jedoch zum administrativen Alptraum werden. Die Manipulation von Transferpreisen ist schwer nachzuweisen, und große Unternehmen haben meist bessere Anwälte als die Finanzbehörden. Ein allzu hartes Vorgehen würde ausländische Investoren in den USA abschrecken und so der Wirtschaft mehr schaden als nützen.

Mit seinem Steuerpaket will Clinton auch wieder ein wenig die Einkommensschere zwischen Arm und Reich schließen, die unter Reagan und Bush so stark angewachsen war. Die republikanische Steuerpolitik ist nur eine der Ursachen für diese Entwicklung. Ein weiterer wichtiger Faktor ist die Globalisierung der Wirtschaft und die Automatisierung in Industrie und Datenverarbeitung, die das Einkommen von qualifizierten Fachkräften erhöht und von schlecht ausgebildeten Arbeitern senkt. 1980 verdiente ein amerikanischer Hochschulabsolvent mit zehn Jahren Arbeitserfahrung um 31 Prozent mehr als ein gleichaltriger Angestellter ohne Studium. 1988 betrug der Unterschied bereits 86 Prozent; er liegt heute bei fast 100 Prozent. 1989 waren 2 Prozent aller Hochschulabsolventen, aber 9 Prozent aller Arbeitskräfte ohne Studium arbeitslos.

In allen Industriestaaten gibt es ähnliche Entwicklungen. Aber in keinem anderen Land sind die Einkommensunterschiede so stark gewachsen wie in den USA. Für diese Sonderentwicklung dürfte die Schwäche der US-Gewerkschaften verantwortlich sein, aber auch der Berufseintritt von Millionen Frauen, die den Konkurrenzkampf um die niedrigsten Arbeitsplätze verstärkten und dadurch die schon niedrigen Löhne weiter gedrückt haben. Weitere Ursachen sind unzulängliche Sozialleistungen, die schlechten öffentlichen Schulen und die neuen Freiräume für Unternehmer und Finanzjongleure, die in den achtziger Jahren Vermögen verdienen konnten.

Clintons Programm dürfte die Steuerlast ein wenig zu Lasten der Reichen verschieben. Auch eine Belebung der Wirtschaft und Verbesserung der Ausbildung würde den Menschen aus den unteren Schichten den Aufstieg erleichtern. Die wirtschaftlichen Kräfte, die die Einkommensschere Jahr für Jahr vergrößern, kann er vielleicht dämpfen, aber nicht beseitigen. Auch unter Clinton werden in den USA die Kontraste zwischen arm und reich erschreckend hoch sein.

Das Monster-Defizit

Im Wahljahr 1992 erreichte das amerikanische Budgetdefizit einen Rekordstand von 290 Milliarden Dollar. Clinton hat versprochen, das Defizit innerhalb der nächsten vier Jahre um die Hälfte zu verringern. Doch hier steht sein Programm auf dünnem Eis. Amerikas Ökonomen und Finanzexperten sind sich in einem Punkt einig: Die diesbezüglichen Zahlen in Clintons Wahlprogramm stimmen einfach nicht. Daß die Zahlen von George Bush noch weniger realistisch waren, ist dabei nur ein schwacher Trost. Das *Wall Street Journal* schrieb vor der Wahl, Clinton und Bush »versprechen nicht nur die Sterne, sondern auch ein Raumschiff, um gratis hinzukommen«.

Auf der Ausgabenseite schlägt Clinton neue Programme im Ausmaß von 55 Milliarden Dollar und 10 Milliarden Dollar Steuererleichterungen im Jahr vor. Auf der Haben-Seite plant er Einsparungen und Steuererhöhungen von je 45 Milliarden Dollar. Theoretisch würde dieses Programm das Defizit um 25 Milliarden Dollar im Jahr verringern. Doch die Zahlen auf der Ausgabenseite sind um vieles konkreter und glaubwürdiger als die Einnahmen. Daher drohen Clintons Pläne die Neuverschuldung eher zu vergrößern als zu verkleinern.

Aber das wirkliche Problem sind längerfristige Trends, auf die die Clinton-Regierung keinen direkten Einfluß hat. Wenige Tage vor der Amtsübergabe an Clinton ließ Bushs Budgetdirektor Richard Darman eine Bombe platzen: Nach jüngsten Berechnungen würde das Defizit auch ohne eine Änderung der staatlichen Wirtschaftspolitik in den kommenden Jahren nicht zurückgehen. Für 1993 wird ein Rekorddefizit von 327 Milliarden Dollar erwartet. Das soll zwar bis 1996 auf rund 266 Millarden schrumpfen, aber bereits 1998 wieder auf 320 Millarden Dollar klettern. Seit der Veröffentlichung von Clintons Wirtschaftsprogramm hatten sich die Voraussetzungen für eine Budgetkonsolidierung dramatisch verändert. In einer Krisensitzung zu Jahresende mußten Clintons Berater ihrem Chef die Nachricht überbringen, daß die Zahlen in seinem Programm nicht mehr stimmen.

Es gibt verschiedene Erklärung für diese Entwicklung: Die Wirtschaft ist 1992 schwächer gewachsen als erwartet, und die Sanierung der *savings & loans*, der konkursreifen Sparkassen, kostet mehr als ursprünglich vorgesehen. Das größte Problem aber ist der massive Anstieg der Kosten des Gesundheitssystems, die die Ausgaben der staatlichen Versicherungsprogramme Medicare und Medicaid in die Höhe treiben.

Die Meinungen darüber, welche Folgen das amerikanische Budgetdefizit hat, gehen weit auseinander. Für Perot ist es die Quelle allen wirtschaftlichen Übels. In manchen akademischen Kreisen hält sich hingegen die Ansicht, das Defizit würde keinerlei Schaden anrichten. Die Wahrheit liegt wohl irgendwo in der Mitte. Nach absoluten Zahlen hat sich die jährliche Neuverschuldung seit Beginn der achtziger Jahre vervierfacht. Gemessen am Bruttoinlandsprodukt (BIP, der Summe aller im Lande erzeugten Produkte und Dienstleistungen), hat es sich jedoch höchstens verdoppelt. 1992 lag das Defizit aller öffentlichen Körperschaften der USA bei rund 4,4 Prozent vom BIP. Das ist der gleiche Stand wie in Deutschland, um einiges höher als in Österreich und liegt unwesentlich über dem Durchschnitt der sieben großen Industriestaaten, der G-7.

Die kumulierte US-Bruttostaatsverschuldung betrug 1991 58 Prozent des BIP. Das war zwar höher als der deutsche Vergleichswert von 42 Prozent, lag aber noch unter dem Durchschnitt der G-7. Trotz all dieser Vergleiche reicht Amerikas absolute Schuldenstand von 4 Billionen Dollar aus, um Politikern und Finanzfachleuten schlaflose Nächte zu bereiten.

Was im Vergleich zu anderen Staaten das amerikanische Defizitproblem verschärft, ist die niedrigere Sparquote des Landes. Ende der achtziger Jahre ersparten sich alle Haushalte, Unternehmen und öffentlichen Einrichtungen nur 15 Prozent des BIP, verglichen mit 24 Prozent in Deutschland und 33 Prozent in Japan. Die geringe Sparleidenschaft der Amerikaner macht das Land nicht nur von ausländischem Kapital für die Finanzierung des Defizits abhängig. Sie dämpft auch das Produktivitätswachstum, indem mehr Geld in den Konsum geleitet wird, so daß für Investitionen weniger Geld zur Verfügung steht.

Fachleute kennen kein wirksames Rezept dafür, wie man man private Haushalte zu einer höheren Sparneigung verleitet. Deshalb hat Clinton nur ein Instrument, um die Sparquote zu steigern: Er muß den öffentlichen Sektor zu mehr Sparsamkeit anhalten; das heißt, er muß das Budgetdefizit verringern.

Ross Perot hat die Frage des Defizits zum Prüfstein der Integrität und Ehrlichkeit in der Politik gemacht. Als Präsident kann es sich Clinton daher auch aus politischen Gründen nicht leisten, das Problem zu ignorieren. Aber die Finanzmärkte geben ihm dabei wenig Spielraum. Nur wenn er ein glaubwürdiges Programm auf die Beine stellt, werden auf dem schnell reagierenden Anleihenmarkt die langfristigen Zinsen sinken, wodurch Investitionen angekurbelt werden und die Konjunktur belebt wird.

Um glaubwürdig zu sein, müßte Clinton nach Meinung vieler Ökonomen sein im Wahlkampf verkündetes Ziel verwirklichen und das Defizit bis 1996 auf rund 150 Milliarden Dollar senken. Andere Fachleute, darunter auch Mitglieder der Clinton-Regierung, fordern eine totale Beseitigung des Defizits. Doch das würde nur durch weitere Steuererhöhungen und drastische Sparmaßnahmen gelingen.

Zwar würde ihm stärkeres Wirtschaftswachstum dabei helfen, aber die Hoffnung, durch Konjunkturspritzen aus dem Defizit herauszuwachsen, ist genauso trügerisch wie Reagans Versprechen vor zwölf Jahren, mit Hilfe von Steuersenkungen einen ausgeglichenen Haushalt zu erzielen. In den kommenden vier Jahren müßte die Wirtschaft dafür nämlich 4,5 bis 5 Prozent im Jahr wachsen, und damit rechnen nicht einmal Optimisten. »Ich befürchte, die Demokraten machen die gleichen absurden Behauptungen über Investitionen, mit denen sie das Defizit beseitigen wollen, wie die Konservativen über Steuersenkungen«, sagt Henry Aaron, der Wirtschaftsexperte der Brookings Institution – der führende unabhängige *think tank* in Washington.

Dennoch schlugen einige Berater in Clintons Team vor, gleich am Anfang der Präsidentschaft das Defizit um 20 bis 50 Milliarden Dollar auszuweiten, um so die stagnierende Wirtschaft wieder in Gang zu bringen. Gleichzeitig sollte Clinton aber auf einen festen Zeitplan für eine spätere Budgetkonsolidierung bestehen.

Doch die meisten Wirtschaftsdaten, die Clinton zu Beginn seiner Präsidentschaft zur Verfügung stehen, sprechen gegen diese Strategie. Nicht nur ist das Defizit größer als erwartet, auch die Wirtschaft scheint Ende 1992 endlich angesprungen zu sein und dürfte in den ersten beiden Clinton-Jahren relativ kräftig wachsen. Ein Konjunkturprogramm, so warnen viele Ökonomen, wäre die falsche Maßnahme zur falschen Zeit. Dieser Meinung scheinen sich die Spitzen seines Wirtschaftsteams wie Finanzminister Bentsen und Budgetdirektor Panetta anzuschließen.

Auch wahlpolitische Gründe legen es Clinton nahe, möglichst früh mit der Verringerung des Defizits zu beginnen. Wenn er die dafür notwendigen Schritte am Anfang seiner Amtszeit unternimmt, kann er noch am ehesten mit Unterstützung im Kongreß rechnen und darauf hoffen, daß die Wähler die daraus resultierenden Schmerzen bis zu den Wahlen im Jahre 1996 vergessen haben. Clinton würde dann in der Lage sein, kurz vor dem Urnengang die Wirtschaft durch *deficit spending* anzukurbeln.

Die meisten Präsidenten seit dem Zweiten Weltkrieg haben verstanden, mit diesem »politischen Konjunkturzyklus« zu spielen. Sie bekämpften die Inflation in der ersten Halbzeit und förderten das Wachstum in der zweiten. Die großen Ausnahmen waren Jimmy Carter und George Bush. Sie waren auch jene zwei gewählten Präsidenten, die das Weiße Haus nach nur einer Amtsperiode wieder verlassen mußten.

Was muß Clinton also tun, um das Defizit wirklich in den Griff zu bekommen? In der letzten der drei Präsidentschaftsdebatten versprach er, notfalls die Einführung seiner Investitionsprogramme zu verzögern, sollte der Staat weniger Geld einnehmen als erwartet. Manche Experten lehnen eine solche Lösung ab. »Defizite sind schädlich, weil sie in einer Gesellschaft den Hang zu Investitionen hemmen«, meint Clinton-Berater Blinder. »Das Defizit durch eine Streichung von Investitionen zu verringern, ist daher der falsche Weg.« Nützlich wären aber Kürzungen in Ausgabenprogrammen, die die Produktivität nicht fördern – wie Einkommenszuschüsse an den Mittelstand.

Ein wichtiges Werkzeug zur Eindämmung des Defizits gäbe ihm die vom Kongreß zu erteilende Ermächtigung zum »Einzelveto«. Das würde ihm erlauben, die Budgetgesetze des Kongresses nach überflüssigen Projekten zu durchforsten. Im Wahlprogramm sprach Clinton von mindestens 10 Milliarden Dollar, die er in vier Jahren durch ein derartiges Veto einsparen könnte.

Ein Hindernis im Kampf gegen das Defizit sind Clintons Wahlversprechen, den Mittelstand steuerlich nicht mehr zu belasten. Damit folgte er einer beliebten Übung in der amerikanischen Politik, die viel zur Wirtschaftskrise beigetragen hat. Der Präsidentschaftskandidat Walter Mondale war 1984 mit seiner Ankündigung, Steuern zu erhöhen, untergegangen. Seither gelten Steuererhöhungen für einen Kandidaten als sicherste Art, politischen Selbstmord zu begehen. Dabei haben die USA heute die bei weitem niedrigste Steuerquote aller Industriestaaten.

Selbst Ross Perot hat sein Programm zur Budgetkonsolidierung, das weitreichende Steuererhöhungen und Ausgabenkürzungen vorsieht, erst nach seinem ersten Rückzug aus der Kandidatur veröffentlicht und die unangenehmen Details nach seiner Rückkehr in die politische Arena kaum erwähnt. Bush schürte im Wahlkampf bewußt die Angst des Mittelstands, daß Clinton auch dessen Steuern erhöhen werde. Er verleitete seinen Gegner so zur Abgabe eines Versprechens, das dieser wahrscheinlich nicht halten kann. »Wenn man ein ernsthaftes Programm zur Defizitsenkung zusammenstellt,« meint Budgetdirektor Leon Panetta, »dann muß auch die Mittelschicht einen Teil der Last tragen. Anders geht es nicht.«

Auch andere politischen Ziele wird der Präsident nur erreichen können, wenn er auf irgendeine Weise die tiefe Ablehnung der Amerikaner gegenüber neuen Steuern überwindet. Denn Clintons Investitions- und Ausgabenprogramm reicht kaum aus, um die USA in seinem Sinne umzugestalten – besonders im Bereich des Bildungswesens und wahrscheinlich auch in der Reform des Fürsorgesystems. Vor allem sein Plan, jedem Amerikaner einen Versicherungsschutz gegen Krankheit zu geben, würde den Rahmen seiner Budgetvorschläge sprengen.

Einige von Clintons Beratern, darunter die stellvertretende Budgetdirektorin Alice Rivlin, befürworten deshalb seit langem die Einführung einer Energiesteuer sowie die Schaffung einer Bundes-Mehrwertsteuer nach europäischem Vorbild. Mit solchen Maßnahmen ließe sich das Defizit bis zum Ende des Jahrzehnts aus der Welt schaffen. Es gebe außerdem genügend Geld, um viele Strukturprobleme des Landes wirksam zu bekämpfen.

Die USA haben die niedrigsten Treibstoffsteuern aller Industriestaaten, und sie haben auch den höchsten Pro-Kopf-Verbrauch an Benzin. Clinton hat im Wahlkampf eine höhere Benzinsteuer mit der Begründung abgelehnt, daß damit die sozial Schwächsten am härtesten getroffen werden. Er hat – ebenso wie Bush – Ross Perots Plan heftig kritisiert, die Benzinsteuern innerhalb von fünf Jahren um 50 cents pro Gallone (rund 21 Pfennig bzw. 1,50 Schilling pro Liter) zu erhöhen. Doch es gibt Anzeichen, daß Clinton einer Benzinsteuer nicht mehr so abgeneigt ist, wenn sie von Ausgleichsmaßnahmen für stark betroffene Gruppen begleitet wird. Besonders Landwirte und Kleinunternehmer sollen keine zusätzliche Belastung nicht zu spüren bekommen.

Bleibt die Frage der großen Sozialprogramme, von denen auch der Mittelstand profitiert – die Pensionsversicherung, Studentenkredite, die Unterstützung der Kriegsveteranen und die beiden Gesundheitsprogramme Medicare und Medicaid. Sie verursachen zusammen Ausgaben von jährlich etwas 750 Milliarden Dollar, das ist die Hälfte des gesamten Budgets. Viele Experten glauben, daß Clinton drastische Einschnitte in diesen Programmen vornehmen muß, wenn er das Defizit wirklich verringern will.

Diese Kürzungen wären besonders bei den kleinen Leuten unpopulär und politisch riskant. Aber wenn Clinton den Mut dafür aufbringt, hat er bessere Chancen als seine republikanischen Vorgänger, den Wählern die Notwendigkeit dieser Einsparungen verständlich zu machen.

Amerikas Außenhandel

Die Wahl Clintons hat bei Amerikas wichtigsten Handelspartnern Besorgnis ausgelöst. George Bush und seine Republikaner waren von ihrer Ideologie und ihrem Instinkt nach Anhänger des Freihandels. Aber selbst unter ihrer Führung hatten die USA in den letzten Jahren in Außenhandelsfragen eine härtere Gangart eingeschlagen. Noch in der Übergangsphase zwischen Bush- und Clinton-Präsidentschaft drohten sie in der Kontroverse um den Export von Ölsaaten mit Sanktionen gegen europäische Agrarprodukte und beschränkten die Einfuhr von Stahlerzeugnissen.

Selbst die Republikaner schienen also bereit, im Kampf um Handelsvorteile einen Handelskrieg zu riskieren. Was ist nun von einem Vertreter der Demokraten zu erwarten, die seit Jahren »gemanagten Außenhandel« befürworten und immer wieder fordern, angeblichen unfairen europäischen und japanischen Handelspraktiken mit protektionistischen Maßnahmen zu begegnen?

Die Außenhandelspolitik ist eines der großen Fragezeichen der Clinton-Präsidentschaft. Die demokratische Partei ist zwischen Anhängern des Freihandels und Befürwortern von protektionistischen Maßnahmen gespalten. Beide Richtungen sind in Clintons Regierung vertreten. Der Handelsbeauftragte Mickey Kantor selbst ist keinem dieser Flügel zuzuordnen. Er hat keine Erfahrung in Außenhandelsfragen und wird wahrscheinlich einen pragmatischen Kurs verfolgen.

Clinton selbst zählt eher zu den Anhängern des Freihandels. Als Gouverneur von Arkansas war er eifrig bemüht, Investitionen ausländischer Unternehmen anzulocken und Export-Firmen zu fördern. So hat sich in Arkansas von 1979 bis 1991 die Zahl der Gesellschaften verdoppelt, die international tätig sind.

Arbeitsminister Robert Reich, Clintons engster Wirtschaftsberater, ist sogar ein vehementer Gegner jedes wirtschaftlichen Nationalismus. In seinem Buch *The Works of Nations* schreibt Reich zum Beispiel, daß sich die großen Konzerne heute so weit internationalisiert hätten, daß man zwischen amerikanischen, japanischen oder europäischen Unternehmen gar nicht mehr unterscheiden könne. Forschung, Produktentwicklung, Zulieferungen, Montage und Verkauf seien heute in der ganzen Welt verstreut, so daß in- von ausländischen Produkten kaum noch zu trennen seien. »Die japanischen Autoproduzenten in den USA kaufen oder produzieren mindestens 75 Prozent ihrer Zulieferungen in den USA – das ist ein höherer Anteil als bei amerikanischen Autofirmen«, schreibt Reich. Protektionismus ist daher in erster Linie eine Begünstigung amerikanischer Manager und ihrer Aktionäre, hilft aber kaum beim Erhalt von Arbeitsplätzen.

Doch im Gegensatz zu Reagan und Bush hat Clinton keine ideologischen Hemmungen vor staatlichen Interventionen in der Wirtschaft. Deshalb ist er eher bereit, strategisch wichtige Industriezweige durch Subventionen zu fördern und auf protektionistische Maßnahmen anderer Staaten mit eigenen Schutzzöllen und Quoten zu reagieren, wenn er meint, damit die Wettbewerbsfähigkeit der US-Wirtschaft verbessern zu können.

Die lauteste Stimme für eine interventionistische Handelspolitik im Clinton-Team ist die von Chef-Wirtschaftsberaterin Laura Tyson. In ihrem jüngsten Buch *Who's Bashing Whom* hat die kalifornische Ökonomin selbst konservative Kollegen mit ihren Argumenten beeindruckt. Nach Tysons Meinung kann die eigene Wirtschaft von selektiven Subventionen, temporären Handelsschranken gegen andere Länder und harten Verhandlungen über die Öffnung ausländischer Märkte manchmal mehr profitieren als durch Freihandel.

Anfang des 19. Jahrhunderts hat der große Ökonom David Ricardo den freien Welthandel mit der Theorie des »komparative Vorteils« legitimiert. Diese Vorteile waren hauptsächlich durch die Natur – etwa durch das Klima – gegeben. Aber am Ende des 20. Jahrhunderts ist die Produktion kaum mehr von solchen naturgegebenen Faktoren abhängig. Die Staaten selbst können sich in modernen Industrien einen Wettbewerbsvorteil schaffen, indem sie als erste in eine neue Technologie investieren und mit modernen Produkten als erste auf den Weltmarkt kommen. Wer zu spät kommt, kann nur noch schwer konkurrieren. Staatliche Maßnahmen können daher sehr wohl komparative Vorteile schaffen und das Rennen um die Hochtechnologie mitentscheiden.

So verteidigt die »vorsichtige Aktivistin« Tyson das europäische Airbus-Programm, das bei den meisten US-Ökonomen auf Ablehnung stößt, und unterstützt auch die umstrittenen Mikrochip-Abkommen zwischen Washington und Tokio, mit denen die USA seit 1986 den Import von japanischen Halbleitern nach Amerika eingeschränkt und für US-Chips einen garantierten Marktanteil in Japan ausgehandelt hat. Der Erfolg dieser Politik scheint Tyson recht zu geben: Nach Jahren der Krise ist die US-Halbleiterindustrie wieder aufgeblüht – dank eigener technischer Fortschritte, aber auch mit Hilfe der Handelsvereinbarungen. Eine zentrale Rolle spielte dabei auch das von der Bush-Regierung geförderte Halbleiterkonsortium Sematech, in dem das Verteidigungsministerium gemeinsam mit zwölf US-Unternehmen seit 1987 Forschung und Entwicklung betreibt.

Unter Clinton werden die USA verstärkt solche Strategien verfolgen, um in neuen Technologien die weltweite Führung zu übernehmen. Das bedeutet Subventionen für US-Unternehmen und manchmal auch Handelsschranken gegen ausländische Produkte.

Kritiker sehen die Gefahr dieser Politik weniger in der Theorie als in deren Durchführung. Auch Tyson unterscheidet zwischen gutem und schlechtem Handelsaktivismus – zwischen den »guten« zeitweiligen Hilfestellungen für aufstrebende Branchen, die sich am Weltmarkt behaupten wollen, und den »schlechten« Maßnahmen, die ineffiziente und veraltete Industrien vor der überlegenen Konkurrenz aus dem Ausland schützen sollen.

Doch alte Industrien haben in Washington meist mehr Einfluß als junge Branchen, und so kann eine gutgemeinte Handelsstrategie allzu leicht in eine Protektionsorgie ausarten, die den freien Welthandel zerstört. Je komplexer und weniger transparent die Maßnahmen, desto größer wird die Wahrscheinlichkeit, daß es zu einem »schlechten« Handelsaktivismus kommt. Auch hier hängt das Ergebnis schlußendlich von Clintons Fähigkeit ab, mit den Lobbies und den Interessenverbänden fertigzuwerden.

Im Gegensatz zu vielen Republikanern, für die freier Außenhandel eine Glaubensfrage ist, sieht Clinton Handelspolitik als integralen Bestandteil einer größeren Wirtschaftsstrategie. »Die Frage ist nicht, ob wir den freien Handel unterstützen und Märkte öffnen sollen«, erklärte er im Wahlkampf. »Natürlich sollen wir. Die wirkliche Frage ist, ob wir eine nationale Wettbewerbsstrategie haben, die sichert, daß wir die Früchte des Handels auch selbst ernten.«

Das beste Fallbeispiel dafür ist Clintons Haltung zur Nordamerikanischen Freihandelszone (NAFTA), die Bush mit Mexiko und Kanada ausgehandelt hat. Clinton mußte dazu im Wahlkampf Stellung beziehen und stand dabei im Spannungsfeld zwischen den Gewerkschaften auf der einen und Industrie und Konsumenten auf der anderen Seite. Die Gewerkschaften bekämpfen NAFTA, weil sie fürchten, daß dadurch viele Arbeitsplätze ins Billiglohn-Land Mexiko abwandern.

Clinton gab dem protektionistischen Druck in seiner Partei nicht nach, sondern sprach sich nach einer längeren Denkpause für den NAFTA-Vertrag aus. Er forderte jedoch Zusatzabkommen, um die Rechte der Arbeiter in Mexiko und den USA zu schützen und Mindestnormen für den Umweltschutz festzulegen. Die mexikanische Regierung, die viel politisches Kapital in die NAFTA investiert hatte, war zufrieden, während Bush diesen Mittelweg als typisches Beispiel für Clintons opportunistische Wankelmütigkeit bezeichnete. Der Vertrag muß vom US-Kongreß noch ratifiziert und vom Präsidenten unterschrieben werden.

In der Uruguay-Runde des Allgemeinen Zoll- und Handelsabkommen GATT will Clinton die Verhandlungstaktik seines Vorgängers fortsetzen. Beobachter rechnen weder mit neuen Forderungen noch mit einem härteren Ton. In zukünftigen Handelsgesprächen will Clinton aber verstärkt auf Reziprozität pochen und den Zugang zu den amerikanischen Märkten von der Politik der Handelspartner abhängig machen.

Er werde »für einen offenen Welthandel eintreten, der den amerikanischen Arbeitern ebenso nützt wie den amerikanischen Unternehmen«, erklärte Clinton im Wahlkampf. »Das bedeutet auch schnelle und empfindliche Strafen für jene Staaten, die die internationalen Handelsregeln mißbrauchen.« Clinton will deshalb, daß der Kongreß das bereits bestehende Super-301-Gesetz noch verschärft. Damit kann der Präsident Sanktionen gegen Staaten erlassen, bei denen er unfaire Handelspraktiken festgestellt hat.

Besonders in den Beziehungen zu Japan könnte es in den kommenden Jahren daher zu neuen Spannungen kommen. Doch auch hier befürworten einige Berater Clintons eine neue Denkweise. Reagan und Bush waren hauptsächlich bestrebt, die japanische Wirtschaft nach amerikanischen Vorstellungen zu verändern, um sie auf diese Weise für ausländische Produkte mehr zu öffnen. Doch viele Japan-Experten bezweifeln die Erfolgsaussichten einer derartigen Strategie. Vielmehr sollten sich US-Firmen an das japanische System anpassen. Sie verweisen auf die Erfahrungen von internationalen Konzernen wie BMW oder Apple Computer, die sich auf diese Art erfolgreich im schwierigen japanischen Markt etabliert haben und ihre Exporte kräftig steigern konnten.

Eine schwierige Aufgabe könnte die internationale Währungspolitik für die Regierung Clinton werden. Der Präsident hat erklärt, daß er US-Exporte nicht durch eine Abwertung des Dollars ankurbeln möchte. Er wünscht sich statt dessen einen starken Dollar. Doch durch die riesigen Kapitalflüsse in den Devisenmärkten, die 1992 besonders im Europäischen Währungssystem sichtbar wurden, bleiben Wechselkurse eine Quelle der Instabilität in der Weltwirtschaft. Das könnte die Mitglieder der G-7-Industriestaaten bald zwingen, ein neues internationales Währungsregime zu schaffen.

Die Gefahr des schnellen Erfolges

Bill Clinton ist mit dem Anspruch angetreten, die amerikanische Wirtschaft wieder auf einen Erfolgskurs zu führen. An diesem Ziel wird er gemessen werden. Sollte er es verfehlen, wird die Clinton-Ära bereits 1996 wieder vorbei sein. Doch was über Erfolg oder Mißerfolg seiner Wirtschaftspolitik entscheidet, ist schwer abzuschätzen. Wenn es ausreicht, daß Clinton das Wirtschaftswachstum von rund 1,5 Prozent in den vier Bush-Jahren auf 2,5 oder 3 Prozent erhöht und die Arbeitslosigkeit von 7 Prozent und mehr auf 5 oder 6 Prozent senkt, dann stehen seine Chancen gut. Doch die langfristigen Strukturprobleme der amerikanischen Wirtschaft zu lösen, ist eine viel schwierigere Aufgabe.

Der Volkswirtschaftler Paul Krugman von MIT hat 1990 ein kleines Buch mit dem Titel *The Age of Diminuished Expectations* (»Das Zeitalter der geschrumpften Erwartungen«) veröffentlicht. Er argumentiert darin, daß sich die Amerikaner mit einer unbefriedigenden Wirtschaftslage abgefunden haben, weil sie nicht bereit sind, die hohen Kosten für eine Veränderung zu zahlen. Sie akzeptieren deshalb das schwache Produktivitätswachstum und die wachsenden Einkommensunterschiede. Sie lassen eine Inflationsrate und eine Arbeitslosenrate zu, die in den fünfziger Jahren Ökonomen und Politiker alarmiert hätte. Sie tolerieren auch das große Handels- und Budgetdefizit. Alle diese Probleme ließen sich lösen, meint Krugman, wenn die Bürger nur bereit wären, aus langfristigen Überlegungen auf kurzfristige Vorteile zu verzichten.

Krugman schrieb diesen Essay unter dem Eindruck der Wahlen des Jahres 1988, in denen die Wähler so geringes Interesse an den Wirtschaftsproblemen des Landes gezeigt hatten. Einige Jahre später war es mit der Zufriedenheit allerdings vorbei. Die hartnäckige Rezession machte den Amerikanern erstmals die tiefsitzenden strukturellen Ursachen der Wirtschaftskrise bewußt.

Clinton hat seit seiner Wahl immer wieder versichert, daß er sich mit den »geschrumpften Erwartungen« nicht zufriedengeben wird. Er strebt keinen schnellen Wachstumsschub, sondern Lösungen für die langfristigen Probleme an. Er ist sich bewußt, daß dafür eine wirtschaftliche Roßkur mit kurzfristigen Opfern für jeden einzelnen notwendig sein wird. Clinton will das ganze Gewicht seiner Persönlichkeit und seines Amtes dafür einsetzen, die Amerikaner für dieses Unternehmen zu gewinnen.

Der Konjunkturzyklus, der Bush so übel mitgespielt hat, könnte Clinton zumindest am Anfang seine Arbeit erleichtern. Ein stärkeres Wirtschaftswachstum würde das Budgetdefizit verringern und Clintons Infrastruktur-, Technologie- und Bildungsprogramme leichter finanzierbar machen. Wenn diese Maßnahmen dann auch noch ihren Zweck erfüllen und das Produktivitätswachstum verstärken, könnte die US-Wirtschaft in einigen Jahren wieder gesund erscheinen.

Clinton wird zwar sein Versprechen, zusätzliche Arbeitsplätze in der Industrie zu schaffen, kaum verwirklichen können. Denn gerade die technologischen Fortschritte, die er und Gore anstreben, machen Jahr für Jahr mehr Arbeitskräfte überflüssig. Neue Jobs würden vor allem im Dienstleistungssektor entstehen. Schlecht ausgebildete Arbeitskräfte dürften auch unter Clinton weiter verlieren, doch die *white collar workers* des oberen Mittelstands würden nach Jahren der Stagnation wieder einen Aufschwung zu spüren bekommen.

Aber gerade ein starkes Wirtschaftswachstum könnte dazu führen, daß die amerikanische Bevölkerung und ihre gewählten Vertretern das Interesse an langfristigen Strukturmaßnahmen schnell wieder verlieren. Wenn Clinton dann von einem schmerzhaften Sanierungsprogramm Abstand nimmt, weil sie von der öffentlichen Meinung nicht unterstützt werden, würde die US-Wirtschaft auch in den kommenden Jahren unter einem zu hohen Budgetdefizit, einer zu niedrigen Sparquote und unter zu schwachen Investitionen leiden. Die nächste Abschwungphase würde die Wirtschaft dann in eine Krise stürzen, die noch schlimmer wäre als die Rezession unter Präsident Bush. Gerade ein schneller Erfolg also könnte Clintons langfristiges Wirtschaftsprogramm zunichte machen.

Innenpolitik – Die Sorgenkinder zu Hause

Mit Zahlen und Prognosen versuchte George Bush im Wahlkampf, die Wähler zu überzeugen, daß die Wirtschaftslage gar nicht so schlecht sei, wie es jeder behauptet. Doch sie hörten ihm nicht mehr zu. Bush hat nicht begriffen, was die Amerikaner meinen, wenn sie von »der Wirtschaft« sprechen. Ihre Unzufriedenheit bezieht sich weniger auf das schwache Wachstum oder die Arbeitslosigkeit als auf die allgemeine Verschlechterung der Lebensqualität – die Kosten der medizinischen Betreuung, das Ansteigen von Verbrechen und Drogenmißbrauch, die Ausbreitung von Aids, die Verschlechterung der Schulen und die horrenden Studiengebühren an den Universitäten.

Die Republikaner hatten die meisten dieser Probleme zwölf Jahre lang vernachlässigt oder aus ideologischen Gründen bewußt ignoriert, und die Wähler zeigten vorerst auch wenig Interesse an diesen Fragen. Ein Grund dafür ist, daß die Menschen in den wohlhabenden *suburbs* mit den Schattenseiten der amerikanischen Gesellschaft kaum noch in Berührung kamen. Die Slums in den Stadtzentren mit ihrer armen, großteils schwarzen und hispanischen Bevölkerung kennen sie nur noch von Fernsehsendungen. Erst als die Krise in den wohlhabenden Vororten Einzug hielt, begannen die Menschen auch dort, einen Kurswechsel zu fordern.

Therapie für das Gesundheitswesen

Harris Wofford hat im Senats-Rennen in Pennsylvania 1991 die Krise im Gesundheitssystem als wirksames Wahlkampfthema entdeckt. Im Präsidentschaftswahlkampf haben dann alle Demokraten dieses Thema aufgegriffen. Aber daß das System dringend verbessert werden muß, ist Experten, Ärzte, und Millionen von Patienten ohnehin schon seit Jahren bekannt.

Das US-Gesundheitswesen ist ein Symbol für die Leistungen der amerikanischen Gesellschaft und zugleich für ihr Versagen. Die USA gaben 1992 rund 800 Milliarden Dollar für die medizinische Versorgung aus. Doch der gewaltige Aufwand macht die Amerikaner nicht zu einem gesünderen Volk. Die USA sind die einzige Industrienation ohne ein nationales Gesundheitssystem, das alle Menschen umfaßt. 15 Prozent der Bevölkerung haben überhaupt keine Krankenversicherung. Im Fall einer Krankheit müssen sie zwischen finanziellem Ruin oder einer ungenügenden Behandlung wählen. In den Armenvierteln fehlt es oft an elementaren Einrichtungen; und die Kindersterblichkeitsrate der USA ist doppelt so hoch wie in Japan.

Die Kosten des Gesundheitssystems steigen explosiv. 1970 gab das Land 7 Prozent des Bruttoinlandsprodukts (BIP) für Gesundheit aus. 1992 waren es bereits 15 Prozent – der höchste Anteil weltweit. Dennoch sind die Menschen in keinem anderen reichen Land mit der Gesundheitsversorgung so unzufrieden wie in den USA.

Die Kostenexplosion ist die Folge eines Systems, das staatliche und private Elemente so miteinander verbindet, daß die Anbieter von medizinischen Diensten jeden Anreiz haben, Technologien und Dienstleistungen ständig zu verbessern, aber keinerlei Grund sehen, ihre Kosten zu begrenzen. Konzerne wie IBM und General Motors wenden sich an private Versicherungen, um ihren Angestellten einen Versicherungsschutz anzubieten. Einmal gut versichert haben die Arbeitnehmer keinen Grund, die besten und teuersten medizinischen Leistungen nicht in Anspruch zu nehmen. Die Versicherungen wiederum fühlen sich verpflichtet, die hohen Arzthonorare zu bezahlen, weil sie die Unternehmen nicht als Kunden verlieren wollen. Sie erhöhen dann allerdings ihre Prämien.

Die großen Unternehmen stöhnen zwar unter den wachsenden Versicherungskosten, aber meist schlagen sie die hohen Prämien für ihre Arbeitnehmer einfach auf den Preis ihrer Produkte auf. Viele kleine Firmen hingegen können ihre Preise aus Wettbewerbsgründen nicht so leicht erhöhen. Sie wechseln deshalb zu einer der kleinen Diskont-Versicherungen, die nur die einfachsten medizinischen Leistungen bezahlen und von den Patienten hohe Selbstbeteiligung fordern. Andere Betriebe haben überhaupt aufgehört, ihren Angestellten eine Krankenversicherung zu bezahlen.

Der Hauptgrund für den raschen Anstieg der Gesundheitskosten ist die ungebremste Entwicklung neuer Technologien. US-Spitäler investieren regelmäßig in die modernsten und teuersten Geräte und Therapien, damit sie in diesem privaten, aber nicht marktwirtschaftlich organisierten Markt wettbewerbsfähig bleiben. Patienten widersprechen üblicherweise nicht, wenn der Arzt ihnen die modernsten Behandlungsmethoden vorschlägt.

Auch Kunstfehlerprozesse, die gegen amerikanische Ärzte häufig angestrengt werden, tragen ein wenig zur Kostensteigerung bei. US-Gerichte verurteilen Ärzte immer wieder zu Schadenersatz und Schmerzensgeld in Millionenhöhe, wenn in einer Behandlung oder einer Operation etwas schiefläuft. Die Ärzte versichern sich gegen solche Prozesse und decken die Kosten dieser Prämien ab, indem sie ihre Honorare erhöhen.

Die Regierung hat in den letzten Jahren versucht, zumindest die Ausgaben der staatlichen Krankenkassen Medicare und Medicaid zu beschränken, die rund 40 Prozent der medizinischen Ausgaben des Landes decken. Gewisse Therapien werden heute nicht mehr vollständig bezahlt. Die Gesamtkosten werden aber dadurch trotzdem nicht gesenkt, denn die Krankenhäuser verrechnen einfach den privat versicherten Patienten mehr.

Die hauptsächlich Leidtragenden in diesem System sind jene 36 Millionen Amerikaner, die überhaupt keine Krankenversicherung haben. Viele von ihnen arbeiten in Familienbetrieben, die sich die Versicherungsprämien nicht leisten können. Jahr für Jahr verlieren Menschen ihre Krankenversicherung, wenn sie ihren Job wechseln, wenn ihre Firma verkauft wird und der neue Eigentümer die Krankenversicherung einstellt, wenn der versicherte Ehepartner stirbt, oder wenn es zur Scheidung kommt. Und gerade kranke Menschen, die eine Versicherung am meisten brauchen, werden oft von den Versicherungsgesellschaften abgewiesen oder müssen stark überhöhte Prämien zahlen.

Die Angst, die Versicherung zu verlieren und im Fall einer Krankheit vor dem finanziellen Ruin zu stehen, hat in den letzten Jahren stark zugenommen. »Früher war das ein Problem der anderen, der armen Leute, nun aber trifft es auch den Mittelstand«, meint Joshua Wiener, ein Gesundheitsexperte an der Brookings Institution in Washington.

Auch nicht versicherte Menschen bekommen eine – wenn auch unzureichende – Behandlung. Öffentliche Spitäler dienen heute in erster Linie solchen Patienten. Aber sie sind schlecht ausgestattet und überfüllt. Auch private Krankenhäuser müssen in Notfällen nicht versicherte Patienten behandeln und holen sich die Kosten wieder herein, indem sie die Honorare von privat versicherten Patienten erhöhen.

Für Politiker steht die Reform des Gesundheitswesen seit Jahrzehnten auf der Tagesordnung. Bereits Richard Nixon schlug 1971 ein Gesetz vor, das Arbeitgeber verpflichtet hätte, jedem Bediensteten einen Krankenschutz zu verschaffen. Der Vorschlag des republikanischen Präsidenten wurde von den Demokraten im Kongreß damals abgelehnt. Er war ihnen zu wenig weitgehend. Als 20 Jahre später eine Reihe von demokratischen Präsidentschaftskandidaten den gleichen Vorschlag unterbreitete, jaulten die Republikaner auf und warnten vor einer »verstaatlichten Medizin«, die das dezentralisierte, vielfältige und für privilegierte Patienten so vorteilhafte US-System zerstören würde.

Auch heute noch überwiegt bei den meisten Amerikanern die Skepsis gegenüber einem staatlichen Gesundheitswesen, wie es in Westeuropa oder in Kanada besteht. »Die Amerikaner zahlen lieber einer privaten Versicherung als dem Staat, selbst wenn es sie persönlich mehr kostet«, erklärt Wiener. »Kein Politiker kann heute 400 Milliarden Dollar an neuen Steuern für ein nationales Gesundheitssystem fordern, obwohl ein solches System die Gesellschaft insgesamt billiger kommen würde.«

Auch Clinton hat seine ursprüngliche Idee einer US-weiten Krankenversicherungssteuer schnell wieder aufgegeben, als er im Wahlkampf deswegen kritisiert wurde. Sein Programm sieht nun vor, daß Unternehmen verpflichtet werden, ihren Angestellten 80 Prozent der Prämien für eine ausreichende Krankenversicherung zu bezahlen. Für Arbeitslose würde der Staat als Zahler einspringen. Clinton will auch mit Hilfe von mehr Wettbewerb und staatlichen Eingriffen die Kosten begrenzen. Vorbild ist in erster Linie das deutsche Gesundheitssystem, von dem seine Berater immer wieder schwärmen.

Ein gesetzlich vorgeschriebener Versicherungsschutz würde heute vor allem Kleinbetriebe treffen. Der Plan läßt dabei die Frage offen, wer letztendlich für die zusätzlichen Versicherungskosten aufkommen muß. Entweder zieht der Arbeitgeber die Ausgaben für die Prämien vom Lohn jedes Beschäftigten ab. Dann wirkt die Versicherung wie eine regressive und äußerst unsoziale Kopfsteuer. Gerade Niedrigverdiener würden einen beachtlichen Teil ihres Lohnes verlieren. Oder die Firma trägt die Versicherungskosten selbst. Dann hätte sie eine beachtliche Mehrbelastung und müßte vielleicht Arbeiter entlassen. Clinton hat zwar Kleinbetrieben für eine Übergangszeit Steuererleichterungen versprochen, um ihre finanzielle Last zu verringern. Das könnte ihn jedoch zig Milliarden Dollar im Jahr kosten, die in seinem Wirtschaftsprogramm nicht vorgesehen sind.

Wenn es aber gelingt, die Kosten des Gesundheitswesens zu begrenzen, dann wäre auch die Belastung für Staat und Wirtschaft geringer. Einen neuen Weg zur Kostenkontrolle weist der konservative Gesundheitsexperte Alain Enthoven von der Stanford University, der in den späten achtziger Jahren das Konzept des »kontrollierten Wettbewerbs« erfunden hat. Demnach würden sich alle Versicherungsnehmer – Unternehmen sowie Einzelpersonen – zu Gruppen zusammenschließen, die sich unter der Leitung eines kompetenten Managers den kostengünstigsten Versicherungsschutz aussuchen. Diese Gruppen hätten genügend Kaufkraft, um von Ärzten und Spitälern niedrigere Preise zu fordern und so die Kostenspirale zu stoppen.

Enthovens Konzept ist ein Versuch, die Gesundheitskosten allein mit

Marktmechanismen zu senken. Weniger marktwirtschaftlich orientierte Experten finden die Idee des kontrollierten Wettbewerbes zwar interessant, glauben aber nicht, daß er allein die Kostensteigerung begrenzen kann. Denn kranke Menschen sind keine preisbewußten Konsumenten. Im Zweifelsfall geben sie lieber mehr Geld für ihre Gesundheit aus.

Clinton will deshalb Enthovens Plan eines kontrollierten Wettbewerbs durch ein zweites Konzept ergänzen – ein *global budget* (allgemeines Budget), bei dem eine Gesundheitskommission die jährlichen Ausgaben für medizinische Leistungen festsetzt und Anbietern in vielen Fällen Preisobergrenzen vorschreibt. Bis zum Jahr 2000 will er auf diese Weise 746 Milliarden Dollar einsparen.

Doch selbst die Befürworter von *global budgets* halten diese Schätzungen für zu optimistisch. In der Kommission sollen neben Beamten die Vertreter von Versicherungen, Ärzten, Patienten, Unternehmern und Arbeitgebern eine Stimme haben und gemeinsam über die Gesundheitskosten entscheiden. Doch nach welchen Kriterien wird diese bunt gemischte Gruppe den Preis für unterschiedliche Behandlungen in verschiedenen Teilen des Landes bestimmen? Sie wird sich dabei auch auf eine Prozeßlawine von Interessengruppen gefaßt machen müssen, die sich benachteiligt fühlen. »Politisch kann das ganz schlimm werden«, warnt Wiener von der Brookings Institution. »Die Idee gefällt mir, aber ich bin nicht sicher, daß sie im amerikanischen System funktionieren kann.«

Wie schon erwähnt, muß Clinton allein schon deshalb die medizinischen Kosten in den Griff bekommen, um das Budgetdefizit zu verringern. Er hat sich vorgenommen, die Preissteigerungen im Gesundheitssektor von derzeit 11 Prozent der allgemeinen Inflationsrate von 3 bis 5 Prozent anzupassen. Doch das gelingt derzeit keiner Industrienation. Auch in Westeuropa ist man mit einer klassischen Kostenschere konfrontiert, in der Dienstleistungen wie die Gesundheitsversorgung im Verhältnis zu Industrie- und Agrargütern immer teurer werden.

Als einziger US-Bundesstaat hat Hawaii 1975 ein Gesundheitssystem eingeführt, das europäischen Beispielen nachempfunden ist. Es sieht einen gesetzlich vorgeschriebenen Krankenschutz für alle Arbeitnehmer und eine strenge Überwachung der Gesundheitskosten vor. Das Ergebnis: 98 Prozent aller Bewohner der Inselgruppe im Pazifik sind heute versichert, und trotz Hawaiis hohen Lebenshaltungskosten hat der Staat die niedrigsten Gesundheitsausgaben in den USA.

Das Beispiel Hawaii wird sich nicht leicht auf das ganze Land anwenden lassen. Ärzte, Krankenversicherungen, Unternehmen, Anwälte, Gewerkschaften und Patientengruppen haben bereits ihre Lobbies verstärkt, um zu verhindern, daß sie die Leidtragenden einer Reform werden. Doch es gibt auch Anzeichen dafür, daß die politische Schlammschlacht nicht ganz so schlimm wie erwartet ausfallen wird. Die Krise im Gesundheitssystem ist so akut, daß selbst die starrköpfigsten Interessengruppen sich bereit erklärt haben, gewisse Abstriche zu machen.

Frauen und das Recht auf Abtreibung

Mit seinen Vorschlägen für eine bessere Familienpolitik, seiner toleranten Haltung in der Abtreibungsfrage und seinem Respekt für erfolgreiche Frauen hat Bill Clinton besonders weibliche Wähler angezogen. Im Gegensatz zu den Republikanern, die auf ihrem Parteitag in Houston den Eindruck vermittelten, daß sie Frauen wieder an den Herd verbannen wollen, befürworten Clinton und die Demokraten uneingeschränkt den Eintritt von Frauen in die Arbeitswelt und versprechen, die Doppelbelastung für arbeitende Mütter zu erleichtern.

Clinton will ein dichtes Netz von Kindertagesstätten schaffen, wie es zum Beispiel in Schweden existiert. Er will auch den vom Kongreß beschlossenen *family and medical leave act* (Familien- und Pflegeurlaubsgesetz) unterschreiben, den George Bush durch ein Veto blockierte. Es würde Frauen (und auch Männern) das Recht auf zwölf Wochen Karenzurlaub nach der Geburt eines Kindes und Pflegeurlaub bei einem Krankheitsfall in der Familie geben. Bisher wurde diese in anderen Industriestaaten längst übliche Regelung von Arbeitgeberverbänden und konservativen Ideologen als übermäßige Belastung der Wirtschaft abgelehnt. Clinton will sich auch stärker für das Recht auf gleichen Lohn für gleiche Arbeit einsetzen, und er will strengere Verordnungen gegen sexuelle Belästigung am Arbeitsplatz erlassen.

Die wichtigste Änderung ist aber in der Frage der Abtreibung zu erwarten. Der Oberste Gerichtshof hatte 1973 im »Roe vs. Wade«-Urteil das Recht jeder Frau auf Abtreibung in den ersten drei Monaten der Schwangerschaft zugestanden. Diese Entscheidung wurde damals auch noch von der Mehrheit der Republikaner unterstützt – darunter auch von George Bush. Einige Jahre später schwenkte die Partei jedoch auf einen strammen Anti-Abtreibungskurs ein, und unter Reagan und Bush wurde der Zugang zu Abtreibungen nach und nach eingeschränkt.

Schwangerschaftsabbrüche dürfen heute mit staatlichen Geldern nicht bezahlt werden, nicht einmal für Opfer von Vergewaltigung oder Inzest. Per Verordnung untersagten Reagan und Bush allen staatlich subventionierten

Krankenhäusern, irgendwelche Informationen über Abtreibungen weiterzugeben. Selbst Ärzte, die Abtreibungen ablehnen, sehen in dieser *gag rule* (»Maulkorb-Regel«) einen empörenden Eingriff in ihre Berufsfreiheiten.

Wirklich in Gefahr kam das Recht auf Abtreibung aber erst durch die Berufung von betont konservativen Richtern an den Obersten Gerichtshof, der seit 1986 vom Republikaner William Rehnquist geleitet wird. Diese Richter verbanden eine persönliche Abneigung gegen Abtreibungen mit der Meinung, daß das »Roe vs. Wade«-Urteil nicht verfassungskonform ist.

In »Roe vs. Wade« hatte der Oberste Gerichtshof erklärt, daß die Bundesstaaten nicht das Recht hätten, ein gesetzliches Abtreibungsverbot zu erlassen. Denn solche Gesetze seien unrechtmäßige Eingriffe in die Privatsphäre der Frau. Doch konservative Juristen kritisieren dieses Urteil als eine zu weite Auslegung der Verfassung. Ihrer Meinung nach sollen die Bundesstaaten selbst entscheiden können, ob und unter welchen Bedingungen sie Abtreibungen erlauben.

Seit Mitte der achtziger Jahre haben die obersten Richter in einer Reihe von Entscheidungen Gesetze als verfassungskonform bestätigt, in denen konservative Bundesstaaten unter anderem eintägige Wartefristen und Beratungspflicht bei Abtreibungen vorschreiben und Jugendliche zur Benachrichtigung ihrer Eltern zwingen. Die umstrittene Ernennung von Clarence Thomas im Oktober 1991 festigte die konservative Mehrheit im Gerichtshof, wenngleich nicht alle von den Republikanern ernannten Richter die Aufhebung von »Roe vs. Wade« befürworten.

In einem aufsehenerregenden Urteil im Juli 1992 billigten die Richter mit fünf zu vier Stimmen zwar eine Verschärfung der Abtreibungsregelung in Pennsylvania. Eine ebenso knappe Mehrheit bestätigte aber das »Roe vs. Wade«-Urteil und damit das grundsätzliche Recht auf einen Schwangerschaftsabbruch. Die von Bush und Reagan ernannten Richter David Sutter, Anthony Kennedy und Sandra O'Connor – die einzige Frau am Gerichtshof – schlossen sich den gemäßigten Liberalen John Paul Stephens und Harry Blackmun an und stimmten vornehmlich aus Gründen der Kontinuität für die Beibehaltung der Fristenlösung.

Doch die knappe Entscheidung machte deutlich, daß jede weitere konservative Ernennung durch einen republikanischen Präsidenten das Ende der Abtreibungsfreiheit in weiten Teilen der USA bedeuten würde. Diese Gefahr ist durch die Wahl Clintons wahrscheinlich für die nächsten Jahrzehnte gebannt. Sobald einige ältere Verfassungsrichter in Pension gehen, kann Clinton sie durch jüngere und liberale Juristen ersetzen, die das Recht auf Abtreibung nicht antasten.

Der Präsident unterstützt auch eine Initiative im Kongreß, die die Fristenlösung in den Rang eines US-weiten Gesetzes erheben würde. Das würde die juristische und politische Debatte über das »Roe vs. Wade«-Urteil ein für allemal beenden.

In anderen rechtlichen Fragen wie der Förderung von Minderheiten, den Rechten von Häftlingen und der Todesstrafe steht Clinton allerdings rechts von seiner Partei. Seine Kandidaten für den Obersten Gerichtshof – aber auch für die Posten in den Bundesgerichten, die er neu besetzen kann – wird er daher unter jenen Kandidaten aussuchen, die seine Haltung auch in diesen Fragen teilen.

Homosexuelle und der Kampf gegen Aids

Erstmals in der amerikanischen Politik präsentierten sich im Wahlkampf 1992 die Homosexuellen als schlagkräftige und finanzstarke politische Interessengruppe. Sie forderten mehr Geld im Kampf gegen Aids und das Ende jeder Diskriminierung. Sie unterstützten Clinton mit Wahlkampfspenden und mit Stimmen, besonders in Hochburgen der Homosexuellen wie San Francisco. Ein finanzieller Clinton-Förderer der ersten Stunde war der kalifornische Unternehmer David Mixner, ein führender Homosexuellen-Aktivist.

Homosexuelle erwarten sich von der Clinton-Regierung keine große Kursänderung, aber einen neuen, toleranten Geist nach Jahren der republikanischen Engstirnigkeit. Clinton hat versprochen, sich dafür einzusetzen, daß auch homosexuelle Männer und Frauen in den US-Streitkräften dienen dürfen. Wenn heute ein Soldat als homosexuell erkannt wird, dann wird er sofort entlassen.

Clinton hat auch neue Anstrengungen im Kampf gegen Aids angekündigt. Die Krankheit verbreitet sich zwar heute immer mehr in der heterosexuellen Bevölkerung. Homosexuelle sind aber nach wie vor am stärksten betroffen. Unter anderem will Clinton mehr Geld in die Aids-Forschung stecken, den Prozeß für die Genehmigung neuer Medikamente beschleunigen, die Krankenversicherung von Aids-Patienten verbessern, staatliche Informationskampagnen verstärken und jede Form der Diskriminierung von Aids-Kranken in öffentlichen Institutionen verhindern. So sollen HIV-infizierte Ausländer nicht mehr von der Einreise und der Einwanderung in die USA ausgeschlossen werden. Clinton beabsichtigt, einen Aids-Direktor einzusetzen, der die verschiedenen Programme der Bundesregierung und der Staaten koordinieren soll.

Dieses Programm entspricht im wesentlichen den Vorschlägen der noch von George Bush eingesetzten Aids-Kommission, die von der republikanischen Regierung allerdings kaum umgesetzt wurden. Dennoch war die harte Kritik von Aids-Verbänden an Bushs Politik teilweise unberechtigt. Die USA geben für einen Aids-Kranken bereits mehr Geld als für jeden anderen Patienten aus, und in den amerikanischen Laboratorien wird intensiv an der Entwicklung von Schutz- und Behandlungsmethoden gearbeitet.

Auch Clinton wurde während des Wahlkampfes immer wieder von radikalen Aids-Aktivisten attackiert, die ihn beschuldigten, sich in Arkansas nicht genug für ihre Anliegen eingesetzt zu haben. In der Praxis dürfte sich die Aids-Politik nicht allzu sehr verändern. Aber im Unterschied zu Bush vermittelt Clinton den Eindruck des Mitgefühls für Aids-Kranke und daß er alles daran setzen wird, um ihnen zu helfen. Viele Republikaner hingegen sehen in Aids noch immer eine Strafe Gottes für sündiges Verhalten wie Homosexualität, sexuelle Freizügigkeit und Drogenmißbrauch. Clinton kann den Aids-Opfern zumindest das Gefühl nehmen, von der Gesellschaft ausgestoßen zu werden.

Clinton und Minderheiten – Wanderung zwischen den Welten

An einem Frühlingstag während des Wahlkampfes besuchte Bill Clinton zu Mittag ein einfaches Grill-Gasthaus in einem vornehmlich schwarzen Viertel von Little Rock. Dann fuhr er zum Golfspielen in den »Little Rock Country Club«, einen exklusiven Golfklub, der noch nie ein schwarzes Mitglied hatte. Bill Clinton ist vielleicht der einzige Politiker seiner Generation, der sich in diesen beiden Welten wirklich zu Hause fühlt. Er ist ein typischer Sohn des »neuen Südens«, der Rassismus zutiefst verabscheut, aber in seinen Beziehungen zu Schwarzen auch nicht vom schlechten Gewissen getrieben wird, das viele liberale Weiße plagt.

»Rassismus war die wichtigste moralische Frage meiner Kindheit«, erzählte Clinton in einem Interview mit der *Washington Post.* »Ich unterschied mich dabei von meiner Umgebung. Die meisten weißen Südstaatler waren in den fünfziger und sechziger Jahren für die Rassentrennung, aber ich habe schon damals an die Integration geglaubt.« Clinton hat diese Überzeugung in seiner Jugend auch immer wieder zu verwirklichen versucht, indem er bewußt schwarze Freunde suchte und sich in der Universität als einziger Weißer regelmäßig an den Tisch mit schwarzen Studenten setzte.

Diese Sicherheit im Umgang mit Afro-Amerikanern erlaubt ihm heute, an die Interessen und Instinkte seiner weißen Wähler zu appellieren, ohne in den Geruch des Rassismus zu kommen. Sein Umgang mit Menschen verschiedener Hautfarbe ist dabei voller Gegensätze. In Little Rock sandte er seine Tochter in eine öffentliche Schule, wo die Mehrheit der Mitschüler schwarz ist. (In Washington geht Chelsea jedoch in eine exklusive – und großteils weiße – Privatschule.) Er setzte sich als Gouverneur auch intensiv für den Aufstieg von Schwarzen ein und beförderte mehr Angehörige von Minderheiten in wichtige Staatsposten als alle seine Vorgänger zusammen.

Aber Clinton enttäuschte die schwarze Bevölkerung, als er 1989 Berufung gegen ein Gesetz einlegte, daß die Chance von schwarzen Kandidaten für das Parlament von Arkansas stark verbessert hätte. Und Clinton tat wenig, um den Widerstand der – mehrheitlich weißen – Abgeordneten gegen ein Anti-Diskriminierungsgesetz zu brechen. Arkansas ist daher heute einer von jenen zwei US-Staaten, die kein solches Gesetz haben.

Clinton hat dabei bewiesen, daß man sich für Minderheiten einsetzen kann, ohne die Stimmen der Weißen zu verlieren. Auch im Wahlkampf sprach er als einziger Kandidat gleichermaßen weiße und schwarze Wähler an. Immer wieder beschwor er seine Zuhörer, den USA das Gemeinschaftliche zu erhalten und die wachsende Kluft zwischen Rassen und Klassen wieder zu schließen. Er sorgt sich um die Integrativ-Kräfte des großen Landes und möchte sicherstellen, daß die USA auch in Zukunft als »Schmelztiegel« verschiedener Kulturen wirken können.

Im Wahlkampf ging Clinton auf Distanz zu Jesse Jackson und dessen linkem Aktivismus – und wurde dennoch von Afro-Amerikanern aktiv unterstützt. Selbst Jackson mußte zugeben, daß »Bill Clinton sich unter Schwarzen viel wohler fühlt als andere weiße Politiker«.

Clinton stützt sich dabei auf eine neue Generation von schwarzen Politikern, die Jackson skeptisch gegenüberstehen und einen Ausgleich mit der weißen Mehrheit suchen. Seine schwarzen Minister und Mitarbeiter – Leute wie Handelsminister Ron Brown, Landwirtschaftsminister Mike Espy und Energieministerin Hazel O'Leary – sind Vertreter des neuen schwarzen Mittelstands, der seit den Erfolgen der Bürgerrechtsbewegung in den sechziger Jahren stark gewachsen ist und ähnliche wirtschaftliche und politische Interessen vertritt wie die Mehrzahl der Weißen. Sie alle sind, wie auch Clinton, Anhänger der Bürgerrechtsgesetzgebung, lehnen aber strikte Anstellungsquoten für Minderheiten ab.

In der Einwanderungspolitik steht Clinton im Spannungsfeld verschiedener Interessen und Forderungen. Er tritt zwar aus humanitären Gründen für eine Öffnung der Grenzen ein – für Familienzusammenführung und Asylgewährung für politisch Verfolgte. Aber im Gegensatz zu vielen Republikanern, die den Zustrom billiger Arbeitskräfte aus Entwicklungsländern als positiven Impuls für die US-Wirtschaft betrachten, fühlt sich Clinton stärker den amerikanischen Arbeitern verpflichtet, deren Arbeitsplätze durch Immigration gefährdet sind. Er will die Schwarzarbeit wirksamer als Bush bekämpfen und verhindern, daß US-Firmen ihre Angestellten durch billige ausländische Arbeitskräfte ersetzen.

Städte in der Krise

Am 1. Mai 1992 gingen ganze Stadtteile von Los Angeles in Flammen auf. Der Freispruch von vier weißen Polizisten, die den schwarzen Autofahrer Rodney King vor einer laufenden Videokamera brutal zusammengeschlagen hatten, ließ in den Armenvierteln der Stadt über Jahrzehnte aufgestaute Wut explodieren und führte zu den schlimmsten Unruhen seit den sechziger Jahren. Während die Bilder von brennenden Wohnblocks, geplünderten Geschäften und brutalen Schlägereien um die Welt gingen, mußten sich die Politiker und die Medien erstmals mit der Zukunft der städtischen Slums beschäftigen.

In diesen Armenghettos der Städte ist der Großteil der schwarzen und spanisch sprechenden *underclass* zu Hause. Viele von ihnen sind arbeitslose Männer, die in Kriminalität und Drogenhandel abdriften, und Mädchen, die bereits als Teenager schwanger werden, ihr Leben lang von der Fürsorge leben und ihre Kinder ohne Vater aufziehen müssen. Neugeborene kommen bereits drogensüchtig auf die Welt, Kinder schlafen zum Knattern von Gewehrschüssen ein, und die öffentlichen Schulen sind ein Schlachtfeld zwischen rivalisierenden bewaffneten Banden. Es herrscht eine Kultur der Armut, die sich von Eltern auf die Kinder überträgt und in der die Menschen kaum noch die Möglichkeit haben, dem Kreislauf des Elends zu entfliehen.

Seit Beginn der achtziger Jahre haben die Kürzungen von Sozialprogrammen und Wohnungsbauförderung viele Probleme verschärft. Aber auch die Ausbreitung von großkalibrigen Waffen und der Billigdroge »Crack« hat viel zur Krise beigetragen. Die Wut über diese Zustände, aber auch der Haß auf die koreanischen Neueinwanderer, die bereits nach kurzer Zeit viele Schwarze wirtschaftlich überholen, entlud sich zuerst in Los Angeles und griff dann auf andere Großstädte über.

Eine der Ursachen der Krise in den Städten ist der Mangel an Arbeitsplätzen. Der Niedergang der traditionellen Schwerindustrien verstärkte den sozialen Verfall der Städte. Ihrerseits beschleunigten die wachsenden sozialen Probleme die Abwanderung von Betrieben. Clinton schlägt deshalb eine Reihe von Förderungsmaßnahmen für Betriebe vor, die sich in den Städten niederlassen wollen: steuerbegünstigte Unternehmenszonen (wie sie auch von progressiven Republikanern gefordert werden); kleine Genossenschaftsbanken, die jungen Unternehmern Kredit zur Verfügung stellen sollen; und Subventionen zum Wiederaufbau der verfallenen Infrastruktur in den Städten.

Die Mittel für den sozialen Wohnungsbau will Clinton wieder reichlicher zur Verfügung stellen und durch innovative Programme ergänzen, die es ärmeren Familien erleichtern sollen, ihr eigenes Haus oder ihre eigene Wohnung zu erwerben. Für mehr Stabilität soll schließlich auch die Reform des Gesundheitswesens sorgen. Sie würde den Menschen mehr Anreiz bieten, eine feste Arbeit anzunehmen, die ihnen auch eine Krankenversicherung offeriert.

Alle diese Maßnahmen könnten positive Ergebnisse zeigen, aber den Teufelskreis der Armut werden sie dennoch nicht durchbrechen. Steuerbegünstigungen locken keine Betriebe an, wenn Straßenbanden die Gegend unsicher machen und wenn viele Menschen in den Ghettos nach mehrjähriger Arbeitslosigkeit nicht mehr in die Arbeitswelt integriert werden können. Auch gegen das Problem der Obdachlosen hat die neue Regierung kein Rezept. Die großzügige Finanzhilfe, die viele Bürgermeister nach Jahren der republikanischen Kürzungen nun von der neuen Regierung fordern, wird Clinton sicher nicht gewähren.

Kein anderes Problem vermindert die Lebensqualität in den USA so sehr wie die Kriminalität. Die Mordrate ist fünfmal so hoch wie in Europa, und die Gefahr für eine Frau, vergewaltigt zu werden, ist neunmal so groß. Ein zehnmal höherer Anteil der Bevölkerung sitzt in den USA hinter Gittern als in Japan. Die Angst vor Verbrechen hindert Menschen daran, am Abend auf die Straße zu gehen, macht aus Fremden Feinde und belastet das öffentliche Leben.

Die Republikaner fordern im Kampf gegen die Kriminalität meist höhere Strafen. Clinton will hingegen die Polizeikräfte im ganzen Land mit 100 000 zusätzlichen Gesetzeshütern aufstocken. Sie sollen auch wieder verstärkt auf der Straße patrouillieren und nicht nur dann erscheinen, wenn sie per Notruf alarmiert wurden.

Eine vergrößerte Polizei könnte einigen jener Soldaten eine Stelle bieten, die wegen der Einsparungen im Verteidigungshaushalt abrüsten müssen. Clinton will auch, daß Studenten ihre staatlichen Stipendien abzahlen, indem sie sich für ein oder zwei Jahre als Polizisten verpflichten.

Die Mordrate steigt auch deshalb an, weil sich jeder Amerikaner ohne Probleme Schußwaffen kaufen kann – in den letzten Jahren sogar halbautomatische Gewehre. Jeder Versuch, den Verkauf von Gewehren und Pistolen zu beschränken, ist von der erzkonservativen Schußwaffenlobby National Rifle Association (NRA) bisher wirksam verhindert worden. Jede Einschränkung, so argumentiert die NRA, wäre ein erster Schritt, um das traditionelle – und in der Verfassung festgelegte – Recht, Waffen zu besitzen und zu tragen, abzuschaffen. Damit gewinnt sie die Zustimmung von Millionen Jägern und Waffennarren und genießt erheblichen Einfluß in der Republikanischen Partei.

Selbst das sogenannte »Brady-Gesetz«, das eine siebentägige Wartefrist beim Kauf einer Schußwaffe vorsieht, damit beim potentiellen Käufer allfällige Vorstrafen und psychische Krankheiten festgestellt werden können, wird von den Republikanern seit Jahren abgelehnt. Der Gesetzesvorschlag ist nach dem ehemaligen Pressesekretär Ronald Reagans, Jim Brady, benannt, der beim Attentat auf den Präsidenten im März 1981 angeschossen wurde und seither querschnittgelähmt ist. Seine Frau Sarah hat nach dem Attentat eine Interessengemeinschaft gegründet, die die Einführung einer derartigen Wartefrist betreibt. Reagan und Bush – beide sind Mitglieder der NRA – haben dagegen immer wieder ihr Veto eingelegt. Im Wahlkampf 1992 hat Sarah Brady – seit Jahrzehnten eine überzeugte Republikanerin – schließlich Clinton unterstützt.

Clinton will das »Brady-Gesetz« unterschreiben und fordert ein Verbot von halbautomatischen Gewehren, die bei Drogenhändlern besonders beliebt sind. Mit diesen Absichten hat Clinton im Wahlkampf auch die Unterstützung vieler Polizeiverbände gewonnen, die bis dahin immer auf der Seite der Republikaner waren. Aber auch er will das Recht auf den Besitz von Waffen nicht antasten. Einschränkungen für den Waffenkauf, die über die siebentägige Wartefrist hinausgehen, lehnt er ab.

Im Kampf gegen Drogen verspricht Clinton allen 6 Millionen Drogensüchtigen in den USA den Zugang zu Therapieplätzen. In erster Linie aber setzt er – wie auch Bush – auf die Verfolgung von Drogenhändlern und auf schärfere Kontrollen an den Grenzen. In einer Fernsehdebatte im Wahlkampf erklärte Clinton, daß das Gefängnis seinem drogensüchtigen Bruder Roger das Leben gerettet hätte. Von der Therapie, die Roger dann später erhielt, erwähnte er nichts.

Damit hält sich Clinton an die vorherrschende Meinung in der Bevölkerung, die Drogen als kriminelles und nicht als soziales Problem betrachtet und verstärkten Schutz durch Polizei und Gerichte fordert. Dutzende Studien aber zeigen, daß nur Vorbeugung der Sucht und Therapie für Drogenabhängige den Drogenkonsum verringern können. Denn selbst mit der härtesten Repression kann das lukrative Geschäft solange nicht abgewürgt werden, solange die Nachfrage weiter wächst.

»Man kann noch 100 000 Polizisten auf die Straße schicken, aber das Drogenproblem wird dadurch nicht gelöst«, sagt Joseph Califano, Gesundheitsminister unter Jimmy Carter und derzeit Direktor des Drogenzentrums an der Columbia University in New York. »Man muß verhindern, daß ständig neue Drogenabhängige nachkommen, und das geht nur durch mehr Vorbeuge- und Therapieprogramme.«

Die Reform der Fürsorge

Die Fürsorge ist für viele Amerikaner zum Symbol für alle Fehlentwicklungen der vergangenen Jahrzehnte geworden. Die USA haben zwar das schwächste soziale Sicherheitsnetz aller westlichen Industriestaaten. Aber trotz sehr strenger Kriterien für die Vergabe von Sozialhilfe und eher geringer Zahlungen sind Millionen von Familien von der Fürsorge abhängig.

Es sind fast nur Frauen mit Kindern, die in den USA ein Anrecht auf Sozialhilfe haben. Bei weitem das größte Programm ist »Aid for Families with Dependent Children« (AFDC) – ein Fürsorgeplan für alleinstehende Mütter, der in den dreißiger Jahren zur Unterstützung von Witwen mit kleinen Kindern eingerichtet wurde. 60 Jahre später ist die Zahl der Empfänger explodiert: Es sind nicht mehr arme Witwen, sondern meist ledige Frauen, die ihre ersten Kinder schon hatten, als sie selbst noch zur Schule gingen, und noch nie einer geregelten Arbeit nachgegangen sind.

1992 lebten 4,8 Millionen Familien oder 13,7 Millionen Menschen vom AFDC. 22 Prozent aller amerikanischen Kinder und 72 Prozent aller schwarzen Kinder erhalten vor ihrem 18. Lebensjahr zumindest ein Jahr lang Fürsorgeunterstützung. Die Zuwendungen haben in den letzten zwei Jahrzehnten mit der Inflation nicht Schritt gehalten. 1992 erhielt eine Mutter mit zwei Kindern im Durchschnitt durch das AFDC nur 372 Dollar im Monat und noch einmal so viel in *food stamps* – das sind Bons zum Einkauf von Nahrungsmitteln.

Auf diese geringe Hilfe sind immer mehr Familien angewiesen. In den vier Jahren der Bush-Präsidentschaft hat die Zahl der Fürsorgeempfänger wegen der Wirtschaftskrise um beängstigende 27 Prozent zugenommen. Die Zahl der Menschen, die unter der Armutsgrenze leben, hat in dieser Zeit stark zugenommen – besonders unter Kindern. Rund ein Viertel aller amerikanischen Kinder wachsen in Armut auf, und Kinder stellen auch 40 Prozent aller Armen in der US-Gesellschaft.

Bereits in den sechziger Jahren hat der spätere demokratische Senator Daniel Patrick Moynihan darauf hingewiesen, daß das Fehlen des Vaters einer der Hauptgründe dafür ist, daß Kinder aus Fürsorgefamilien später versagen und dem Kreislauf der Armut nicht entkommen. Moynihan wurde damals von linken Soziologen kritisiert, daß er damit den Schwarzen selbst die Schuld an ihrer Armut in die Schuhe schiebe.

In den siebziger Jahren setzte sich in konservativen Kreisen die Meinung durch, daß Fürsorge die Armut nicht verringere, sondern sie im Gegenteil verstärke. Sie zerstöre jeden Anreiz, eine Arbeit zu suchen; sie fördere die Abhängigkeit von der staatlichen Wohlfahrt, Teenager-Schwangerschaften und den Zerfall von Familien. Dieses Argument wurde durch den konservativen Soziologen Charles Murray und sein Buch *Losing Ground* auch einem breiteren Publikum bekannt.

Aber noch 1980 wurde Ronald Reagan heftig angegriffen, als er forderte, daß Fürsorgeempfänger für die Sozialhilfe, die sie erhalten, auch arbeiten sollten. Heute sind hingegen auch viele Demokraten und Vertreter des wachsenden schwarzen Mittelstands von der konservativen Kritik am Fürsorgesystem überzeugt. 1988 stimmten der demokratisch dominierte Kongreß für ein Gesetz, das Arbeitsprogramme für Fürsorgeempfänger fördert.

Ein derartiges Arbeitsprogramm – »Workfare« (in Anlehnung an das Wort *welfare* – Wohlfahrt) – bildet den Kern der von Clinton vorgeschlagenen Reform des AFDC. »Wir werden das bestehende Fürsorgesystem abschaffen. Fürsorge soll den Betroffenen eine zweite Chance bieten. Es soll nicht zu einem Lebensstil werden«, erklärte Clinton immer wieder im Wahlkampf.

Seine schärfste Kritik galt den Männern, die Kinder in die Welt setzen und sich dann um die Alimente drücken. Wegen der fehlenden Meldepflicht setzen sich nämlich in den USA viele Väter einfach in einen anderen Bundesstaat ab und entgehen so den Zahlungen. »Übernehmt für eure Kinder die Verantwortung, oder wir zwingen euch dazu«, rief Clinton in seiner Parteitagsrede. Sein Ruf nach einer Reform des in der weißen Mittelschicht so verhaßten Fürsorgesystems war Clintons stärkstes Signal, daß er für einen neuen Kurs der demokratischen Partei steht.

Clinton verbindet in seiner Sozialreform traditionell linke Vorstellungen von einer Vorreiterrolle des Staates mit der konservativen Vorliebe für freie Marktwirtschaft und die Stärkung der Familie. Er stützt sich dabei in erster Linie auf die Arbeit des Harvard-Professors David Ellwood, der in seinem Buch *Poor Support* ein Programm ausgearbeitet hat, mit dem Fürsorgeempfänger wieder in die Arbeitswelt integriert werden sollen.

Ellwod schlägt vor, die Sozialhilfe auf zwei Jahre zu begrenzen und durch Schulungs- und Trainingsprogramme zu ergänzen. Doch nach Auslaufen der Fürsorge müssen den Frauen Arbeitsplätze zur Verfügung stehen, die ein Einkommen oberhalb der Armutsgrenze ermöglichen. Die Regierung sollte deshalb im öffentlichen Bereich Jobs für all jene schaffen, die bei privaten Firmen nicht unterkommen. Sie sollte das Einkommen durch Familienbeihilfen, subventionierte Kindergärten und einen ordentlichen Krankenschutz weiter verbessern. Auf diese Weise – so hofft Ellwood – können alleinstehende Mütter durch Arbeit der Armut entkommen.

Clinton hat in seinem Programm für die Wohlfahrtsreform Mehrausgaben von 6 Milliarden Dollar vorgesehen. Weitere 4 Milliarden Dollar sollten frei werden, wenn weniger Menschen Sozialhilfe in Anspruch nehmen. Mit diesem Budget hofft Clinton, das Einkommen jeder Familie, in der zumindest ein Mitglied regelmäßig arbeitet, über die Armutsgrenze heben zu können.

Die Erfahrungen einiger Bundesstaaten, darunter auch aus Arkansas, mit Initiativen dieser Art sind jedoch ernüchternd. Zwar gelang es, einige tausend Frauen wieder in den Arbeitsmarkt zu integrieren, aber ihr Einkommen blieb dennoch weit unterhalb der Armutsgrenze. Viele von ihnen sind nach einigen Monaten wieder ohne Job und zurück bei der Fürsorge. »Clinton hat viele der innovativsten Ideen aufgegriffen, die es derzeit in der Sozialpolitik gibt,« meint Isabel V. Sawhill, eine Wohlfahrtsexpertin am Urban Institute, einem sozialpolitischen *think tank* in Washington, »es ist aber fraglich, ob er sie auch ausführen kann.«

Eine ungelöste Frage ist, wie viele Ausnahmeregelungen es für Frauen in schwierigen Situationen geben soll. Üblicherweise werden hochschwangere Frauen, Behinderte und Mütter von Kleinkindern nicht zur Arbeit gezwungen. Darüber ist man sich einig – nicht jedoch darüber, was bei der Geburt eines zweiten Kindes geschehen soll. Nach Ellwoods Vorschlägen sollte die Frau sofort wieder arbeiten müssen, damit Fürsorge nicht zum Lebensstil wird. Andere empfinden diesen Vorschlag als ungerecht.

Jede Reform des Sozialwesens steht dabei vor einem großen Dilemma: Je strenger die Regeln, desto eher werden Fürsorgeempfänger wieder zu arbeiten beginnen. Aber allzu strikte Bestimmungen würden genau jenes menschliche Leid verursachen, das eigentlich das Sozialsystem verhindern will. Frauen, die nicht arbeiten können, würden mit ihren Kindern unter Umständen ohne Einkommen auf der Straße landen.

Experten fragen sich auch, ob die Clinton-Regierung genügend Arbeitsplätze für Fürsorgeempfänger zur Verfügung stellen kann. In der Privatwirtschaft würde die Mehrheit der Frauen keine Anstellung finden. Viele von ihnen haben keine abgeschlossene Schulbildung und sind noch nie einer regelmäßigen Arbeit nachgegangen. Sie würden intensive Schulung und ständige Überwachung benötigen, und das mehrere Jahre lang.

Die Schaffung von genügend Stellen im Staatsdienst wiederum würde mehr als 20 Milliarden Dollar im Jahr kosten – eine Summe, die angesichts der gespannten Budgetlage nicht bereitgestellt werden kann. »Ich möchte nichts versprechen, bis ich nicht dazu das Geld habe«, meinte dazu selbst der sonst so optimistische Clinton in einem Gespräch mit der *New York Times.*

Jedes staatliche Arbeitsbeschaffungsprogramm würde auch von den Gewerkschaften der öffentlichen Bediensteten heftig bekämpft werden. Die Gewerkschaften haben bisher alle Programme abgelehnt, in denen Fürsorgeempfänger Arbeiten zugewiesen bekommen, die bereits von Staatsangestellten verrichtet werden. Das schließt so ziemlich jede vernünftige Beschäftigung aus.

Am leichtesten wäre es, Wohlfahrtsbezieher zeitweise für einfache Putzdienste in öffentlichen Gebäuden und auf Plätzen anzustellen. Doch damit – so der Soziologe Christopher Jencks von der Northwestern University in Chicago – «macht man sie nicht weniger arm, sondern gibt ihnen nur mehr zu tun. Die meisten Mütter mit kleinen Kindern haben es nicht nötig, noch beschäftigter zu werden«.

Die großangelegte Reform, die Fürsorge »als Lebensstil beenden« will, wird Clinton deshalb kaum gelingen. Aber selbst weniger ehrgeizige Programme könnten die Lage vieler Familien verbessern.

Bessere Bildung

Die Verbesserung des Bildungssystems war Clinton bereits ein Anliegen, als noch wenige davon sprachen. In den vergangenen Jahren haben immer mehr Politiker dieses Ziel übernommen. Denn Amerikas Schulen sind gegenüber Westeuropa und Japan in den letzten Jahrzehnten stark zurückgefallen. Besonders in Mathematik und Naturwissenschaften hinken US-Schüler ihren Altersgenossen nach. Rund ein Viertel der amerikanischen Schüler verlassen die Schule vorzeitig. Selbst von denjenigen, die die Schule pflichtgemäß mit 18 beenden, sind 70 Prozent nicht imstande, einen korrekten Brief zu schreiben. Und zehn Prozent können nicht einmal richtig lesen und schreiben.

Für seine Bildungsreform hat Clinton 20 Milliarden Dollar jährlich vorgesehen. Sein erstes Anliegen ist die Stärkung des Vorschulprogramms *Head Start,* das die körperliche und geistige Entwicklung von Kleinkindern aus armen Familien durch Beratung und die Einrichtung von Kindergärten fördert. Studien haben gezeigt, daß diese Starthilfe die Schulleistungen benachteiligter Kinder entscheidend verbessert. Die Mittel dafür sollen in den nächsten vier Jahren verdreifacht werden. Damit sollen alle Kinder, die Anspruch auf *Head Start* haben, auch wirklich Zugang zu diesem Programm erhalten.

Die schwierigste Reform ist die der öffentlichen Schulen. Die amerikanischen Schulen werden von den jeweiligen Schulbezirken kontrolliert und zumeist auch durch die Steuern der in diesen Bezirken lebenden Menschen finanziert. Wohlhabende Vororte haben also viel mehr Mittel für ihre Schulen zur Verfügung als die ärmeren Gebiete.

Besonders die Schulen in den Großstädten geraten dadurch in einen Teufelskreis: Schlechte Schulen sind ein wichtiges Motiv für Mittelstandsfamilien, aus den Städten wegzuziehen. Familien, die zurückbleiben und es sich irgendwie leisten können, schicken ihre Kinder in Privatschulen. In den öffentlichen Schulen bleiben lediglich Kinder aus den ärmsten Elternhäusern – zumeist Schwarze, Latinos und Immigranten. Die Abwanderung des Mittelstandes bedeutet weniger Steuereinnahmen für die Städte – und in der Folge auch weniger Geld für deren öffentlichen Schulen. Das läßt ihre Qualität weiter sinken.

Clintons Reformpläne setzen in vieler Hinsicht seine Bemühungen in Arkansas fort. Er will einen einheitlichen Mindestlehrplan für alle Schulen einführen, um zu verhindern, daß Schüler sich die leichtesten Fächer aussuchen und ihre Ausbildung ohne die grundlegendsten Rechtschreib- und Mathematikkenntnisse abschließen.

Er setzt auch auf Mechanismen des freien Marktes. Statt Kindern eine feste Schule zuzuweisen, soll nach seinen Plänen der Staat den Eltern Schulbons in die Hand drücken, mit denen sie sich als informierte Konsumenten die öffentliche Schule ihrer Wahl aussuchen können. Je mehr Schüler sich für eine bestimmte Schule entscheiden, desto größer wäre ihr Budget. Der daraus resultierende Wettbewerb soll den Schuldirektoren und Lehrern den Anreiz bieten, den Unterricht zu verbessern. Gute Schulen würden florieren, schlechtere untergehen, und das allgemeine Bildungsniveau würde dabei steigen.

Dieses System brächte besonders Vorteile für motivierte Eltern mit niedrigem Einkommen, die sich Privatschulen nicht leisten können. Die Kinder aus den untersten Schichten würden dabei freilich erneut unter die Räder kommen. Gute Schulen hätten jedes Interesse, sich die besten Schüler auszusuchen und die schlechteren in den schlechten Institutionen zurückzulassen. Viele öffentliche Schulen würden so zu Sonderschulen degradiert werden, in denen dann gerade den hilfsbedürftigsten Schülern die geringsten Mittel zur Verfügung stehen.

Clinton will sein Bonsystem aber auf das öffentliche Schulwesen beschränken. Die Forderung der Republikaner, Eltern mit ihren Gutscheinen zwischen öffentlichen und privaten Schulen wählen zu lassen, lehnt er mit dem Argument ab, daß er nicht die privaten – und oft katholischen – Schulen auf Kosten öffentlicher Schulen subventionieren möchte.

Während die USA im sekundären Bildungsweg gegenüber anderen Industriestaaten zurückfallen, sind sie im Hochschulbereich noch immer führend.

Über 20 Prozent der US-Bevölkerung hat eine Universitäts- oder Collegeausbildung, verglichen mit 13 Prozent in Japan und 10 Prozent in Deutschland. Fast die Hälfte aller US-Schüler setzen heute nach Schulabschluß ihre Ausbildung an einem College fort. Zwar haben viele dieser Institutionen ein Niveau, das eher mit einer deutschen Oberschule als mit einer Hochschule zu vergleichen ist. Doch die führenden privaten und öffentlichen Universitäten sind den Massenuniversitäten in Europa meist überlegen.

Das große Problem für die Universitäten und Colleges sind die rasch steigenden Kosten. Ähnlich wie im Gesundheitswesen sind auch in diesem Bereich die Preise in den letzten Jahren weit stärker als die Inflationsrate gestiegen. Hochschulbildung ist für viele Familien einfach unerschwinglich geworden. Private Universitäten kosteten 1992 bereits über 20.000 Dollar im Jahr. Viele Eltern stehen damit vor der Entscheidung, ob sie die Ausbildung ihrer Kinder finanzieren oder lieber für ihre eigene Pension vorsorgen sollen. Kindern aus armen Familien haben noch eher eine Chance, Stipendien und geförderte Kredite zu erhalten. Der Mittelstand ist hier jedoch auf sich allein gestellt.

Clinton will die staatlichen Hilfsprogramme für Studenten komplett erneuern. Das Budget für Studentenkredite von derzeit 13 Milliarden Dollar im Jahr soll verdoppelt werden, so daß sich jeder Student – unabhängig vom Einkommen der Eltern – das Geld für die Studiengebühren ausborgen kann. Die Regierung würde die Kredite direkt vergeben und sich auch um deren Rückzahlung kümmern. Nach Studienabschluß würden Absolventen ihr Stipendium entweder durch einen ein- oder zweijährigen öffentlichen Dienst abdienen können – zum Beispiel als Polizisten, Lehrer, Sozialhelfer oder Krankenpfleger. Oder sie suchen sich eine normale Arbeit und zahlen die Studienhilfe über das Finanzamt in Raten zurück. Die Rückzahlung wäre dabei an den Verdienst gekoppelt, so daß Absolventen es sich auch leisten könnten, schlechter bezahlte Posten im Staatsdienst anzunehmen.

Clinton hat auch einen Plan für Schulabgänger, die nicht an einer Universität weiterlernen. Ihnen will er dadurch helfen, daß er eine Lehrlingsausbildung nach mitteleuropäischem Vorbild schafft. Daß es in den USA keine Lehre gibt, halten Experten für eine der größten Schwachstellen der Wirtschaft. Junge Amerikaner haben nach der High School die Wahl zwischen einem Studium und dem sofortigem Eintritt in den Arbeitsmarkt. Neben Berufsschulen fehlt es auch an polytechnischen Lehrgängen und anderen technischen Kurzausbildungen. Solche Programme werden aber immer dringender benötigt. Während in früheren Jahren viele Schulabgänger gut bezahlte Jobs in der Industrie finden konnten, sind heute die Chancen stark gesunken, ohne eine entsprechende Fachausbildung einen anständigen Arbeitsplatz zu finden.

Amerikanische Unternehmen haben schon immer weniger in die Ausbildung von Arbeitskräften investiert als ihre europäischen Konkurrenten. Mit der Auflage, daß Firmen 1,5 Prozent ihrer Lohnsumme in Weiterbildung investieren müssen, will Clinton diesen Mangel wettmachen. Er will auch Berufsschulen und zweijährige technische Kurse für Datenverarbeitung und andere Fähigkeiten fördern.

Bei der Durchführung seiner Bildungsreform kann Clinton auf breite Unterstützung zählen. Doch Schulqualität und Bildungsniveau sind von vielen psychologischen und gesellschaftlichen Faktoren abhängig, die sich durch Regierungspolitik nicht so leicht beeinflussen lassen. Selbst wenn Clinton alle seine Programme verwirklicht, könnten deren Erfolge hinter den derzeit so hohen Erwartungen zurückbleiben.

Umweltpolitik – Ein helles Grün im Weißen Haus

Die großen US-Umweltorganisationen standen dem Präsidentschaftskandidaten Clinton anfangs skeptisch gegenüber. In Arkansas hatte er als Gouverneur kein großes Interesse an Umweltthemen gezeigt und zum Beispiel die Gewässerverschmutzung durch die Geflügelindustrie jahrelang ignoriert. Mit der Ernennung Al Gores zu seinem Vizepräsidentschaftskandidaten zerstreute Clinton solche Zweifel. Gore hat sich als Senator als Experte und engagiertester Verfechter in Umweltfragen profiliert. »Zusammen werden wir den USA endlich eine wirkliche Umweltpräsidentschaft geben«, erklärte Clinton, als er Gore der Öffentlichkeit als seinen *running mate* vorstellte.

Im Wahlkampf nannte Bush den Senator aus Tennessee bald nur noch den »ozone man« und beschimpfte ihn als Umweltextremisten. Wer Gores Buch *Earth in the Balance* (dt. »Wege zum Gleichgewicht«) liest, mag George Bush vielleicht recht geben. Das Buch spricht eine andere Sprache als jene, die die Amerikaner sonst von ihren Politikern gewohnt sind. Es beschreibt eine persönliche, politische und ökologische Entdeckungsreise, die Gore zum Schluß bringt, daß die Harmonie mit der Natur der Schlüssel zu einer besseren Gesellschaft ist. Gore fordert in seinem Buch einen Marshall-Plan für den Planeten, mit dem die Zerstörung der Umwelt und insbesondere der Treibhauseffekt aufgehalten werden sollen.

Doch Gore ist weit davon entfernt, ein ökologischer Extremist zu sein. Seine Programme verbinden Umweltschutz mit Marktwirtschaft und sind auch für Unternehmen akzeptabel. Was sich in erster Linie ändern wird, sind der Stil, die Sprache und der Stellenwert, den der Umweltschutz in Washington genießt.

Auch Bush hatte in den ersten zwei Jahren seiner Präsidentschaft ökologische Anliegen aktiv gefördert. Er ernannte den prominenten Naturschützer William Reilley zum Chef der Umweltbehörde EPA. Er setzte sich für die Erhaltung von Feuchtbiotopen ein und verhinderte neue Ölbohrungen im Küstengebiet. Das Luftgütegesetz, das der Kongreß mit der Unterstützung des Präsidenten 1989 beschloß, führte neue, strengere Auflagen bei der Luftverschmutzung ein, setzt aber dabei auf innovative marktwirtschaftliche Mechanismen zur Durchführung seiner Ziele. Unternehmen, deren Emissionen unter den offiziellen Grenzwerten liegt, können ihre »Verschmutzungsrechte« an andere Firmen verkaufen, die dann die Umwelt stärker belasten dürfen.

Doch in der zweiten Hälfte seiner Präsidentschaft änderte Bush diesen Kurs. Unter dem Einfluß von Budgetdirektor Richard Darman und Vizepräsident Dan Quayle, die beide die neuen Umweltbestimmungen für die Rezession verantwortlich machten, hob er viele Auflagen wieder auf.

Das Umweltprogramm von Clinton und Gore ähnelt in vieler Hinsicht dem, was Bush zuerst versprochen, aber später nicht gehalten hat. Auch sie ziehen Steuern und finanzielle Anreize bürokratischen Auflagen vor und wollen Ökonomie und Ökologie miteinander vereinbaren. Clinton glaubt nicht, sich zwischen Arbeitsplätzen und dem Erhalt der Natur entscheiden zu müssen. Er zitiert gerne das Beispiel Deutschland, wo die Umweltindustrie seit einigen Jahren zu den bedeutenden Wachstumsbranchen zählt. Durch Investitionen in moderne Umwelttechnologien sollen auch amerikanische Firmen wieder in diesem international rasch wachsenden Markt konkurrieren können und auf diese Weise neue Arbeitsplätze schaffen.

Die Umweltpolitik der USA vermittelt heute ein uneinheitliches Bild. In den siebziger Jahren war die US-Regierung in der Begrenzung von Luft- und Wasserverschmutzung führend. Seit fast zwei Jahrzehnten herrscht Katalysatorpflicht für Autos, und zahlreiche Industrien mußten viel früher als europäische Konkurrenten mit strengeren Bestimmungen fertig werden. In Kalifornien galt Umweltschutz bereits als zentrales politisches Thema, als es in Deutschland noch keine Grünen gab. Doch seit Beginn der achtziger Jahre wurden viele Umweltauflagen auf Drängen der Industrie abgeschwächt oder überhaupt abgeschafft, während man in Europa und Japan immer stärker auf Umweltschutz setzte.

Das größte Problem der amerikanischen Umweltpolitik ist der hohe Energieverbrauch – bei weitem der höchste der Welt. Die Amerikaner verbrauchen pro Kopf um 70 Prozent mehr Energie als die Deutschen. Die USA besitzen mehr Autos pro Einwohner als jedes andere Land der Welt, und der Benzinpreis ist wegen der geringen Steuern um zwei Drittel niedriger als in Deutschland oder Österreich. Auch Elektrizität und Kohle sind billiger, und viele Fabriken brauchen im Vergleich zu deutschen Firmen doppelt soviel Energie, um das gleiche Produkt zu erzeugen. Einfamilienhäuser sind meist schlecht isoliert, und im Sommer werden Wohungen und Büros mit Klimaanlagen auf Polartemperaturen heruntergekühlt.

Clinton und Gore wollen entsprechend internationaler Vereinbarungen den CO_2-Ausstoß bis zum Jahr 2000 auf das Niveau von 1990 senken und bis dahin die Energieeffizienz um 20 Prozent verbessern. Um den Energieverbrauch wirklich dem Standard anderer Industrieländer anzupassen, müßte die Regierung den Energiepreis erhöhen – durch eine höhere Benzinsteuer oder eine allgemeine CO_2-Abgabe. Im Wahlkampf hat Clinton mehrmals so einen unpopulären Schritt ausgeschlossen, aber er weiß, daß er wirtschaftlich und umweltpolitisch vernünftig wäre.

Statt durch eine höhere Benzinsteuer wollen Clinton und Gore zur Zeit den Ölverbrauch durch eine Verschärfung der bestehenden Vorschriften über den Durchschnittsverbrauch von Autos begrenzen. Er beträgt für die von US-Firmen hergestellten Fahrzeuge derzeit 27 Meilen pro Gallone (8,8 Liter auf 100 km) und soll auf 40 Meilen (6 Liter auf 100 km) verringert werden. Autofirmen wehren sich gegen eine Verschärfung dieser Vorschrift, weil sie dazu gezwungen werden, kleinere Fahrzeuge herzustellen, die bei den amerikanischen Käufern weniger beliebt sind und vor allem geringere Gewinnspannen bringen.

Mit einer Reihe von Steuerbegünstigungen und finanziellen Anreizen wollen Clinton und Gore die Verwendung von alternativen Energien wie Sonne, Wind und Erdwärme forcieren und das Recycling von Abfällen unterstützen. Das umweltfreundliche Erdgas soll gefördert, der Bau neuer Atomreaktoren möglichst verhindert werden.

Im Bereich des Naturschutzes soll der derzeitige Bestand an Feuchtbiotopen in den USA gänzlich erhalten bleiben. Auch die Abholzung der Urwälder im Nordwesten der USA soll sofort gestoppt werden. Den Streit zwischen den Holzfällern, die um ihre Arbeitsplätze fürchten, und den Naturschützern, die für das Überleben bedrohter Tiere – wie der gefleckten Eule – kämpfen, will Clinton in einer gemeinsamen Konferenz aller beteiligten Gruppen beilegen. Das Schicksal der Eule wurde im Wahlkampf Symbol für Amerikas Bereitschaft, vom Aussterben bedrohte Tierarten zu retten. Die Demokraten wollen auch Öl- und Gasbohrungen in den Küstengebieten und im naturbelassenen Norden von Alaska verhindern.

In der internationalen Umweltpolitik ist von Clinton und Gore ein noch viel stärkerer Kurswechsel als in der Innenpolitik zu erwarten. Sowohl Reagan als auch Bush haben Initiativen für eine grenzüberschreitende Umweltpolitik meist abgelehnt. Bei der Konferenz zum Schutz der Ozonschicht in Montreal

1987 wie auch bei der großen Umweltkonferenz in Rio de Janeiro im Sommer 1992 haben die USA entweder auf einer Abschwächung der Abkommen bestanden oder sie gar nicht unterzeichnet. Wegen des amerikanischen Widerstands wurden in der Klimakonvention in Rio keine verbindlichen Obergrenzen für den CO_2-Ausstoß eingefügt, und beim Abkommen zur Erhaltung der Artenvielfalt verweigerte Bush überhaupt die Unterschrift.

Das soll sich unter Clinton und Gore ändern. Besonders Gore will im internationalen Umweltschutz eine Führungsrolle übernehmen und auch die europäischen Partner zu mehr Konzessionen drängen, als diese bisher zu machen bereit waren. Da in der EG viele Beschlüsse nur einstimmig gefaßt werden dürfen, könnte die Gemeinschaft aus internen Gründen den Forderungen der USA in manchen Umweltfragen nicht nachkommen. Das würde zu einem überraschenden Rollenwechsel führen: Washington würde erstmals das Umwelt-Tempo vorgeben, während das mit eigenen Problemen beschäftigte Europa eher bremst.

Durch den Wandel in der amerikanischen Umweltpolitik kann eine Einigung zwischen den USA, der EG und Japan in der umstrittenen Frage einer weltweiten Energiesteuer in greifbare Nähe rücken. Die Einführung einer solchen Steuer zur Begrenzung des Ausstoßes von Kohlendioxid wurde in Japan und Europa bisher mit der Begründung abgelehnt, daß man ohne Mitziehen der USA wirtschaftliche Nachteile hätte. Clinton und Gore wollen auch »Debt-for-Nature Swaps« (»Schulden gegen Natur-Tausch«) fördern, bei denen Entwicklungsländer ökologisch gefährdete Regionen zu Naturschutzzonen erklären und dafür einen Teil ihrer Schulden von den Industriestaaten erlassen bekommen. Sie wollen auch das Artenschutzabkommen von Rio unterzeichnen und sich für den weltweiten Schutz von bedrohten Tier- und Pflanzenarten einsetzen.

Auch in der Bevölkerungspolitik steht eine Kehrtwende bevor. Die Republikaner haben seit Anfang der achtziger Jahre den meisten internationalen Familienplanungsprogrammen – und sogar dem UN-Bevölkerungsfonds – den Geldhahn abgedreht und damit die Geburtenkontrolle in vielen Ländern der Welt erschwert. Das offizielle Motiv dafür war die Beschuldigung, diese Organisationen würden gegenüber Abtreibungen eine allzu tolerante Haltung einnehmen oder sie sogar fördern. Im Schlepptau von christlichen Fundamentalisten hatten sich viele Republikaner überhaupt von jeder Art der Familienplanung distanziert. Clinton will all diese Beschränkungen wieder aufheben.

Trotz aller Beteuerungen, daß sich Umweltschutz und Wirtschaftswachstum nicht gegenseitig ausschließen, wird sich Clinton in konkreten Fällen doch für eines der beiden Ziele entscheiden müssen. Anders als in Arkansas wird er sich nicht nur für Unternehmensinteressen einsetzen können. Aber angesichts seiner ehrgeizigen wirtschaftlichen Pläne wird er nur wenige Beschlüsse fassen, die die Wirtschaft ernsthaft belasten. Und wenn es um den Einsatz großer Budgetmittel geht, haben Gores Umweltanliegen geringere Priorität als Clintons Pläne für Investitionen in die Infrastruktur und die Bildung. Mehr als ein hellgrüner Ton ist in der neuen Umweltpolitik nicht zu erwarten.

Außenpolitik – Reise durch ein Minenfeld

Der erste Nachkriegspräsident

Bill Clinton ist in doppelter Hinsicht der erste Nachkriegspräsident: Er ist nach dem Zweiten Weltkrieg geboren, und er tritt sein Amt nach Ende des Kalten Krieges an. Alle außenpolitischen Leitlinien für die US-Präsidenten seit Harry S. Truman sind durch das Ende des Kalten Krieges, die Auflösung des Warschauer Paktes und den Zerfall der Sowjetunion hinfällig. Die Welt ist nicht mehr in zwei feindliche Blöcke gespalten und die Gefahr eines weltweiten Atomkrieges so gut wie gebannt. Auch Clinton wird zwar, wo immer er hingeht, von einem uniformierten Assistenten mit dem berüchtigten »schwarzen Koffer« begleitet, in dem der Code für die Auslösung eines Atomangriffes enthalten ist. Aber was für frühere Präsidenten Gegenstand ihrer schlimmsten Befürchtungen war, ist für Clinton nur noch ein Souvenir aus einer vergangenen Zeit.

Die USA sind »sicherer als jemals in den 216 Jahren ihrer Geschichte«, schreibt der konservative Kolumnist George Will. Es gibt weder eine ernsthafte militärische Bedrohung für die Sicherheit des Landes noch eine mächtige feindliche Ideologie, die die Prinzipien von Demokratie und freier Marktwirtschaft in Frage stellen könnte. Und erstmals können die Vereinten Nationen jene zentrale Rolle spielen, die ihnen Franklin D. Roosevelt 1945 zugedacht hat.

Mit der Auflösung der zweiten Supermacht ist die Vormachtstellung der USA in der Welt nun unumstritten. Aber der amerikanischen Außenpolitik ist auch der Feind abhanden gekommen und damit das Ziel, das sie 45 Jahre lang verfolgt hat – der Kampf gegen den Kommunismus. Die USA sind sich nicht mehr sicher, wofür sie ihre Macht noch ausüben sollen. Sie müssen ihre Rolle in der Welt neu überdenken.

Ironischerweise fühlen sich die USA in dem Moment, in dem die größte

Bedrohung verschwunden ist, so schwach wie nie zuvor. Während die Wirtschaft Japans und Westeuropas in den letzten Jahren immer stärker wurde, wurden sich die Amerikaner ihrer wirtschaftlichen und sozialen Probleme bewußt. Nicht nur unter Historikern, auch in den Medien und bei Cocktailparties wird über den Niedergang der USA philosophiert.

Die Propheten des Untergangs berufen sich gerne auf den prominenten Historiker Paul Kennedy, der 1987 in seinem Buch *The Rise and Fall of the Great Powers* (»Aufstieg und Fall der großen Mächte«) die USA mit anderen Großmächten der Vergangenheit verglich – wie etwa mit dem spanischen Habsburger-Reich und mit Großbritannien. Er kommt zu dem Schluß, daß sich Staaten wirtschaftlich meist übernehmen, wenn sie ihre Energie allein auf ihre militärische Stärke konzentrieren. Wenn ein Staat Investitionen in seine langfristige Wirtschaftskraft zugunsten militärischer Ausgaben vernachlässigt, verliert er auch politisch an Boden.

Kennedy gehört nicht zu jenen etwas demagogischen Pessimisten, die Amerikas Niedergang für unabwendbar halten. Aber wie viele andere weist er auf den hohen Preis hin, den die USA gezahlt haben, um den Kalten Krieg zu führen. Während die USA sich um die Verteidigung der westlichen Welt kümmerten, konnten sich Staaten wie Japan und Deutschland dem Aufbau ihrer Industrie, der Ausbildung und der Verbesserung ihrer Infrastruktur widmen. Nun, da der Kalte Krieg zu Ende ist, wollen die Amerikaner die Früchte ihres Sieges ernten und ihre Energien zur Lösung ihrer eigenen Probleme einsetzen.

Erstmals seit den vierziger Jahren sprechen sich politisch ernst zu nehmende Personen gegen ein weiteres internationales Engagement der USA aus. Aber überraschenderweise sind diese neuen Isolationisten weniger im linken Lager zu finden, wo man während des Kalten Krieges die größten Vorbehalte gegenüber einer Großmachtpolitik hatte. Sie sind heute mehrheitlich im rechten Lager angesiedelt, das nach dem Sieg über den Kommunismus an den isolationistischen Kurs der Zwischenkriegszeit anschließen will. Überzeugte Antikommunisten wie etwa der erzkonservative Pat Buchanan oder Ross Perot haben den Golfkrieg abgelehnt und fordern nun den Abzug aller US-Soldaten aus Europa und Asien.

Nicht nur die Isolationisten wünschen sich, daß die Regierung sich wieder mehr mit den inneren Problemen des Landes beschäftigt, sondern auch die breite Bevölkerung, die deshalb gegen Bush stimmte. Doch für einen Rückzug in den Isolationismus ist die große Mehrheit der Amerikaner nicht zu haben. In Meinungsumfragen erklären über 70 Prozent, daß die USA in der Weltpolitik engagiert bleiben sollen. Nur 15 Prozent befürworten einen kompletten Truppenabzug aus Europa und dem Fernen Osten.

Mehr denn je ist den Amerikanern heute nämlich bewußt, daß ihr Wohlergehen zu Hause mit dem Schicksal anderer Länder eng verknüpft ist. Der Anteil des Außenhandels am US-Volkseinkommen nimmt jedes Jahr zu und stand 1992 bei rund 14 Prozent. Das Budgetdefizit wird seit Beginn der achtziger Jahre zu einem großen Teil von ausländischem Kapital finanziert. Und Umweltprobleme wie der Treibhauseffekt kennen keine Grenzen. Die US-Bevölkerung hat Clinton gewählt, weil sie in erster Linie ihre eigenen Probleme gelöst sehen möchte. Sie weiß aber auch, daß das nur gelingen kann, wenn er mit anderen Ländern zusammenarbeitet.

Wie Clinton die Welt sieht

Bill Clinton hat im Wahlkampf die Außenpolitik nur selten erwähnt, und selbst Anhänger geben zu, daß er sich auf diesem Gebiet weniger gut als in der Wirtschaftspolitik auskennt. Doch Clinton ist nicht das, als was er im Wahlkampf von Bush beschrieben wurde – ein Hinterwäldler ohne jede Ahnung von der großen Welt. Seit seiner Schulzeit hat sich Clinton für Außenpolitik interessiert. Mit 18 Jahren entschied er sich, an der Georgetown University zu studieren, weil es dort das beste Programm für internationale Politik gab. Während der Studienzeit arbeitete er für Senator Fulbright, den Vorsitzenden des außenpolitischen Ausschusses. In Oxford lernte Clinton Studenten aus aller Welt kennen, reiste in den Ferien durch Europa und beschäftigte sich im Studium mit der europäischen Diplomatie des 19. Jahrhunderts.

Auch als Gouverneur von Arkansas blickte Clinton immer wieder über die Grenzen der USA hinaus. Er unternahm mit anderen Gouverneuren Handelsreisen nach Asien und nach Westeuropa, beteiligte sich wiederholt an internationalen Veranstaltungen wie den Konferenzen der amerikanisch-europäisch-japanischen Trilateral Commission und der Bilderberg-Gruppe – ein alljährliches internationales Treffen von Führungskräften aus Politik und Wirtschaft. Zweimal besuchte er sogar die Münchner Wehrkunde-Tagung, wo sich Gouverneure kleiner US-Bundesstaaten selten hinverirren.

Während des Wahlkampfes organisierten Clintons Mitarbeiter zwölf außenpolitische Seminare für den Kandidaten. Dabei wurde er von führenden Experten über alle weltpolitischen Themen informiert. Der Eindruck der Vortragenden war fast immer der gleiche: Clinton zeigte ein überraschend großes Wissen und ein gutes Verständnis für die großen Zusammenhänge.

Clintons Weltbild wurde stark durch den Vietnam-Krieg beeinflußt. Er war zwar gegen diesen Krieg, aber er hat sich nie der außenpolitischen Linken angeschlossen, die jeden Einsatz militärischer Mittel ablehnt. Dafür ist er zu sehr ein Sohn des amerikanischen Südens, wo militärische Stärke schon immer als Tugend galt. Clinton hat bis heute seinen Widerstand gegen den Vietnam-Krieg nie bereut. Doch er scheint noch immer ein schlechtes Gewissen gegenüber Jugendfreunden zu haben, die im Gegensatz zu ihm einrücken mußten.

In der Demokratischen Partei verbündete sich Clinton mit den außenpolitischen Hardlinern im DLC, die die Demokraten vom Pazifismus der McGovern-Anhänger und dem idealistischen Moralismus der Carter-Präsidentschaft wegbringen wollten. Clinton befürwortete als Gouverneur von Arkansas die US-Hilfe für die antisandinistischen Contras in Nicaragua, obwohl das von den meisten Demokraten abgelehnt wurde. Immer wieder hat Clinton erklärt, daß er sehr wohl bereit ist, militärische Mittel einzusetzen, wenn nationale Interessen bedroht sind. In seiner Parteitagsrede forderte er ein »Amerika mit der stärksten Armee der Welt, das bereit und willens ist, diese auch einzusetzen, wenn es sich als notwendig erweist«.

Die unterschiedlichen Tendenzen in seinem weltpolitischen Denken spiegeln sich auch in Clintons außenpolitischem Beraterstab wider. Wie schon erwähnt neigt Außenminister Christopher dazu, Diplomatie und Verhandlungen jedem Einsatz von Waffengewalt vorzuziehen. Verteidigungsminister Aspin hingegen steht für einen harten außenpolitischen Kurs. Er will mit einem geschrumpften und reorganisierten Heer auch häufiger als bisher militärische Einsätze wagen. Zu den Hardlinern unter seinen Beratern zählen auch Will Marshall, der Präsident des Progressive Policy Institute, und Michael Mandelbaum, Rußland-Experte an der John Hopkins University in Washington und ein Jugendfreund Clintons.

Clinton holte sich im Wahlkampf auch bewußt Rat aus der Gruppe der Neokonservativen, die in den achtziger Jahren Reagan unterstützten, weil ihnen Carter gegenüber der Sowjetunion als zu kompromißbereit erschienen war. Der in Wien geborene Diplomat Richard Schifter ist einer jener Demokraten, die zu den Republikanern überwechselten. Bush holte ihn als Staatssekretär für Menschenrechtsfragen im Außenministerium. Doch als Schifter im Frühjahr 1992 abdankte, erhielt er einen Tag später bereits einen Anruf von Clinton. Dieser lud ihn ein, sich seinem Beraterstab anzuschließen. Clinton versicherte ihm, daß er die amerikanischen Interessen in der Welt mit genügend Stärke wahrnehmen würde. Schifter ließ sich überzeugen und sagte zu.

Das bunte Gemisch in Clintons Stab zeigt auch, wie sehr sich die Fronten in der Diskussion über Außenpolitik seit Ende des Kalten Krieges aufgeweicht haben. In den siebziger Jahren gelang es Carter, mit seiner Menschenrechtspolitik sowohl den linken wie auch den rechten Flügel seiner Partei – die »Tauben« und die »Falken« – vor den Kopf zu stoßen. Von rechts wurde Carter dafür kritisiert, weil er wichtige antikommunistische Verbündete wie den Iran durch seine Menschenrechtspolitik unter Druck setzte. Von links wurde ihm vorgeworfen, mit dem kämpferischen Eintreten für sowjetische Dissidenten den Entspannungsprozeß mit Moskau zu erschweren und damit die Gefahr eines Atomkrieges zu erhöhen.

Dieses Dilemma hat sich durch den Zusammenbruch der Sowjetunion von selbst gelöst. Die damaligen Verfechter der Entspannungspolitik sind nun eher bereit, in internationalen Konflikten militärische Macht einzusetzen, weil die Gefahr einer direkten Konfrontation – oder gar eines Atomkriegs – zwischen den Supermächten nicht mehr besteht. Und die Neokonservativen akzeptieren heute eher eine auf die Einhaltung der Menschenrechte ausgerichtete Politik, da sie nicht mehr fürchten müssen, dadurch wichtige Verbündete im Kampf gegen den Kommunismus zu verlieren.

Dabei kommt es manchmal zu überraschenden Rollenwechsel: Manche Pazifisten von früher befürworten nun aus humanitären Gründen Militärinterventionen (wie zum Beispiel in Somalia), während die radikalsten Antikommunisten schnellstens alle Truppen nach Hause bringen möchten. Sicherheitsberater Lake gehört zu jenen früheren Gegnern des Vietnam-Krieges, die heute ein militärisches Eingreifen in Regionen wie im ehemahligen Jugoslawien befürworten. »Wenn man uns zuhört, wenn wir die Situation in Bosnien diskutieren, kann man nicht mehr feststellen, wer einst als ›Taube‹ und wer als ›Falke‹ gegolten hat«, erzählt er.

Clinton hat in vier außenpolitischen Grundsatzreden und Dutzenden Erklärungen während des Wahlkampfes versucht, seine außenpolitischen Standpunkte darzulegen. Diese Reden brachten kaum Wählerstimmen, aber sie überzeugten viele kritische Experten von der weltpolitischen Kompetenz des Kandidaten. Sie bieten verständlicherweise keinen detaillierten Fahrplan für seine Außenpolitik. Aber sie geben genügend Anhaltspunkte für einige Voraussagen.

Clinton betont in diesen Reden und Erklärungen die Kontinuität mit der Außenpolitik von George Bush, versucht aber gleichzeitig, neue Leitlinien für eine Außenpolitik in der Zeit nach dem Kalten Krieg zu entwickeln. Dabei erteilt er dem Isolationismus eine klare Absage. Die USA werden auch unter seiner Präsidentschaft militärisch, politisch und wirtschaftlich in der Welt engagiert bleiben. Die engsten Verbündeten der USA bleiben die Staaten Westeuropas. Auch persönlich fühlt sich der ehemalige Oxford-Student Clinton mit Europas Kultur und Mentalität verbunden. Die Überwindung der Teilung Europas hat Amerikas Interesse am alten Kontinent nicht geschmälert. Im Gegenteil: Gerade die neuen Gefahren, die aus dem drohenden Chaos in der Ex-Sowjetunion erwachsen, beschäftigen Clinton mehr als alles andere.

Clinton wird sich aber auch in der Außenpolitik von wirtschaftlichen Überlegungen leiten lassen. »Amerika«, verkündete Clinton im Wahlkampf, »muß seine wirtschaftliche Stärke wiedergewinnen, um seine Führungsposition in der Weltpolitik zu bewahren. Militärische Stärke wird weiterhin für unsere Sicherheit lebenswichtig bleiben, doch im Vergleich zur Bedeutung der wirtschaftlichen Stärke ist ihr Stellenwert gesunken. Wir dürfen nicht mehr zuviel für die Kraft von Kanonen und zuwenig für die Kraft des Geistes ausgeben.«

Bush analysierte die Außenpolitik in erster Linie nach geo- und sicherheitspolitischen Kategorien. Clinton ist hingegen mehr daran interessiert, mit Hilfe der Außenpolitik der Wirtschaft seines Landes zu helfen. US-Diplomaten im Ausland sollen sich stärker für die Förderung amerikanischer Exporte einsetzen. Der neue Nationale Wirtschaftsrat soll sicherstellen, daß die USA in Beziehungen zu anderen Ländern wirtschaftlich nie benachteiligt werden. Daraus folgt auch das Verlangen, daß Washingtons Verbündete – insbesondere Deutschland und Japan – mehr von den Kosten der gemeinsamen Verteidigung übernehmen.

Aber Clinton hat immer wieder versichert, daß er die Außenpolitik dabei nicht vernachlässigen wird: »In der heutigen Welt sind Außen- und Innenpolitik untrennbar miteinander verwoben. Wenn wir uns aus dieser Welt zurückziehen, wird es uns zu Hause wirtschaftlich schaden. Wir dürfen keine falsche Wahl zwischen Innen- und Außenpolitik zulassen, die unserem Land, unserer Wirtschaft und unserer Zukunft schaden würde.«

Clinton hat auch gar keine andere Wahl. Auf ihn warten auf der ganzen Welt Krisen und potentielle Konflikte. Bereits wenige Tage nach seiner Wahl mußte er sich mit einer ganzen Reihe von außenpolitischen Problemen beschäftigen: dem Machtkampf zwischen dem Reformflügel und den reaktionären Kräften in Rußland; einem drohenden Handelskrieg zwischen den USA und der EG in den GATT-Verhandlungen; der internationalen Militärintervention in Somalia; und dem amerikanischen Militärschlag gegen den Irak nur eine Woche vor seiner Vereidigung. »Jene, die in Zukunft für die Durchführung der amerikanischen Politik verantwortlich sein werden, stehen vor härteren Herausforderungen und größeren Problemen als alles, was wir in den letzten vier oder fünf Jahren erlebt haben«, erklärte Dick Cheney, der Verteidigungsminister in der Bush-Regierung, am Vorabend der Wahl.

Clinton wird sich ohnehin und aus freien Stücken intensiv mit Außenpolitik beschäftigen, glaubt Stephen Hess, ein politischer Experte an der Brookings Institution und republikanischer Clinton-Anhänger: »Früher oder später entdecken alle Präsidenten ihre Lust an der Außenpolitik. Im Gegensatz zur Innenpolitik können sie hier ziemlich selbständig entscheiden und auch wirklich etwas bewirken.«

Clinton muß sich auch im klaren sein, daß seine Präsidentschaft stark an seinen außenpolitischen Erfolgen gemessen werden wird. Während nur wenige sein Verständnis für Innenpolitik und Wirtschaft bezweifeln, muß er viele Amerikaner erst davon überzeugen, daß er die Fähigkeit hat, sein Land auch außenpolitisch in einer schwierigen Zeit zu führen.

Clintons zweite außenpolitische Grundsatzforderung ist die Stärkung der Demokratie. Im Wahlkampf hat er Bush immer wieder vorgeworfen, im Namen einer veralteten Großmachtpolitik Diktatoren »von Bagdad bis Peking« unterstützt und den Vorkämpfern für Demokratie in Osteuropa zuwenig geholfen zu haben. Bush habe »allzuoft eine Außenpolitik verfolgt, die die Stabilität auf Kosten der Freiheit fördert«, erklärte Clinton. Diese Politik »hat nicht nur unseren demokratischen Werten, sondern auch den nationalen Interessen geschadet«.

Mit dem Fall des Kommunismus glaubt Clinton, demokratische Regierungen und Bewegungen in verschiedenen Ländern stärker unterstützen und die Beziehungen der USA zu Ländern auch von deren Umgang mit der eigenen Bevölkerung abhängig machen zu können. Diese Politik sei nicht nur moralisch, sondern auch im Interesse der USA. »Die Verteidigung von Freiheit und die Förderung von Demokratie in der ganzen Welt spiegeln nicht nur unsere wichtigsten Werte wider. Sie sind für unsere nationalen Interessen lebenswichtig«, erklärt er. »Demokratien führen keinen Krieg gegeneinander und unterstützen keine Terroristen. Sie sind die verläßlichsten Handelspartner, sie schützen die Umwelt besser, und sie halten sich an das Völkerrecht.«

Damit hofft Clinton auch, in der Bevölkerung einen neuen außenpolitischen Konsens zu finden, der an die Stelle der Doktrin des Antikommunismus treten könnte. Die Verbreitung der Demokratie als außenpolitische Doktrin geht auf Woodrow Wilson zurück und wurde von den meisten Präsidenten seit Franklin D. Roosevelt bestätigt. Doch insbesondere während des Kalten Krieges mußten sich die USA immer wieder zwischen demokratischen Idealen und realpolitischen Überlegungen entscheiden. Auch Clinton ist sich dieser Problematik bewußt. Die USA müßten auch mit Diktaturen Freundschaft pflegen, erklärte er im Wahlkampf und fügte hinzu, er wolle keine »rücksichtslosen Kreuzzüge, um anderen Völkern unsere Ideale aufzuzwingen«.

»Wir werden jeden Preis zahlen, jede Last schultern, jede Entbehrung auf uns nehmen, jeden Freund unterstützen und jeden Feind bekämpfen, um das Überleben und den Triumph der Freiheit zu sichern«, versprach John F. Kennedy in seiner Antrittsrede im Januar 1961. 32 Jahre später wandelte sein selbsternannter Schüler Clinton in einer Grundsatzrede in New York diesen Satz folgendermaßen ab: »Amerikas Aufgabe in dieser Zeit ist es nicht, jede Last zu schultern, sondern nur den Ausschlag zu geben (*to tip the balance).*«

Clinton – der kostenbewußte Idealist – will Kennedys Ziele nun mit geringerem Einsatz und mehr Effizienz verfolgen. Bei internationalen Konflikten sollen dabei amerikanische Diplomatie, wirtschaftliches Engagement und – wenn nötig – auch der begrenzte Einsatz militärischer Mittel den nötigen Ausschlag geben. Washington soll solche Initiativen konzipieren, dirigieren und sich daran beteiligen. Die Kosten sollen aber mit allen Verbündeten gerecht geteilt werden.

Dieses Modell der Großmachtpolitik ist nicht neu. Im 19. Jahrhundert war es Großbritannien, das mit einem relativ geringen Einsatz an Ressourcen das Gleichgewicht der Mächte in Europa zu erhalten versuchte. Indem sie immer wieder neue Allianzen eingingen und mit ihrer Flotte die Ozeane beherrschten, konnten die Briten viele Jahrzehnte hindurch die weltpolitische Vormachtstellung bewahren. Doch der wirtschaftliche und militärische Aufstieg Deutschlands nach 1871 machte es Großbritannien immer schwieriger, diese Rolle zu spielen. Bismarks Reich war zu stark, als daß es von einem schwach gerüsteten England in Schach gehalten werden konnte.

Die USA haben heute weit bessere Voraussetzungen als damals Großbritannien, erfolgreich die Funktion des Ausgleichers und Katalysators zu erfüllen. Im Gegensatz zum britischen Reich sind die USA weiterhin die größte Wirtschafts- und Militärmacht der Welt. Ihr Einfluß entspringt auch der Anziehungskraft der amerikanischen Kultur und ihres demokratischen Gesellschaftssystems – was der US-Politologe Joseph Nye in seinem Buch *Bound to Lead* als »weiche Macht-Ressourcen« bezeichnet. Nur die USA können heute in allen Weltteilen politischen und militärischen Einfluß ausüben. Kein anderes Land – und wahrscheinlich nicht einmal ein neues Bündnis zwischen zwei Staaten – kann ihnen ihre Vorrangstellung in absehbarer Zeit streitig machen. Gerade diese Stärke sollte es Washington erlauben, die Lasten der Weltpolitik auch auf andere Schultern zu verteilen.

Bereits Bush hat diese Strategie im Golfkrieg angewandt. Die Koalition, die er dabei schuf, wurde von den USA inspiriert und geführt, von der UNO legitimiert und von anderen Staaten mitfinanziert. Clinton will diese Art der kollektiven Weltpolitik fortsetzen und sie mit neuen Programmen und Instrumenten verfeinern.

Unter Clinton werden die USA nicht nur politischen Druck ausüben, wenn es ihren Wirtschaftsinteressen dient. Sie werden auch bereit sein, wirtschaftliche Druckmittel zur Durchsetzung ihrer politischen Anliegen einzusetzen. Zwar wissen Clintons Berater, daß Wirtschaftssanktionen nur selten ihr Ziel erreichen. Doch noch weniger glauben sie an die Taktik des *constructive engagement*, die besagt, daß freundliche Handelsbeziehungen ein feindliches Regime umstimmen können. Eine härtere Sanktionspolitik würde vor allem China und Südafrika treffen. Aber selbst gegenüber Mexiko könnte Clinton in Zukunft wirtschaftliche Zugeständnisse von einer weiteren Demokratisierung abhängig machen.

Bei der Förderung von Demokratie setzt Clinton in erster Linie auf die Verbreitung westlicher Ideen. Er verweist dabei gerne auf die demokratischen Revolutionen in Osteuropa, die durch den Zugang vieler Menschen zu westlichen Medien erleichtert wurden. »Fernsehen, Videokassetten und Faxgeräte haben die Berliner Mauer durchlöchert und zu Fall gebracht«, erklärte er im Wahlkampf. Das Bild von der Freiheitsstatue aus Pappe, das die chinesischen Studenten während ihrer Proteste im Frühjahr 1989 auf dem Platz des himmlischen Friedens aufstellten, hat die Amerikaner sehr eindrücklich von dieser Macht überzeugt.

Clinton plant die Schaffung eines »Radio Free Asia«, das im ostasiatischen Raum senden soll. Es soll in Ländern wie China, Nordkorea, Vietnam und Burma denselben demokratischen Gärungsprozeß einleiten, den »Radio Free Europe« in Osteuropa bewirkt hat. Er will auch Kennedys »Peace Corps« kopieren, das seit 1961 junge Amerikaner als Entwicklungshelfer in Dritte-Welt-Länder entsendet. Er will ein »Democracy Corps« finanzieren, durch das junge Amerikaner beim Aufbau von demokratischen Institutionen wie Parteien, Gewerkschaften und freien Medien in Osteuropa und der Dritten Welt mithelfen können.

Die Streitkräfte der USA sollen verkleinert, aber auf keinen Fall geschwächt werden. Clinton plant keine radikalen Kürzungen im Verteidigungsbudget. Zwar soll der Personalstand der Streitkräfte von derzeit 1,9 Millionen Soldaten auf 1,4 Millionen reduziert werden. Aber die Ausgaben sollen in den nächsten vier Jahren nur 5 Prozent unter dem von Bush geplanten Stand liegen. Clinton läßt sich dabei die Möglichkeit offen, das Budget noch weiter zu reduzieren, sollte die internationale Lage es zulassen.

Bush hätte in einer zweiten Amtszeit das Militär ebenfalls verkleinert, aber die alte Struktur, die aus der Zeit des Kalten Krieges stammt, wurde größtenteils beibehalten. Clinton und Verteidigungsminister Aspin wollen nun einen

Schritt weiter gehen. Sie haben eine »Armee light« vor Augen, die nicht mehr für einen großen Krieg mit der Sowjetunion, sondern für kleinere Einsätze in verschiedenen Krisenregionen als neue Art des Krisenmanagements eingerichtet ist. »Wir können nicht immer schnell und flexibel auf entfernte regionale Konflikte reagieren, solange unsere Streitkräfte nur für einen Krieg in Europa vorbereitet sind«, erklärte Clinton in einer seiner Wahlkampfreden.

So soll die US-Präsenz in Europa, die 1990 noch bei 314 000 Mann lag, drastisch reduziert werden. Bush hat für 1995 eine Reduktion auf 150 000 Mann geplant. Clinton will die Zahl der US-Soldaten in Europa noch weiter senken – auf einen Stand von 75 000 bis 100 000 Mann. Davon wird Deutschland, wo die meisten US-Streitkräfte derzeit stationiert sind, am stärksten betroffen sein. Auch in Ostasien will Clinton die Zahl der Truppen reduzieren, die US-Präsenz in Japan und in Südkorea aber beibehalten.

Die Entwicklungsarbeiten für Reagans militärisches Lieblingskind SDI (das weltraumgestützte Verteidigungssystem gegen Atomraketen) will Clinton stoppen und dadurch 15 bis 20 Milliarden Dollar einsparen. Die Arbeit an einem bodengestützten Raketenschutzsystem soll hingegen fortgesetzt werden; doch wird man auch hier langsamer vorgehen. Außerdem soll die Zahl der Flugzeugträgergruppen von derzeit zwölf auf zehn verringert und die Herstellung des vom Radar nicht erkennbaren Tarnkappenbombers B-2 überhaupt eingestellt werden.

Aber Clinton plant auch neue Rüstungsprojekte. So möchte er den Transport von US-Truppen und ihrer Ausrüstung erleichtern, indem das neue Transportflugzeug C-17 entwickelt und zusätzliche Transportschiffe gebaut werden. Er will auch den bereits von der Bush-Regierung geplanten Bau des Kampfjägers F-22 weiterbetreiben. Zwei Militärprojekte, die Bush bereits gestrichen hat, will Clinton sogar wieder zum Leben erwecken: das B-22, ein Flugzeug, das für Sondereinsätze – wie die Befreiung von Geiseln aus feindlichem Territorium – konzipiert ist, und den Osprey Senkrechtstarter, der Eigenschaften eines Flugzeuges mit denen eines Hubschraubers verbindet.

Außerdem will Clinton noch mehr Geld in elektronische und computergesteuerte Waffen-, Überwachungs- und Kommunikationssysteme stecken, die sich im Golfkrieg so gut bewährt haben. Einsparungen soll hingegen eine Reorganisation der Streitkräfte bringen, die Überschneidungen zwischen den vier Armen des Militärs – Army, Navy, Air Force und Marines – beseitigt.

Die Struktur für die US-Streitkräfte, die Clinton und Aspin verwirklichen wollen, würde es Washington erlauben, schneller als bisher in internationale Krisen einzugreifen. Die USA würden dann bei einem Konflikt wie dem Golfkrieg nicht fünf Monate benötigen, um ihre Truppen in das Kampfgebiet zu verlegen. Ebenso wie die geplante Militärreform deuten auch Clintons Erklärungen darauf hin, daß die USA – mit der Zustimmung der UNO – öfter als bisher in kleinere Konflikte in der Welt eingreifen werden, um die Ausweitung von Bürgerkriegen auf andere Staaten zu verhindern, demokratische Wahlen zu ermöglichen oder auch nur Menschenleben zu retten.

Der Testfall für diese Strategie war bereits angelaufen, bevor Clinton ins Weiße Haus einzog. Mit der Entsendung von US-Truppen nach Somalia, die Bush noch in der Übergangszeit in Gang setzte, wollten die USA internationalen Lebensmittellieferungen in das von Stammeskriegen und Hungersnot heimgesuchte Land am Horn von Afrika den Weg ebnen und auch eine politische Ordnung wiederherstellen. Bush hat versprochen, daß die US-Soldaten innerhalb weniger Wochen ihre Aufgabe erfüllen und dann durch herkömmliche Friedenstruppen der Vereinten Nationen ersetzt werden würden.

Der Erfolg dieser Intervention wird darüber entscheiden, wie leicht Clinton die US-Streitkräfte in ferne Länder entsenden wird, auch wenn amerikanische Interessen nicht unmittelbar betroffen sind. Auf jeden Fall hat die Somalia-Aktion – wie schon der Golfkrieg – bewiesen, daß die Vereinigten Staaten noch immer der einzige Staat sind, der als eine Art Weltpolizist größere militärische Einsätze unternehmen kann, wenn er sich dazu entschließt.

Wenn Washington nicht handelt, bleibt es – wie im Falle des ehemaligen Jugoslawiens – bei Warnungen und Resolutionen verschiedener Organisationen. Auch das verdeutlicht, daß die USA als weltpolitische Führungsmacht keine Rivalen haben. Die Schaffung einer halbwegs stabilen Weltordnung hängt deshalb von der Entschlossenheit Washingtons ab, sich international zu engagieren.

Clinton befürwortet »humanitäre Interventionen« weniger aus machtpolitischem Kalkül als aus einem Gefühl der moralischen Verpflichtung. Er glaubt, dabei auch mit breiter Unterstützung der Bevölkerung rechnen zu können, wenn er ihr seine Beweggründe nur verständlich machen kann.

Dabei wird es ihm immer helfen, wenn Bilder von menschlichem Elend über CNN und andere Fernsehsender in die Wohnzimmer gestrahlt werden. Solche Fernsehbilder setzten im Frühjahr 1991 Bush unter Druck, nach dem Ende des Golfkrieges den Kurden in Nordirak mit militärischen Mitteln zu helfen. Auch der Einsatz in Somalia wurde durch die ständigen Berichte über das Elend in dem Land ausgelöst. Wenn aber Fernsehreporter über ein Land nicht berichten, bleibt dessen Schicksal nicht nur von der Öffentlichkeit, sondern auch von der offiziellen Politik in Washington meist unbeachtet.

Doch die Unterstützung der Öffentlichkeit wird wahrscheinlich schnell wieder schrumpfen, wenn dieselben Fernsehstationen Bilder von gefallenen US-Soldaten bringen. In den letzten Jahren wurden amerikanische Militäreinsätze nur dann befürwortet, wenn sie wenige Menschenleben kosteten und rasch zu Ende gingen.

Clinton übernimmt von George Bush eine noch unausgereifte Doktrin, die Militärinterventionen auch aus humanitären Gründen rechtfertigt. Aber Bush hat keine Regeln festgelegt, in welchen Fällen die USA auch wirklich zu einem Einsatz bereit sind und wann die Kosten und Risken zu hoch sind. Es ist eine der wichtigsten Aufgaben der neuen Regierung, solche Regeln festzusetzen und gegenüber der eigenen Bevölkerung wie auch dem Ausland verständlich zu machen.

Clinton muß sich dabei auch mit der Frage auseinandersetzen, wie in Ländern, in denen Anarchie herrscht, eine halbwegs stabile politische Ordnung wiederhergestellt und auch nach dem Abzug von ausländischen Truppen aufrechterhalten werden kann. 30 Jahre nach dem Ende des Kolonialismus steht die Welt vielleicht vor einer Ära, in der Staaten wieder unter die Kuratel des Westens gestellt werden – aber diesmal nicht aus imperialen Gelüsten, sondern um die Versäumnisse der Kolonialmächte wiedergutzumachen und lebensfähige politische Institutionen zu schaffen.

Auch wenn der Einsatz in Somalia erfolgreich verläuft, wird der Balkan deshalb nicht zum automatisch nächsten Ziel der US-Marines. Clinton ist – ebenso wie Bush – nicht bereit, Bodentruppen nach Bosnien zu entsenden. Aber er hat im Wahlkampf der Bush-Regierung immer wieder vorgeworfen, zuwenig für die ehemalige jugoslawische Teilrepublik zu tun, und wird wahrscheinlich die amerikanische Rolle in diesem Konflikt verstärken. Eine militärische Durchsetzung der Flugverbotszone über Bosnien könnte ein erster Schritt dazu sein. In der Folge ist es möglich, daß die US-Luftwaffe Angriffe gegen serbische Stellungen fliegt, um auf diese Weise die Belagerung von Sarajewo und anderen bosnischen Städten sowie die brutalen ethnischen Säuberungen zu beenden.

Clinton will dabei verstärkt auf die Vereinten Nationen zurückgreifen, um die Last von internationalen Engagements besser mit anderen Staaten zu teilen. Er befürwortet die Aufstellung einer ständigen UN-Truppe, die nicht nur für friedenserhaltende, sondern auch für friedensschaffende Einsätze rasch in alle Teile der Welt entsandt werden kann. Der Vorschlag eines Clinton-Beraters, Richard Gardner von der Columbia University, sieht eine 30 000 Mann starke Truppe vor, zu der die fünf ständigen Mitglieder des Sicherheitsrates je 2000 Mann und zu der 30 andere Nationen bis zu 700 Mann beitragen sollten. Andere Experten schlagen noch größere Streitkräfte vor, die selbst einen Krieg wie den Golfkrieg führen könnten.

Eine UN-Armee würde gut in Clintons Strategie passen, bei internationalen Aktionen »den Ausschlag zu geben«. Meist wären die USA die treibende

Kraft dafür. Ihre Transportkapazitäten und ihre modernen Waffensysteme würden das Rückgrat solcher UN-Streitkräfte bilden. Doch sowohl der personelle Einsatz als auch die Kosten wären besser aufgeteilt als bei der derzeitigen Ad-hoc-Bildung von internationalen militärischen Koalitionen in Fällen wie dem Golfkrieg oder Somalia.

Pläne für eine UN-Armee sind bisher auf Widerstand bei der amerikanischen Militärführung gestoßen, die ihre Soldaten nicht unter ein fremdes Kommando stellen will. Auch in Somalia machte es der US-Generalstab zur Bedingung für den Einsatz, daß amerikanische Offiziere das Oberkommando innehaben. Militärs fürchten auch, in blutige und unübersichtliche nationale Konflikte hineingezogen zu werden und dort zur Zielscheibe von Heckenschützen zu werden, die die UN-Armee wieder aus dem Land vertreiben möchten. »Wenn wir Amerikaner einmal drinnen sind, dann dienen wir als Kugelfang«, warnt ein Offizier der US-Luftwaffe.

Clinton kann versuchen, diese Bedenken aus dem Weg zu räumen, indem er darauf besteht, daß die USA viele der wichtigen Kommandofunktionen erhalten. Da ohne die Teilnahme der USA das – auch von vielen anderen Staaten geforderte – Projekt einer UN-Streitmacht von vornherein zum Scheitern verurteilt ist, hat er gute Chancen, seine Vorstellungen durchzusetzen.

Nicht nur im militärischen Bereich spielt die UNO eine Schlüsselstellung in Clintons Überlegungen. Ähnlich wie Bush sieht auch Clinton in der UNO die größte Chance, in den kommenden Jahren eine neue Weltordnung, von der George Bush nach dem Golfkrieg erstmals gesprochen hat, zu verwirklichen. Er befürwortet die Aufnahme Deutschlands und Japans – und längerfristig auch Indiens und Brasiliens – als ständige Mitglieder des Sicherheitsrates der Vereinten Nationen, um so das Gremium zu stärken. Er will auch mehr als bisher mit den verschiedenen UNO-Behörden bei der Lösung globaler Probleme zusammenarbeiten.

Dabei will Clinton auch die Schulden der USA bei der UNO endlich bezahlen und hat angekündigt, den Kongreß zur raschen Freigabe dieser Gelder zu drängen. Als Zeichen des besonderen Stellenwerts der Vereinten Nationen hat er der amerikanischen UN-Botschafterin Madeleine Albright erstmals einen Sitz im Kabinett gegeben.

Auch andere multilaterale Organisationen – wie die Konferenz für Sicherheit und Zusammenarbeit in Europa (KSZE) und die Organisation Amerikanischer Staaten (OAS) – könnten unter Clinton eine wachsende Rolle spielen. Denn im Unterschied zu vielen Republikanern, die einseitige Aktionen jeder internationalen Kooperation vorziehen, sehen die meisten Demokraten die Mitarbeit in internationalen Organisationen als die wirkungsvollste Art der Weltpolitik.

Aber Clinton ist auch bereit, in gewissen Situation ohne den Sanktus solcher Gremien zu handeln. »Ich würde nie die Sicherheit der Vereinigten Staaten an die Vereinten Nationen oder eine andere internationale Organisation übergeben«, sagte er, »wir dürfen nie auf das Recht verzichten, einseitig zu handeln, wenn es um unsere wichtigsten Interessen geht. Unser Motto in dieser Zeit lautet: Zusammen können wir, aber allein müssen wir handeln.«

Für Clinton ist die UNO in erster Linie ein Instrument der amerikanischen Außenpolitik und nicht eine höhere politische Instanz, der man sich immer unterwerfen müsse. Er will durch die UNO arbeiten, um Verbündete für seine Vorhaben zu gewinnen. Sollte das aber in Zukunft schwieriger werden oder gar scheitern, weil zum Beispiel eine neue konservative Regierung in Rußland ihre Kooperation mit dem Westen im Sicherheitsrat aufkündigt, würde der Stellenwert der UNO wieder sinken.

In Clintons Außenpolitik – wie auch in der Innenpolitik – ist seine Überzeugungskraft mindestens so wichtig wie militärische Macht. Er wird nicht nur bei anderen Staatschefs für seine Pläne werben, sondern auch bei der eigenen Bevölkerung und der öffentlichen Meinung in anderen Staaten. Das erfordert die Pflege von internationalen Kontakten und viel persönlichen Einsatz. Und darin ist Clinton – vielleicht noch mehr als Bush – ein Meister. So wie die Kongreßabgeordneten können sich auch ausländische Staatsmänner auf eine häufige »Clinton-Behandlung« gefaßt machen. Wenn Clinton von einem anderen Land etwas will, wird er wahrscheinlich nicht nur den Regierungschef und die wichtigsten Minister bestürmen, sondern auch Kontakte außerhalb der Politik einsetzen.

Diese starke persönliche Note in Clintons Außenpolitik könnte den Kurs des Landes etwas weniger berechenbar als bisher machen. Auch unter George Bush hingen viele außenpolitischen Entscheidungen zwar von den Instinkten und Ansichten des Präsidenten ab. Aber Bush war eine bekannte Größe und hatte ein deutlich ausgeprägtes Weltbild, das in zwei Jahrzehnten außenpolitischer Erfahrung langsam schärfer geworden war. Clinton befindet sich dagegen noch in einer Lernphase.

Clinton dürfte – ähnlich wie in der Innenpolitik – auch in der Außenpolitik einen offenen Führungsstil pflegen und viel Wert auf unterschiedliche Ansichten legen. Er wird nur selten Entscheidungen ohne vorherige Absprache mit den wichtigsten Verbündeten treffen. Bei Clinton wird sich kaum eine europäische Regierung über die mangelnde Kommunikation mit Washington beklagen können.

Aber er bleibt auch in der Außenpolitik mehr Politiker als Diplomat. Er wird deshalb kaum außenpolitische Entscheidungen treffen, die von der öffentlichen Meinung oder vom Kongreß abgelehnt werden. Clinton wird sich deshalb besondere Mühe geben, eine breite Unterstützung im eigenen Land für außenpolitische Initiativen zu erhalten. Geheime Waffenlieferungen und andere Formen der Geheimpolitik wird es – anders als bei Reagan und Bush – bei ihm kaum geben.

Die wichtigsten Regionen

Westeuropa

Einige Wochen vor seinem Wahlsieg entsandte Clinton seinen Berater David Aaron auf eine Blitztour durch Europas Hauptstädte, um die wichtigsten Verbündeten von seiner Verläßlichkeit zu überzeugen. Bei Treffen mit hohen Beamten in London, Paris und Bonn betonte Aaron, daß mit Clinton weder Isolationismus noch Protektionismus Einzug halten. Die Grundsätze der Außenpolitik von George Bush werden weiter gültig sein.

Trotz dieser Versicherungen muß sich Europa auf große Veränderungen in den Beziehungen mit den USA gefaßt machen. Diese sind aber weniger durch die Wahl Clintons als durch internationale Entwicklungen der letzten Jahre bedingt. Denn seit dem Ende des Kalten Krieges bauen die USA notwendigerweise ihr militärisches Engagement in Europa ab. Da es seit dem Zerfall der Sowjetunion keine große militärische Bedrohung für Westeuropa mehr gibt, hat eine US-Truppenstationierung auf deutschem Boden ihren Sinn als Mittel der Abschreckung verloren.

Doch eine gewisse Truppenpräsenz soll auch in Zukunft die strategische Partnerschaft zwischen den USA und Europa bekräftigen. Amerikanische Militärs sind sich auch der Vorteile von Militärbasen, Flugfeldern und Ausrüstungsdepots auf dem Kontinent bewußt. Denn in Europa ist man potentiellen Konfliktregionen im Nahen Osten, in Asien und Afrika viel näher als in Amerika. Doch wie viele Truppen für diesen eingeschränkten Zweck wirklich benötigt werden, steht heute noch gar nicht fest. Selbst 75 000 Soldaten sind keine fixe Untergrenze.

Clinton hat versichert, daß er auch an der NATO festhalten möchte. Aber seine Berater wissen genau, daß das westliche Militärbündnis nach dem Ende des Kalten Krieges eine neue Rolle finden muß. Clinton ist dabei eher als Bush bereit, grundlegende Änderungen in den Aufgaben und der Struktur der Allianz zu akzeptieren. Er will Europäern noch mehr Mitspracherecht in Sicherheitsfragen geben und steht europäischen Militärstrukturen außerhalb der NATO wie der Westeuropäischen Union (WEU – dem militärischen Arm der Europäischen Gemeinschaft) oder der geplanten französisch-deutschen »Eurokorps«-Armee offener gegenüber als sein Vorgänger.

Clinton ist auch von der Idee der europäischen Einigung persönlich überzeugt. Er wird ihr weder auf der wirtschaftlichen noch auf der politischen Ebene Widerstand entgegensetzen, solange dem US-Außenhandel kein Schaden daraus erwächst. Eine Teilung der Welt in große Handelsblöcke lehnt er vehement ab. Deshalb dürfte er auf jedes Anzeichen, daß in der EG eine »Festung Europa« entsteht, schnell und heftig reagieren.

Die bilateralen Beziehungen zu den einzelnen Staaten dürften sich in den kommenden Jahren verändern. Clintons großes Interesse an Wirtschaftsfragen könnte Deutschland – und nicht mehr Großbritannien – zum wichtigsten Partner der USA machen. Clinton bewundert viele Seiten der deutschen Wirtschaft und Industrie – das Gesundheitswesen, die Ausbildung von Fachkräften, die staatliche Förderung von Technologie und die Umweltindustrie. Immer wieder greift er auf deutsche Beispiele zurück, wenn er die Ziele für seine eigenen Reformpläne beschreibt.

Als Kind der Nachkriegsgeneration hat Clinton auch weniger Bedenken gegen eine aktive deutsche Außenpolitik. Clinton wird Deutschland deshalb stärker dazu drängen, in der Welt die politische und militärische Rolle zu spielen, die seiner Wirtschaftskraft entspricht. Wie erwähnt befürwortet er einen ständigen Sicherheitsratsitz für Deutschland. Auch an internationalen Militäraktionen soll sich Bonn stärker als bisher beteiligen.

Vor allem in der Politik gegenüber Osteuropa zählt Clinton stark auf deutsche Mitarbeit. Er hofft auf staatliche Wirtschaftshilfe und auf Investitionen der deutschen Industrie, um die neuen Demokratien im Osten wirtschaftlich zu stärken. Gegenüber den ehemaligen sowjetischen Satellitenstaaten soll Deutschland überhaupt die führende Rolle spielen. Aber Bonn wird für Clinton auch der wichtigste Partner in seinen Anstrengungen sein, den Reformkurs in Rußland am Leben zu erhalten.

Eine der interessantesten Fragen in den bilateralen Beziehungen kann das Verhältnis zwischen Bill Clinton und Helmut Kohl werden. Kohl hat bei den Wahlen auf Bush gesetzt, dem er für die deutsche Einigung viel verdankt. Doch Clinton ist nicht nachtragend. Er und Kohl haben zwar sehr unterschiedliche Charakterzüge, aber es gibt auch viele Gemeinsamkeiten. Clinton und Kohl sind durch und durch politische Köpfe, die ihre politischen Ziele mit Hartnäckigkeit verfolgen und sich durch Rückschläge nicht verunsichern lassen. Und beide sind geschickte Verhandler, die wissen, wann man hart bleiben und wann man nachgeben soll.

In der Wirtschafts- und in der Außenpolitik gibt es viele Ähnlichkeiten in ihren Ansichten. Clinton steht europäischen Christdemokraten in vieler Hinsicht näher als den Sozialdemokraten. Die USA und Deutschland brauchen einander, und die beiden Regierungschefs haben die Chance, die Partnerschaft zwischen den beiden Ländern weiterzuentwickeln.

Die Beziehungen zu Frankreich dürften hingegen noch einige Zeit von Differenzen in der Außenhandelspolitik belastet werden. Paris lehnt die amerikanische Forderung nach einer Einschränkung der Agrarsubventionen in der EG vehement ab und hat deshalb Ende 1992 damit gedroht, den GATT-Kompromiß zwischen Brüssel und Washington zu sprengen. Der mögliche Wechsel zu einer konservativen Regierung bei den französischen Parlamentswahlen im Frühjahr dürfte an Frankreichs Haltung in der Agrarfrage nicht viel ändern.

Großbritannien hat unter Clinton vielleicht am meisten zu verlieren. Die »besondere Beziehung« zwischen Washington und London ist bereits seit Jahren im Abklingen. Clinton hat wenig Verständnis dafür, daß viele Tories die europäische Integration ablehnen. Er wird sich auch auf internationalen Konferenzen nicht mehr mit London verbünden, um strengere Umweltvorschriften und andere Eingriffe in die Aktionsfreiheit von privaten Unternehmen zu verhindern. Der britische Premier John Major hat Bush im Wahlkampf aktiv unterstützt; die enge Freundschaft, die ihn mit dem alten US-Präsidenten verband, wird sich mit Clinton nicht so leicht kopieren lassen. Major ist zwar nur drei Jahre älter als Clinton, aber von ihrem persönlichen Stil her scheint eine Generation zwischen ihnen zu liegen.

Dennoch bleiben die USA und Großbritannien auch weiterhin durch mehr als die gemeinsame Sprache verbunden. Auf der wirtschaftlichen und militärischen Ebene sind sie wichtige Partner. Und im Falle einer internationalen Militäraktion weiß Clinton, daß er vor allem auf die Briten zählen kann.

Rußland

Clintons größte außenpolitische Sorge gilt Rußland. Auch nach dem Ende des Kalten Krieges ist die Sicherheit der USA untrennbar mit der Lage in der zweitgrößten Atommacht verknüpft. Diese hat zwar an Stärke eingebüßt, ist aber noch immer fähig, für Unruhe zu sorgen. Clinton hofft, daß sich Rußland langfristig in eine Demokratie nach westlichem Muster verwandelt und durch die Einführung der Marktwirtschaft Wohlstand erreicht.

Ein Sieg der nationalistischen und altkommunistischen Kräfte würde zwar keinen neuen Kalten Krieg einleiten – dafür ist Rußland einfach zu schwach geworden. Aber die Zusammenarbeit in internationalen Fragen würde um vieles schwieriger werden oder gar ganz aufhören. Noch besorgniserregender ist die Aussicht, daß sich ethnische Unruhen auf dem Gebiet der ehemaligen Sowjetunion weiter ausbreiten und die noch immer mit Atomwaffen ausgerüsteten Republiken – wie Rußland, die Ukraine und Kasachstan – darin verwickelt werden könnten.

Für Clinton ist eine großzügigere Wirtschaftshilfe für Rußland eines seiner wichtigsten Vorhaben. Er will damit dort die Demokratie und marktwirtschaftliche Reformen stärken und so die Sicherheit der USA erhöhen. »Ich weiß, daß es heute nicht populär ist, ausländische Wirtschaftshilfe zu unterstützen«, erklärte er im April 1992. »Aber es wäre zutiefst unverantwortlich, auf diese kurzfristige Investition in unsere langfristige Sicherheit zu verzichten. Wenn wir heute zugeknöpft und geizig sind, werden wir auf längere Sicht mit mehr Militärausgaben und verlorenen Wirtschaftschancen bezahlen müssen.«

Clinton setzt dabei in erster Linie auf multilaterale Initiativen. Er will vom Kongreß die Freigabe der Mittel, damit die USA ihren Anteil an der Quotenerhöhung für den Internationalen Währungsfonds (IWF) – rund 12 Milliarden Dollar – endlich bezahlen können. Washington soll sich an jeder internationalen Finanzhilfe für Moskau beteiligen und auch bei der Umschuldung seiner Auslandskredite helfen. Clinton will die Unternehmen zu größeren Investitionen in Rußland und anderen Republiken der Gemeinschaft Unabhängiger Staaten (GUS) bewegen, wenn diese einen Reformkurs verfolgen.

In der Frage der nuklearen Abrüstung hat die Einigung über den START-II-Vertrag für Clinton ein gewichtiges Problem gelöst. Das Abkommen sieht eine Reduzierung der strategischen Atomwaffenarsenale in den USA und den sowjetischen Nachfolgestaaten um rund zwei Drittel vom derzeitigen Stand vor. Doch wenn konservative Kräfte in Moskau an die Macht kommen, ist es nicht mehr gesichert, daß dieser Vertrag auch wirklich ausgeführt wird.

Das größte Problem für die Abrüstungspolitik stellt aber die Ukraine dar. Zwar will Kiew START II im Prinzip mittragen, fordert aber ständig neue Konzessionen. Auch die schwierige wirtschaftliche Lage der Republik und die geringen Fortschritte in Richtung Demokratie dürften die Beziehungen zur Ukraine in den kommenden Jahren erschweren.

Die nuklearen Schwellenländer

Die Verbreitung von Atomwaffen war bis vor wenigen Jahren ein eher theoretisches Problem, mit dem man sich hauptsächlich auf internationalen Konferenzen beschäftigte. Doch bereits mit dem Golfkrieg kam die Erkenntnis, wie nahe ein Dikator wie Saddam Hussein trotz aller internationaler Überwachung dem Bau einer eigenen Atombombe kommen kann.

Durch den Zerfall der Sowjetunion wurde eine weitere Pandorabüchse geöffnet. Der Handel mit spaltbarem Material aus der GUS ist im vollem Gange. Einige atomare Kurzstreckenraketen, die in kleineren Republiken stationiert waren, sind nach Berichten westlicher Geheimdienste bereits verschwunden. Gerade als die Angst vor einem weltweiten Atomkrieg zwischen den Supermächten zu schwinden begann, wuchsen die Sorgen, daß Atomwaffen in die Hände verantwortungsloser Diktatoren oder gar Terroristen fallen könnten.

Die USA haben bisher der Verbreitung von Atomwaffen mit Maßnahmen entgegengewirkt, die von Land zu Land verschieden waren. Die Atomanlagen des Iraks wurden zuerst durch amerikanische Bomben und später unter internationaler Kontrolle zerstört. Auf den Verbündeten Pakistan wird diplomatischer und wirtschaftlicher Druck ausgeübt, um dessen Atomwaffenentwicklung zu stoppen. Gegen das isolierte Nordkorea gab es diffuse Drohungen. Auch die atomaren Ambitionen des Irans bereiten wachsende Sorgen.

Clinton will bei der Bekämpfung der Proliferation in Zukunft mehr auf internationale Zusammenarbeit setzen. Er will der Internationalen Atomenergie-Organisation (IAEO) in Wien mehr finanzielle Mittel zukommen lassen und ihr das Recht verschaffen, auch ohne jede Vorankündigung Inspektionen in Mitgliedsländern durchzuführen. Er will mit Hilfe schärferer Exportkontrollen und einer härteren Bestrafung von Firmen in den Industrieländern der Lieferung von militärischer und semi-militärischer Hochtechnologie einen Riegel vorschieben. Und er will den Abverkauf von Atomwaffen aus der GUS dadurch verhindern, daß die USA bei deren Verschrottung helfen oder die abgebauten Waffen selbst aufkaufen.

Clinton möchte auch den internationalen Waffenhandel besser in den Griff bekommen, um so Lieferungen von modernen konventionellen Waffensystemen an Länder wie Syrien und den Iran zu verhindern. Das geht nur durch stärkeren Druck auf China, das sich immer mehr als führender Waffenlieferant für die Dritte Welt profiliert.

Dafür müßte Clinton aber auch die amerikanischen Waffenexporte einschränken. Bush hat noch im Wahlkampf große Geschäfte mit Taiwan und Saudi-Arabien abgeschlossen, um auf diese Weise Arbeitsplätze in der US-Rüstungsindustrie zu erhalten. Ein Erfolg seines Programms zur Umwandlung von militärischer in zivile Produktion würde Clinton eine solche Selbstbeschränkung erleichtern. Die USA wären dann auch glaubwürdiger, wenn sie Verbündete wie Frankreich oder Deutschland zu einer stärkeren Kontrolle ihrer Rüstungs- und Hochtechnologieexporte auffordern.

Wenn man Diplomaten in Washington während des Wahlkampfes fragte, worin sich die Außenpolitik Clintons vom bisherigen Kurs unterscheiden würde, war die Antwort meistens »China«. Clintons härteste Kritik an Bushs Außenpolitik galt dessen Freundschaft zu Peking und insbesondere der raschen Normalisierung der Beziehungen nach der blutigen Niederschlagung der Studentenproteste im Juni 1989. »Anstatt sich mit der Demokratiebewegung in China zu identifizieren, sandte Bush geheime Emissäre nach Peking, die denselben Leuten zuprosteten, die zuvor die Proteste niedergeschlagen hatten«, erklärte Clinton in einer Anspielung auf die China-Mission von Bush-Sicherheitsberater Brent Scowcroft nur fünf Wochen nach dem Massaker von Peking.

Immer wieder betonte Clinton im Wahlkampf, daß er mehr Druck auf China in Menschenrechtsfragen ausüben würde. Er würde auch – wie es der Kongreß seit Jahren fordert – die Verlängerung der Meistbegünstigungsklausel für chinesische Importe von Fortschritten in der Menschenrechtspolitik abhängig machen. Bush hat gegen eine solche Verknüpfung immer wieder sein Veto eingelegt.

Für diese Haltung erhielt Clinton viel öffentliche Zustimmung. Nicht nur das Massaker am Platz des himmlischen Friedens hat den Unmut vieler Amerikaner hervorgerufen. Auch die chinesische Handelspolitik ist umstritten. China ist zwar seit Mitte der achtziger Jahre einer der wichtigsten Handelspartner der USA. Sein eigener Markt bleibt jedoch für amerikanische Produkte weitgehend verschlossen. US-Importen aus China von 25 Millarden Dollar im Jahr stehen Exporte von nur 13 Millarden Dollar gegenüber. Viele Arbeitsplätze in der US-Industrie sind durch Chinas Billiglöhne bedroht.

Die größte Empörung in den USA wurde durch Berichte hervorgerufen, daß China Gefangene in den Arbeitslagern und Gefängnissen einsetzt, um ohne Bezahlung Güter für den Export in die USA herzustellen. Dieser Zustand verbindet Menschenrechtsverletzungen mit unfairen Handelspraktiken und gab den China-Kritikern daher ein besonders publikumswirksames Thema in die Hand.

Doch es ist kaum zu erwarten, daß Clinton die Meistbegünstigungsklausel völlig außer Kraft setzt und damit die Handelsbeziehungen mit China gefährdet. Am ehesten sind Importbeschränkungen für einige chinesische Produkte zu erwarten. Auch wenn Clinton nicht die gleiche Freundschaft wie Bush gegenüber China empfindet, hat er dennoch keine andere Wahl, als eine pragmatische Politik zu verfolgen. Die USA brauchen Chinas Mitarbeit nicht nur im Sicherheitsrat, wo Peking über ein Vetorecht verfügt, sondern auch bei der Lösung internationaler Konflikte wie in Kambodscha und Korea. Immer mehr US-Firmen nehmen zudem die chinesische Billigproduktion in Anspruch, um international wettbewerbsfähig zu bleiben.

China wiederum ist vom amerikanischen Markt abhängig, wenn es seine beeindruckenden Wachstumsraten beibehalten will. Das gibt den USA die Chance, die chinesische Politik mit sanftem Druck und etwas Fingerspitzengefühl zu beeinflussen. »Clinton könnte in Menschenrechtsfragen mehr Erfolg als Bush haben«, meint Alan Romberg, Asienexperte im Council for Foreign Relations in New York. »Die Chinesen nehmen Clinton wahrscheinlich etwas ernster. Aber er muß ihnen den Spielraum geben, daß sie ihre Politik selbst gestalten können.«

Clinton und seine Berater hoffen, durch diplomatisches Geschick eine allmähliche demokratische Öffnung in China zu bewirken. Sie setzen dabei auf die jüngere Garde von Reformpolitikern, die nach dem Ableben der alten Generation an die Macht kommen könnte. Dabei will Clinton weder den US-Einfluß in China vermindern noch einem Zerfall des Riesenlandes nach dem Vorbild der Sowjetunion Vorschub leisten. Er wünscht sich eine Reform in geordneten Bahnen, die das chinesische Wirtschaftswunder nicht gefährdet, aber gleichzeitig zu einer menschlicheren Politik nach innen und einem friedlicheren Kurs nach außen führt.

Diese Politik dürfte zu einem schwierigen Drahtseilakt zwischen idealistischen Anliegen und den Erfordernissen der Realpolitik werden. Die Verwirklichung seines Planes für ein »Radio Free Asia« etwa würde die Pekinger Führung wohl als Provokation ansehen. Sie würden den USA auch jede offene Unterstützung für die Demokratisierungsbemühungen des britischen Gouverneurs in Hongkong, Chris Patten, übelnehmen. Doch wenn Clinton andererseits die Menschenrechtsverletzungen und die Unterdrückung der Opposition in China ignoriert, dann büßt er in seiner Demokratiepolitik jede Glaubwürdigkeit ein.

Seit Beginn der neunziger Jahre ist China – wie oben dargestellt – zu einem der größten Waffenlieferanten der Welt geworden. Es füllt damit zum Teil die Lücke, die der Zusammenbruch der Sowjetunion hinterlassen hat: Viele der einstigen Verbündeten der UdSSR – wie Syrien und Libyen – gehören nun zu seinen Kunden. Für das Regime in Peking sind Waffen- und Technologieverkäufe nicht nur ein gutes Geschäft, sie erhöhen auch seinen weltpolitischen Einfluß.

China droht mit solchen Lieferungen den Atomwaffensperrvertrag zu unterlaufen und zu verhindern, daß es in sensiblen Weltregionen wie dem Nahen Osten zu einer Begrenzung des Wettrüstens kommt. Die richtige Mischung aus Zuckerbrot und Peitsche, mit der Chinas internationales Wohlverhalten gewonnen werden kann, hat Washington bisher noch nicht gefunden.

Die chinesische Frage wird dabei von Jahr zu Jahr wichtiger. Deng Xiaoping hat seit Beginn der achtziger Jahre durch seine Reformpolitik den vielleicht größten Wirtschaftsboom der Geschichte in Gang gesetzt. Laut offizieller Daten der Weltbank ist Chinas gesamtes Bruttoinlandsprodukt nur so hoch wie das von Kanada. Aber diese Zahlen unterschätzen nach Meinung von Experten bei weitem seine tatsächliche Wirtschaftskraft. Möglicherweise ist China heute nach den USA, Japan und Deutschland bereits die viertgrößte Wirtschaftsmacht der Welt. Bis zur Jahrtausendwende könnte es alle Länder bis auf die Vereinigten Staaten überholt haben.

Ein wirtschaftlich starkes und mit Atomwaffen ausgerüstetes China kann in Ostasien zur unbestrittenen Großmacht werden und die Interessen der USA in dieser strategisch so wichtigen Weltregion gefährden. Auch auf ideologischem Gebiet stellt China eine Herausforderung dar: Das chinesische Gesellschaftsmodell, das Kapitalismus mit einer autoritären Politik verbindet, bietet Ländern der Dritten Welt die vielleicht einzige attraktive Alternative zum westlichen Demokratiemodell.

Es ist vorstellbar, daß bis zum Ende des Jahrtausends – das heißt vielleicht noch unter Präsident Clinton – China für die USA zu einem ähnlich gefährlichen Feind wird, wie es einst die Sowjetunion gewesen ist. Um dem vorzubeugen, muß China auf einen Kurs gelenkt werden, der die Einhaltung der Menschenrechte und ein internationales Wohlverhalten mit politischer Stabilität und einer Fortsetzung des Wirtschaftswunders verbindet. Um diese Aufgabe ist kein US-Präsident zu beneiden.

Japan

Mehr als das Verhältnis der USA zu Westeuropa dürften sich die Beziehungen zu Japan verändern. Auch heute noch spiegeln die US-japanischen Beziehungen die Bedingungen der Nachkriegszeit wider, als Japan wirtschaftlich am Boden lag und die größte Sorge der US-Politiker seine Schwäche war. Doch Clinton und seine Generation haben dieses Japan nicht mehr gekannt. Für sie ist das Land eine selbstbewußte wirtschaftliche Großmacht, die Amerika herausfordert.

In Tokio macht man sich einige Sorgen über Clintons zukünftigen Kurs. Viel davon dürfte unbegründet sein. Clinton und sein Team planen zwar eine härtere Verhandlungsstrategie in Außenhandelsfragen. Aber sie gehören auch nicht zur Gruppe der *Japan Basher*, die dem asiatischen Staat für alle eigenen Wirtschaftsproblemen die Schuld geben. Die Wirtschaftspolitik der USA – und nicht japanischer Protektionismus – ist ihrer Meinung nach dafür verantwortlich, daß japanische Firmen am Weltmarkt mehr Erfolg als ihre amerikanischen Konkurrenten haben.

Die USA erwarten jedenfalls, daß sich Japan noch stärker als bisher um die eigene Sicherheit kümmert und insbesondere in Asien mit Washington auf der politischen und militärischen Ebene enger zusammenarbeitet. Tokios führende Rolle in der Kambodscha-Mission der UNO soll nach Clintons Vorstellungen zum Modell für Japans zukünftige Außenpolitik werden. Er ist sich dabei bewußt, daß ein solcher Kurs bei Teilen der japanischen Öffentlichkeit und noch mehr bei Japans asiatischen Nachbarn auf Widerstand stößt. Clinton wird auch von Tokio fordern, daß es seine derzeit sehr geringe Wirtschaftshilfe an Rußland aufstockt, obwohl der Streit der beiden Länder um die vier seit 1945 russisch besetzten Kurilen-Inseln noch nicht beigelegt ist.

Keine Seite kann sich eine wirkliche Verschlechterung der Beziehungen leisten. Die USA und Japan sind heute wirtschaftlich so eng miteinander verflochten, daß ein großer Konflikt die Interessen beider Staaten gefährden würde. Besonders Japan braucht die USA – als größten Absatzmarkt für seine Waren und als seinen einzigen wirklichen politischen Verbündeten in der Welt. Aber auch die amerikanische Wirtschaft stützt sich immer stärker auf japanisches Kapital und japanische Technologie. »Das ist vielleicht unsere wichtigste internationale Beziehung, und wir wollen, daß sie funktioniert«, so Clinton. »Aber dafür müssen beide Seiten profitieren.«

Der Nahe Osten

Clinton hat im Wahlkampf immer wieder die manchmal harte Linie der Bush-Regierung gegenüber Israel kritisiert. Er hat damit auch viele jüdische Stimmen gewonnen. Deshalb fürchten nun arabische Regierungen, daß Washington seine Rolle als unparteiischer Vermittler im Nahostkonflikt aufgibt und stärker als bisher Israel bevorzugt. Viele Israelis wiederum sehen mit Sorge der Rückkehr von früheren Carter-Leuten in das Außenministerium entgegen, die damals der israelischen Politik in den besetzten Gebieten noch kritischer gegenüberstanden als später die Republikaner. Bush- und Baker-Nostalgie hat im Nahen Osten deshalb in allen Lagern Hochsaison.

Beide Seiten können aber schwerlich recht haben, und wahrscheinlich wird sich in der Nahost-Politik der USA nicht allzu viel ändern. Clinton hat Bush in erster Linie dafür kritisiert, daß dieser die von Israel gewünschte Kreditbürgschaft, die die Integration von Einwanderern aus der ehemaligen Sowjetunion erleichtern soll, mit der Forderung nach einem Siedlungsstopp in den israelisch besetzten Gebieten verknüpfte. Das wurde von der rechtsgerichteten Regierung von Yitzhak Schamir kategorisch abgelehnt.

Als aber die israelische Arbeiterpartei im Juni 1992 unter der Führung von Yitzhak Rabin die Parlamentswahlen gewann, konnte dieser Streit schnell beigelegt werden. Rabin schränkte die israelische Siedlungstätigkeit sofort ein. Daraufhin gewährte Bush die Bürgschaften und betonte bei Rabins USA-Besuch im August 1992 wieder Israels besondere Rolle als Verbündeter. Auch in den Nahost-Friedensverhandlungen haben Bush und Baker häufig die israelischen Positionen unterstützt. Es ist kaum vorstellbar, daß Clinton auf einen pro-israelischeren Kurs einschwenkt.

Jene Israelis, die der Clinton-Regierung mit Skepsis gegenüberstehen, verweisen meist auf die erfolglosen Gespräche zwischen Israel und Ägypten über eine palästinensische Autonomie, die die Carter-Regierung nach dem Friedensvertrag der beiden Länder von 1979 initiierte. Damals kam es zu großen Spannungen zwischen den US-Vermittlern und der nationalistischen israelischen Regierung von Menachem Begin, die jeden Kompromiß in der Frage der besetzten Gebiete ablehnte. Mit Rabins Mitte-Links-Regierung ist eine Neuauflage solcher Konflikte nicht in Sicht.

Es ist auch nicht zu erwarten, daß Clinton die US-Wirtschaftshilfe für Israel in Milliardenhöhe aus budgetpolitischen Gründen kürzt. Hilfe für Israel genießt noch immer große Zustimmung bei den Amerikanern – und nicht nur bei der jüdischen Bevölkerung. Clinton und Gore betrachten Israel als wichtigen politischen und militärischen Verbündeten. Das Ende des Kalten Krieges hat zwar die strategische Bedeutung des jüdischen Staates für die USA etwas vermindert, aber sie nicht ausgelöscht. Auch die enge militärische Zusammenarbeit dürfte deshalb weitergehen.

Clinton und Außenminister Christopher wollen den Friedensprozeß im Nahen Osten – die vielleicht größte Leistung der Bush-Präsidentschaft – unverändert weiterführen. Aber auch ihnen fehlt vorerst ein Rezept, wie man die Ende 1992 ins Stocken geratenen Gespräche wiederbeleben könnte. Sie können sich in der Ausarbeitung ihrer Positionen dabei keine Zeit lassen. Denn ohne ein konsequentes Engagement der USA werden die Friedensgespräche kaum zu Ergebnissen kommen.

Die Beziehungen zu Syrien stellen Clintons Eintreten für Demokratie auf die Probe. Im Wahlkampf hat Clinton den syrischen Präsidenten Hafez al-Assad mit Saddam Hussein verglichen und Bush vorgeworfen, mit ihm einen anderen gefährlichen Diktator zu verhätscheln. Doch Clinton weiß ebensogut wie Bush, daß ohne Assads Mitarbeit der Friedensprozeß zusammenbrechen würde. Der syrische Staatschef gilt außerdem als klüger und berechenbarer als Saddam – und daher als weniger gefährlich. Als Präsident wird Clinton die

Chance für ein Friedensabkommen zwischen den Erzfeinden Israel und Syrien nicht durch öffentliche Anschuldigungen gegen Assad gefährden.

Ein ähnliches Problem stellt sich in den Beziehungen zu Saudi-Arabien. Seit dem Golfkrieg gilt Saudi-Arabien als der wichtigste strategische US-Verbündete am Persischen Golf. Clinton und seine Berater stehen dem erzkonservativen und autoritären Wüstenkönigreich jedoch kritischer gegenüber als Bush. Es bleibt ihnen zwar keine Wahl, als die militärische Zusammenarbeit weiterzupflegen. Die politischen Beziehungen zu Riad könnten aber etwas frostiger werden.

Im Verhältnis zur Türkei ist hingegen keine Verschlechterung zu erwarten. Daran ändern auch die Berichte über Folter in türkischen Gefängnissen und die brutale Politik gegenüber den kurdischen Rebellen in Ostanatolien wenig. Die Türkei wird in Washington als Bollwerk der westlichen Demokratie und als wichtiger strategischer Verbündeter betrachtet. Insbesondere im Kampf gegen den südlichen Nachbar Irak kann Washington auf die Türkei einfach nicht verzichten. »Wenn wir Saddam in einer Kiste einsperren wollen, brauchen wir einen Deckel«, so ein Clinton-Berater, »und den kann nur die Türkei bilden.« Die Bedeutung der Türkei ist durch die Unruhen im Kaukasus und den zentralasiatischen Republiken noch weiter gewachsen. Clinton wird sich noch stärker auf diesen Verbündeten stützen und ihm vielleicht auch ein wenig Rückendeckung beim angestrebten Eintritt in die EG geben.

Seine erste offizielle Stellungnahme am Tag nach der Wahl richtete Clinton an den Irak. Im Fernsehen waren gerade Bilder zu sehen, wie Saddam Hussein vor Freude über Bushs Niederlage mit einer Pistole in die Luft schoß. Daraufhin stellte sich Clinton vor die Presse und warnte alle Feinde der USA davor, seine Entschlossenheit zu testen. »Der einziger Staatschef der Welt, der wirklich auf einen Sieg Clintons hoffte, war Saddam Hussein. Wir müssen dafür sorgen, daß er das bereut«, erklärt ein Clinton-Berater die zukünftige Politik gegenüber dem Irak. Als Bush eine Woche vor der Amtsübergabe nach tagelangen irakischen Provokationen Raketenstellungen im Südirak bombardieren ließ, stellte sich Clinton mit deutlichen Worten hinter diese Politik.

Clinton wird deshalb den internationalen Druck auf Bagdad aufrechterhalten, indem er die Wirtschaftssanktionen weiterführt und das Flugverbot im kurdischen Norden und im schiitischen Süden des Landes mit Hilfe der US-Luftwaffe durchsetzt. Doch er steht unter etwas weniger Druck als Bush, den Diktator von Bagdad loszuwerden. Denn er hat keinen Krieg gegen den Irak geführt und dabei Saddams Sturz zu seinem Ziel erklärt. Solange der Irak nicht wieder aufrüstet und andere Staaten am Golf bedroht, wird Clintons Regierung wohl kaum konkrete Schritte unternehmen, um Saddam zu stürzen.

Die Beziehungen der USA zu Lateinamerika waren durch viele Jahrzehnte Grund für heftige Kontroversen. Doch die Welle der Demokratisierung, die in den achtziger Jahren den Kontinent erfaßt hat, hat diese Streitereien begraben. Es gibt heute weder eine Pinochet-Diktatur in Chile, die den Linken als Feindbild dient, noch ein sandinistisches Regime in Nicaragua, das den Rechten ein Dorn im Auge wäre.

Die US-Beziehungen zu den südlichen Nachbarn werden heute in erster Linie von Wirtschaftsfragen und dem Drogenproblem bestimmt. Unter Clinton wird sich das nicht ändern. Clinton unterstützt – mit einigen Abstrichen – das NAFTA-Abkommen mit Mexiko und erwägt, ähnliche Verträge mit anderen lateinamerikanischen Staaten auszuhandeln. Die größte wirtschaftliche Hilfe, die Clinton Lateinamerika geben könnte, wäre eine stärkere Öffnung der US-Märkte für dessen Exporte. Doch dafür müßte er sich mit einflußreichen Industrie- und Landwirtschaftsverbänden zu Hause anlegen.

Vom ersten Tag seiner Amtszeit an dürfte Haiti ein gewaltiges Problem werden. Clintons hat im Wahlkampf versprochen, Flüchtlingen aus dem verarmten und unterdrückten Inselstaat nicht mehr sofort zurückzuschicken, wie es unter Bush geschah, und ihnen vorübergehend Asyl zu bieten. In Erwartung dieser Lockerung wurden in Haiti im Winter rund 1200 kleine Boote gebaut, mit denen bis zu 100 000 Haitianer gleich nach der Machtübergabe in Washington die gefährliche Fahrt zur Küste Floridas unternehmen wollen.

Wenige Tage vor seinem Amtsantritt hat Clinton noch versucht, durch öffentliche Erklärungen die Flüchtlingswelle zu verhindern. Er will die Verteilung von US-Visa in Haiti selbst erleichtern und fordert andere karibische Staaten auf, mehr Flüchtlinge aufzunehmen. Eine Massenemigration würde Clinton unter massiven innenpolitischen Druck setzen, die Haitianer von der Flucht abzuhalten, indem er die Demokratie im Inselstaat wiederherstellt.

Er hat dabei nicht viele Optionen. Denn die Wirtschaftssanktionen, die nach dem Sturz des demokratisch gewählten Präsidenten Jean Bertrand Aristide 1991 erlassen wurden, haben bisher ihr Ziel verfehlt. Sie haben den Ärmsten des Landes viel mehr geschadet als der reichen Oberschicht, die das Militärregime stützt.

Eine Invasion von Haiti zur Wiederherstellung der Demokratie könnte daher Clintons erstes militärisches Abenteuer werden. Doch dabei wird es sich kaum um einen Einsatz handeln, der schnell wieder beendet werden kann. Die großen wirtschaftlichen und politischen Probleme des Inselstaates würden es kaum zulassen, daß sich die US-Soldaten so bald wieder aus Haiti zurückziehen. Daher müßten gegebenenfalls die USA selbst das Land einige Zeit regieren oder die OAS dazu bewegen, eine Art Protektorat zu errichten.

Das zweite karibische Sorgenkind ist Fidel Castros Regime in Kuba. Clinton will gegenüber Castro den wirtschaftlichen und politischen Druck aufrechterhalten, den die USA bereits seit 30 Jahren ausüben. Er weiß zwar, daß er mit dieser Politik Castro eher stärkt als schwächt; denn dieser kann die eigenen wirtschaftlichen Probleme Washington in die Schuhe schieben. Aber jedes Einlenken gegenüber Castro würde Clinton bei der großen Gruppe von kubanischen Immigranten in den USA Sympathien kosten und auch viele konservative Demokraten verärgern. Die Feindschaft mit Kuba ist heute zu einer Art letzten heiligen Kuh des Antikommunismus geworden. Clinton ist nicht bereit, sie zu schlachten.

Was immer Clinton unternimmt – Kuba dürfte in den nächsten Jahren zu einem beherrschenden Thema werden. Ohne sowjetische Hilfe droht sich die Wirtschaft der Insel immer weiter zu verschlechtern. Beobachter glauben nicht, daß sich Castro noch lange halten kann. Clinton erhält dadurch die Möglichkeit, als jener Präsident in die Geschichte einzugehen, unter dem die Demokratie in Kuba Einzug hielt. Aber er muß auch darauf vorbereitet sein, daß sich auf der Insel nach dem Fall Castros möglicherweise nicht die Demokratie, sondern das Chaos etabliert.

Afrika

Neben Somalia gibt es noch andere afrikanische Länder, in denen humanitäre Gründe einen US-Militäreinsatz rechtfertigen würden. Doch Clinton kann die Marines nicht überallhin entsenden, wo sich Stammeskrieger gegenseitig umbringen und Menschen vom Hungertod bedroht sind. Einige Tragödien könnten vielleicht im vorhinein durch stärkere Wirtschaftshilfe verhindert werden. Doch dazu sind die USA noch weniger bereit.

Seit dem Ende des Kalten Krieges hat der Kontinent außerdem fast jede strategische Bedeutung verloren. Das vermindert das Interesse Washingtons, allzuviel für Afrika zu tun. Somalia dürfte hier eher die Ausnahme bleiben. Wenn ein militärisches Eingreifen irgendwo notwendig wird, werden die USA vornehmlich auf die Entsendung von UN-Blauhelmen drängen, für die andere Staaten die Truppenkontingente stellen können.

Die größte Herausforderung dürfte Südafrika werden. In den kommenden Monaten und Jahren könnte die Gewalt dort zunehmen und sogar in einen echten Bürgerkrieg münden. Clinton hat sich im Wahlkampf gegen eine Aufhebung der US-Wirtschaftssanktionen gegen Pretoria ausgesprochen, bis »eine unumkehrbare und faire Lösung gefunden wurde, die eine demokratische Regierung und volle Rechte für alle Bürger garantiert«.

Er könnte aber auch versucht sein, sich in den schwierigen Verhandlungsprozeß zwischen der weißen Regierung und der schwarzen Bevölkerungsmehrheit einzuschalten und dabei seine Fähigkeiten als internationaler Vermittler auszuprobieren. Denn ein Friedensabkommen zwischen Staatspräsident Frederik W. de Klerk und dem ANC-Präsidenten Nelson Mandela wäre ein außenpolitischer Triumph, den Clinton nur allzugern für sich verbuchen würde.

Präsident einer neuen Generation

Die Clintons sind in Washington wie ein Wirbelsturm eingezogen, und der neue Wind weht bis nach Europa. Clinton ist sicherlich kein Vertreter einer neuen Linken. Aber sein Amtsantritt markiert für die ganze Welt das Ende der konservativen achtziger Jahre, in denen die Lehre von mehr Marktwirtschaft und weniger Staat als einzige Wahrheit galt.

Die Wahl Clintons ist auch einer jener Momente in der Geschichte Amerikas, in der ein neuer Präsident für den Beginn einer neuen Ära steht. Die USA sind an einem Wendepunkt angelangt, an dem vieles, was bisher sicher schien, neu überdacht werden muß. Nicht nur Amerikas Rolle in der internationalen Politik, auch das Verhältnis der Amerikaner zu ihrer Regierung muß sich grundlegend ändern. Das Zusammentreffen einer Wirtschaftskrise und einer politischen Vertrauenskrise hat in den neunziger Jahren dazu geführt, daß die Amerikaner Clintons Aufforderung im Wahlkampf folgten und »den Mut zur Veränderung« bewiesen.

Clintons Wahl hat das bereits verändert, bevor der neue Präsident überhaupt sein Amt antrat. Amerika hat eine seit Jahrzehnten nicht mehr erlebte Aufbruchstimmung erfaßt. Clintons Optimismus und seine Bereitschaft zum Handeln hat selbst Menschen, die dem Kandidaten Clinton skeptisch gegenüberstanden, neue Hoffnung gegeben, daß das Land einen Ausweg aus seiner Krise finden kann. Ein neuer Geist ist in Washington eingezogen, der nur mit der Wahl eines ähnlich jungen Präsidenten 32 Jahre früher zu vergleichen ist.

Gewiß, Bill Clinton ist kein John F. Kennedy. Weder in seiner persönlichen Ausstrahlung noch in seinen rhetorischen Fähigkeiten kommt der Mann aus Arkansas seinem großem Vorbild nahe. Aber seit Kennedy ist Clinton der erste Präsident, der die Hoffnungen und Ideale der amerikanischen Gesellschaft zu verkörpern scheint. Und wie Kennedy vertritt Clinton eine Generation, die nun erstmals an der Spitze des Landes steht.

Diese Generation ist durch die Schüsse von Dallas im November 1963 politisch aufgerüttelt worden. Mit Clintons Wahl hat sich ein Kreis geschlossen, der mit der Ermordung Kennedys begann. Dieses Ereignis schien die heile Welt der Nachkriegszeit abrupt zu beenden. Die folgenden Jahre brachten zwar große Fortschritte für Millionen von Amerikanern – besonders für Schwarze, aber auch für viele Frauen. Doch das Ideal einer vereinten Gesellschaft, die gemeinsam an einer besseren Zukunft arbeitet, ist seit den sechziger Jahren verlorengegangen. In der Folgezeit versuchten sowohl die Linke wie die Rechte, ihre ideologischen Programme zu verwirklichen. Doch beide sind gescheitert und haben ein Land zurückgelassen, das vom Zynismus gegenüber dem politischen System und der Angst vor dem eigenen Niedergang geprägt ist.

Die Bush-Präsidentschaft war das deutlichste Symptom dieser inneren Krise. Bush ist zum Teil an der Wirtschaftskrise gescheitert, die mit seiner Amtsführung nichts zu tun hatte. In der Zeit vor und nach dem Golfkrieg hat er auch Führungsstärke bewiesen. Aber er konnte den Amerikanern das nicht geben, wonach sie sich in dieser Zeit der Unsicherheit am meisten sehnten – eine Vision von einer besseren Zukunft.

Clinton hat diese Vision. Zeit seines Lebens hat er den für Amerikaner so typischen Glauben geteilt, daß alles Mögliche auch verwirklicht werden kann. Er hat die Chance seines Lebens erkannt, als er seinen Wahlkampf antrat. Er hat das mächtigste Amt der Welt anstrebt und es mit Hartnäckigkeit, Geschick und viel Glück erreicht. Damit ist er selbst zur Verkörperung des amerikanischen Traumes geworden.

Wie kein anderer amerikanischer Politiker seiner Generation kann Clinton Menschen inspirieren und sie zur Mitarbeit gewinnen. Das braucht er auch, um den wirtschaftlichen und psychologischen Niedergang der USA aufzuhalten und diese in Einkommen, in Lebensstil und nach Hautfarbe so tief gespaltene Nation wieder zusammenzuführen.

Seine Generation wuchs mit dem Gefühl auf, daß es für sie keine Grenzen gibt. Nun ist Clinton angetreten, die bestehenden Mauern niederzureißen – Mauern zwischen der Regierung und den Bürgern, aber auch Mauern zwischen den Menschen. Sein meisterhafter Umgang mit dem Fernsehen und den neuen Medien erleichtert ihm diese Aufgabe. Für die Amerikaner ist Clinton ein Präsident zum Anfassen – auch wenn sie ihn nur am Bildschirm sehen.

In der Politik ist sich Clinton seiner Grenzen allerdings bewußt. Bei jeder Gelegenheit betont er, daß er keine Wunder wirken kann – und sie auch nicht bewirken will. Aber er glaubt daran, daß Probleme langfristig gelöst werden können, wenn nur die Regierung die richtigen Entscheidungen trifft und die Menschen dazu gewinnt, dabei mitzumachen. Für ihn – den Überredungskünstler – ist die öffentliche Meinung nie ein Feind, sondern immer ein potentieller Verbündeter.

Clintons Werbefeldzug in eigener Sache fällt dabei auf einen fruchtbaren Boden. Sein Programm nämlich stimmt mit dem – von Arthur Schlesingers Zyklentheorie vorausgesagten – Zeitgeist überein. Anders als Jimmy Carter muß Clinton keine linksliberale Politik in einer Zeit des wachsenden Konservativismus verteidigen. Die Mehrheit der Amerikaner wünscht sich eine aktive Regierung, die sich um ihre Sorgen kümmert, ohne sich zu sehr in ihr Leben einzumischen. Sie wollen, daß der Staat wie ein gut geführtes Unternehmen arbeitet und nicht wie eine schwerfällige Bürokratie. Sie wollen wie Kunden behandelt werden und nicht wie unmündige Kinder.

Dieser Wunsch entspricht der Clinton-Philosophie. Er und seine engsten Berater sind überzeugte Pragmatiker, die mit Idealismus und Eifer einen radikalen Mittelweg verfolgen. Clinton ist von jungen Intellektuellen umgeben, die ein Herz für sozial Schwächere haben, aber bei jedem Vorschlag ihren Taschenrechner zücken, um zu überprüfen, ob der Plan auch zielführend und finanzierbar ist.

Clintons Vision von Amerika schließt erstmals wirklich alle Gruppen in der Bevölkerung ein – auch Afro-Amerikaner, Latinos und die anderen Teile des amerikanischen Völkermosaiks. Er ist der erste Präsident, für den Gleichberechtigung zwischen den Geschlechtern kein Slogan ist. Bill und Hillary Clinton bilden eine wahre Doppel-Präsidentschaft. Das Paar hat den mühsamen Weg ins Weiße Haus gemeinsam unternommen. Keiner von ihnen hätte es ohne den anderen geschafft. Nun werden sie auch gemeinsam regieren. Al Gore ist vielleicht der Dritte in diesem Bunde, aber an die Schlüsselrolle, die Hillary in der Regierung Clinton spielt, kommt er nicht heran.

Das Präsidentenamt der USA ist vielleicht der schwierigste Job der Welt. In den letzten dreißig Jahren ist es nur Reagan gelungen, zwei volle Amtszeiten im Weißen Haus zu bleiben. Clinton hat bessere Chancen als die meisten seiner Vorgänger, als erfolgreicher Präsident in die Geschichtsbücher einzugehen.

Was Reagan geschafft hat, dürfte Clinton auch gelingen. Er kann regieren, er kann kommunizieren, und er weiß, wie man Wahlen gewinnt. In den nächsten vier Jahren wird er auch mit allen Mitteln versuchen, die Anhänger Ross Perots auf seine Seite zu bringen, um damit 1996 eine unschlagbare Wählerkoalition zu schaffen.

Clintons Programme – die Reform des Gesundheitswesen und des Sozialsystems, die Erneuerung der Schulen und die Verbesserung der öffentlichen Infrastruktur – können die Lebensqualität der Amerikaner in den nächsten Jahren wieder etwas verbessern. Auch sein angeborener Optimismus, der dem von Reagan gleichkommt, sollte die pessimistische Stimmung im Lande verändern. Wenn Wirtschaftsprognosen zutreffen und die nächsten Jahre stärkeres Wachstum bringen, dann werden die Amerikaner wieder das Selbstbewußtsein und das Gefühl der Sicherheit erlangen, das ihnen unter Bush verlorenging.

Auch Reagans Politik hat dem Land einen vorübergehenden Wirtschaftsaufschwung gegeben. Doch sie hat gleichzeitig die gesellschaftlichen und wirtschaftlichen Probleme des Landes verschärft und damit die Krise der neunziger Jahre mitverursacht. Nur vier Jahre nach Reagans Abtritt ist seine Beliebtheit stark gesunken und seine Präsidentschaft geradezu in Verruf gekommen. Selbst Jimmy Carters Leistungen werden heute von der Bevölkerung höher eingeschätzt.

Clinton ist es bisher immer wieder gelungen, dem schlechten Beispiel von Vorgängern nicht zu folgen. Im Wahlkampf vermied er die Fehler von Dukakis, und bei der Auswahl seiner Mannschaft dienten ihm Carters Fehlgriffe als ständige Warnung. Nun muß er alles daran setzen, kein zweiter Reagan zu werden – das heißt kein Präsident, der das Land zwar glücklich stimmt, aber dessen Probleme nicht anpackt.

Clintons größte Herausforderung ist es, einen positiven Wandel in der amerikanischen Gesellschaft zu erreichen, der über das Ende seiner Amtszeit hinaus wirken kann. Sein Vorbild dafür ist Präsident Franklin D. Roosevelt, der auch fünf Jahrzehnte nach seinem Tod noch als Vater des modernen Amerika verehrt wird.

Die größte Gefahr dabei ist, daß sich Clinton zuviel vorgenommen hat. Die strukturellen Probleme der USA sind zu komplex, als daß sie sich mit konventionellen staatlichen Programmen lösen ließen. Innovative Ideen dagegen stoßen oft auf unüberwindbaren politischen Widerstand. Und alle Reformprogramme, die zusätzliche Gelder benötigen, drohen daran zu scheitern, daß das riesige Budgetdefizit keinen finanziellen Spielraum läßt.

Mit der Auswahl seines Wirtschaftsteams hat Clinton gezeigt, daß ihm die Budgetkonsolidierung mindestens so wichtig ist wie seine innenpolitischen Reformpläne. Doch selbst mit einem drastischen Sparkurs ist das Problem des Defizits nur schwer zu bewältigen. Ebenso hängt die Verbesserung der Produktivität und der Wettbewerbsfähigkeit von vielen Faktoren ab, die Clinton nicht beeinflussen kann.

Clinton ist ständig gezwungen, sich zwischen verschiedenen Zielen zu entscheiden. Wenn er seine innenpolitischen Programme verwirklicht, kann er das Budgetdefizit nicht verkleinern. Wenn er die Verteidigungsausgaben drastisch kürzt, könnte er Amerikas außenpolitische Schlagkraft gefährden. Wenn er das verkrustete politische System allzusehr herausfordert, macht er sich potentielle Verbündete zum Feind, die er zur Verwirklichung seiner Programme dringend benötigt. Doch wenn er sich mit dem Establishment arrangiert, droht er ein Spielball der Interessengruppen zu werden.

Viele Amerikaner sind heute nicht mehr bereit, ein derartiges Verhalten von ihrem Präsidenten zu akzeptieren. Sie sind sich heute stärker als noch vor einigen Jahren bewußt, daß sie kurzfristig auf etwas Einkommen und einige staatliche Leistungen verzichten müßten, um das Land wieder auf den richtigen Kurs zu bringen. Gerade Ross Perots Erfolg hat diese wachsende Bereitschaft zu schmerzhaften Opfern bewiesen.

Clinton muß aus diesem vagen Verständnis einen breiten Konsens formen, der in eine konkrete Politik umgesetzt werden kann. Den ersten Schritt dazu hat er bereits mit der Bildung seiner Regierung gesetzt: Alle Bevölkerungsgruppen sind darin auch deshalb vertreten, weil er alle Amerikaner in dieses Vorhaben einbinden will. Nun muß er mit diesem Team seinen »zweiten Wahlkampf« eröffnen.

Clinton muß dabei ein Wirtschaftsprogramm nach den Vorschlägen von Ross Perot mit einer grundlegenden politischen Reform und der Forderung einer neuen gemeinschaftlichen Verantwortung für das Schicksal aller Amerikaner verbinden. Wenn er so einen neuen *New Deal* verwirklicht, könnte er mit Steuererhöhungen und Ausgabenkürzungen Gelder freimachen, mit denen dann das Defizit drastisch verringert und öffentliche Einrichtungen – wie die Schulen – wieder revitalisiert werden.

Der Präsident muß dabei von jeder Gruppe der Bevölkerung Opfer verlangen. Insbesondere den Mittelstand muß er dazu gewinnen, auf viele Privilegien zu verzichten, damit der Staat seiner Verantwortung gegenüber den Schwächsten der Gesellschaft wieder nachkommen kann. Der Mittelstand muß auch bereit sein, ein wenig von seinem abgeschirmten Leben in den wohlhabenden Vororten aufzugeben, damit Amerikaner verschiedener Klassen und Rassen sich wieder in einer gemeinsamen *public sphere* begegnen können – dem öffentlichen Raum, der in den vergangenen Jahrzehnten immer mehr verlorengegangen ist.

Die Hindernisse, die Clinton dabei im Weg stehen, sind gewaltig. In einem so komplexen und dezentralisierten Staatswesen wie den USA gelingt ein grundsätzlicher Kurswechsel nur in einer Notsituation. Die gibt es heute nicht. Trotz aller Unkenrufe steckt die Wirtschaft in keiner Krise, die mit der Depression der dreißiger Jahre auch nur annähernd zu vergleichen wäre. Die Stimmung in der Bevölkerung ist gedrückt, aber noch lange nicht verzweifelt.

Es sollte daher nicht überraschen, wenn die Mehrheit der Bürger beim ersten Anzeichen einer wirtschaftlichen Besserung in die »Kultur der Zufriedenheit« zurückfällt, die der große Ökonom und Sozialkritiker John Kenneth Galbraith beschreibt. So eine Stimmung wäre wohl stärker als alle Überzeugungsversuche aus dem Weißen Haus.

Wenn aber Clinton die Unterstützung der Bevölkerung für eine Maßnahme nicht gewinnt, dann führt er sie auch nicht aus – selbst wenn sie im Interesse des Landes wäre. Sein Reformprogramm bliebe in diesem Fall halbherzig und unvollständig.

Clinton hat solche Vorsicht in seiner mißglückten ersten Amtszeit als Gouverneur gelernt. Die allzu große Rücksichtnahme auf bestehende Interessen und Meinungen könnte ihm zwar die Wiederwahl in vier Jahren sichern. Doch das Ziel, ein wirklich großer Präsident zu werden, würde er auf diese Weise verfehlen. Vielleicht wäre es ihm dann in einer zweiten Amtszeit leichter, über seinen eigenen Schatten zu springen und dem Land jene Medizin zu verordnen, die es so dringend nötig hätte.

Für die europäischen Verbündeten beginnt mit Clinton ein neues Kapitel in den Beziehungen zu den USA. Die Nachkriegsordnung, in der ein väterliches Amerika Europa militärische Sicherheit und ein stabiles Weltwirtschaftssystem garantierte und dafür im Grunde nur politische Gefolgschaft forderte, ist mit dem Abtritt von George Bush endgültig ausgelaufen.

Clintons Priorität ist die Sanierung der eigenen Wirtschaft. Dabei denkt er gar nicht daran, internationale Beziehungen zu vernachlässigen und sich aus der Welt zurückzuziehen. Clinton, Gore und ihre Mitarbeiter sind durch und durch internationalistisch eingestellt. Sie fühlen sich als Bürger des *global village* – der Weltgemeinschaft, die dank der Globalisierung von Industrie und Finanz, durch Fortschritte in der Telekommunikation und der Luftfahrt sowie durch Nachrichtensender wie CNN immer enger zusammenrückt. Sie wissen, daß die Probleme des 21. Jahrhundert – seien es Klimaveränderung, Bevölkerungswachstum oder Völkerwanderungen – nicht mehr von einem Staat allein gelöst werden können. Die europäische Integration ist für Clinton eine Art Testfall für einen weltweiten Prozeß, der alle Industriestaaten nach und nach zusammenrücken läßt.

Clinton weiß aber auch, daß die Amerikaner seine außenpolitischen Initiativen nur dann unterstützen werden, wenn sie sich auch in wirtschaftlicher Hinsicht etwas davon versprechen. Nur wenn er diese Verknüpfung zwischen Außenpolitik und Wirtschaft glaubhaft macht, kann er ein Anwachsen des Isolationismus in der Bevölkerung verhindern.

Dieser Herausforderung – vielleicht der größten seiner Präsidentschaft – hat sich Clinton bereits gestellt. Von Anfang an hat er sein Wirtschaftsprogramm als internationales Vorhaben beschrieben. Amerika soll in der Weltarena wieder die Hauptrolle spielen und nicht wegen seiner Wirtschaftsprobleme belächelt oder bemitleidet werden. Doch im ausgehenden 20.

Jahrhundert sind die USA nicht mehr so autark wie in der Zeit nach dem Zweiten Weltkrieg. Das eigene Wohlergehen hängt nicht nur von der Politik in Washington, sondern auch von vielen äußeren Faktoren ab – von ausländischen Regierungen und Unternehmen sowie von den internationalen Finanzmärkten.

Amerika soll nach Clintons Vorstellungen die traditionelle Großmachtrolle aufgeben und statt dessen der stärkste Spieler in einem weltweiten Wirtschaftsmatch sein, in dem jeder gegen jeden antritt und dennoch alle gemeinsame Interessen verfolgen. In diesem Spiel sollen die USA durch geschickte Verhandlungstaktik und – wenn nötig – auch einseitige Schritte ihre Interessen durchsetzen, ohne den gemeinsamen Zielen der Staatengemeinschaft zu schaden.

Clintons Außenhandelsstrategie ist vielleicht der riskanteste Teil seines politischen Programms. Denn im Gegensatz zu kleineren Staaten könnten die USA die Grundlagen des freien Welthandels gefährden, wenn sie mit Handelsschranken und Subventionen einen nationalistisch-protektionistischen Kurs einschlagen. Wenn das kleine Taiwan seine Märkte für ausländische Produkte schließt, gibt es Proteste und bestenfalls einige Gegenmaßnahmen. Wenn Amerika so etwas tut, könnte es dem bereits fragilen GATT-Handelssystem den Todesstoß versetzen.

Clinton scheint sich aber der besonderen Verantwortung bewußt zu sein, die ein Land dieser wirtschaftlichen Stärke für den Wohlstand in der Welt trägt. Anders als Reagan würde er wahrscheinlich keinen Konsumrausch mit ausländischen Krediten finanzieren oder den Dollar ohne Rücksicht auf das internationale Währungssystem herunterreden. Der Umgang mit Washington wird im Detail schwieriger, in den grundsätzlichen Fragen aber leichter werden als unter Clintons Vorgängern.

Die USA könnten unter Clinton wieder ihre Vormachtstellung in der Weltwirtschaft festigen, die sie unter Bush zu verlieren schienen. Während Europa immer tiefer in eine Rezession rutscht und Japan kein Rezept für seine Wirtschaftskrise findet, befindet sich Amerika wieder auf einem aufsteigenden Konjunkturast. Selbst wenn das Wirtschaftswachstum mittelfristig die Erwartungen nicht erfüllt, bleibt Amerika die unbestritten größte Wirtschaftsmacht.

Trotz der Stagnation in den letzten zwei Jahrzehnten ist die Produktivität der amerikanischen Arbeitskräfte die höchste der Welt. Viele US-Industrien sind in den vergangenen Jahren durch einen schmerzhaften Sanierungsprozeß gegangen und sind heute gesünder und stärker als ihre europäischen oder japanischen Konkurrenten. In vielen zukunftsträchtigen Branchen wie Computer, Telekommunikation und Biotechnologie sind US-Firmen unangefochten die Weltmarktführer. Wenn Clinton in seiner Außenhandelspolitik diese Stärken geschickt einsetzt, sind die USA im internationalen Wettbewerb nur schwer zu schlagen.

Für Europa bedeutet Clintons Präsidentschaft eine Belastung und eine Chance. Clintons innenpolitischer Grundsatz, von jedem Mitbürger Verantwortung zu fordern, gilt auch für seine Außenpolitik. Die USA sind weder im militärischen noch im wirtschaftlichen Bereich bereit, die Last der internationalen Ordnung allein zu tragen. Sie werden von Europa und Japan größere Beiträge verlangen und auch Druckmittel einsetzen, um diese dann einzutreiben.

Dabei wird die Clinton-Regierung verstärkt politische Mittel für wirtschaftliche Ziele und wirtschaftliche Mittel für politische Ziele verwenden. Aber gerade weil Clinton an einer stärkeren Partnerschaft in vielen Bereichen interessiert ist, wird er bei grenzüberschreitenden Problemen mehr Führungsstärke zeigen und die internationale Zusammenarbeit viel stärker als seine Vorgänger forcieren.

Vom ersten Tag seiner Präsidentschaft an erwartet Clinton eine außenpolitische Feuerprobe. Saddam Hussein hat klargemacht, daß er den neuen Präsidenten herausfordern und jedes Zeichen der Schwäche unbarmherzig ausnützen wird. Der amerikanische Raketenangriff auf eine irakische Atomanlage drei Tage vor der Amtsübergabe war sicher nicht der letzte Akt im Kräftemessen zwischen Washington und Bagdad. Auch in bezug auf Haiti hat die von Bush befohlene – und von Clinton unterstützte – Seeblockade der Karibikinsel die Gefahr einer massiven Flüchtlingswelle nicht gebannt.

Im Weißen Haus muß sich Clinton erst einmal als außenpolitischer Krisenmanager bewähren. Sein Vorgänger Bush hat ihm durch seine energische Politik in den letzten Tagen seiner Amtszeit vieles leichter gemacht. Er hat aber auch die Latte, an der der neue Präsident gemessen wird, sehr hoch gelegt. Erst wenn Clinton diese Prüfungen bestanden hat, kann er sich seinen eigentlichen Zielen widmen – der wirtschaftlichen Gesundung und der internationalen Neupositionierung der USA.

George Bush hat nach dem Golfkrieg eine neue Weltordnung verkündet, ohne je zu erklären, wie sie verwirklicht werden soll. Clinton wird nun nach Wegen suchen, diese Ordnung gemeinsam mit seinen Verbündeten zu errichten. Seine europäischen Partner können sich auf einen ständigen Fluß von Ideen, Plänen, Forderungen, Beschwörungen und Drohungen aus Washington gefaßt machen. Auch für Europa hat eine neue Ära begonnen.

Ausgewählte Literatur

Politik in Nachkriegsamerika

Schlesinger, Arthur J., *The Cycles in American History*, Houghton Mifflin, Boston 1986

Hodgson, Godfrey, *America in Our Time*, Random House, New York 1976

Dionne, E. J., *Why Americans Hate Politics*, Simon & Schuster, New York 1991

Edsall, Thomas Byrne, with Mary D. Edsall, *Chain Reaction: The Impact of Race, Rights, and Taxes on American Politics*, W. W. Norton & Company, New York 1991

Scammon, Richard and Benjamin J. Wattenberg, *The Real Majority*, Coward-McCann, New York 1970

Schell, Jonathan, *The Time of Illusion*, Knopf, New York 1976

Phillips, Kevin, *The Politics of Rich and Poor: Wealth and the American Electorate in the Reagan Aftermath*, Random House 1990

Duffy, Michael & Dan Goodgame, *Marching in Place: The Status Quo Presidency of George Bush*, Simon & Schuster, New York 1992

Clintons Biographie

Allen, Charles F. und Jonathan Portis, *Bill Clinton – Amerikas Hoffnung*, Ullstein Verlag, Berlin 1992 (Englischer Originaltitel: *The Comeback Kid*, Birch Lane Press, New York 1992)

Levin, Robert E., *Bill Clinton: The Inside Story*, S.P.I. Books, New York 1992

Wahlkampf

Allen, Thomas B., *CNN Guide to the 1992 Elections,* Turner Publishing, Atlanta 1992

Clinton, Bill and Al Gore, *Putting People First*, Times Book, New York 1992

Perot, Ross, *United We Stand,* Hyperion, New York 1992

»Election 1992: The Inside Story«, *Newsweek,* 16. November 1992

Clintons Führungsstil

Fisher, Roger and William Ury, *Getting to Yes: Negotiating Agreement without Giving in,* Houghton Mifflin, Boston 1981

Wirtschaft

Lekachman, Robert, *Greed is Not Enough: Reagonomics,* Pantheon Books, New York 1982

Barlett, Donald L. and James B.Steele, *America: What went wrong?*, Andrews and McMeel, Kansas City 1992

Reich, Robert B., *The Next American Frontier,* Times Books, New York 1983

Reich, Robert B., *The Work of Nations,* Knopf, New York 1991

Marshall, Bill and Martin Schram (Editors), *Mandate for Change*, The Progressive Policy Institute, Berkeley

Books, New York 1993

Krugman, Paul, *The Age of Diminuished Expectations: U.S. Economic Policy in the 1990s,* The Washington Post Company 1990

Innenpolitik

Pechman, Joseph A. (Editor), *Fulfilling America's Promise: Social Policies for the 1990s,* Cornell University Press, Ithaca NY 1992

Schlesinger, Arthur J., *The Disuniting of America: Reflections on a Multicultural Society,* W.W. Norton & Company, New York 1991

Murray, Charles, *Losing Ground: American Social Policy 1950–1980,* Basic Books, New York 1984

Ellwood, David T., *Poor Support,* Basic Books, New York 1988

Kaus, Mickey, *The End of Equality*, Basic Books, New York 1992
Gore, Al, *Wege zum Gleichgewicht: Ein Marshallplan für die Erde*, S. Fischer Verlag, Frankfurt 1992 (Englischer Originaltitel: *Earth in the Balance: Ecology and the Human Spirit*, Houghton Mifflin, Boston 1992)

Außenpolitik

Kennedy, Paul, *Der Aufstieg und Fall der großen Mächte*, S. Fischer Verlag, Frankfurt 1991 (Englischer Originaltitel: *The Rise and Fall of the Great Powers*, Random House, New York 1987)
Nye, Joseph S., *Bound to Lead: The Changing Nature of American Power*, Basic Books, New York 1990
Brandon, Henry (Editor), *In Search of a New World Order: The Future of U.S.-European Relations*, The Brookings Institution, Washington D.C. 1992

Präsident einer neuen Generation

Galbraith, John Kenneth, *The Culture of Contentment*, Houghton Mifflin, Boston 1992